ANH-DAO Traxel

LA FILLE DE CŒUR

SOUVENIRS

RÉCIT

J'AI LU

À Emmanuel, l'homme qui m'a fait redécouvrir l'amour et sans qui ce livre, comme tant de choses dans ma vie, n'aurait pas la même intensité.

PROLOGUE

Je suis née trois fois.

La première, je suis née à la vie. C'était au Viêtnam, dans une petite ville au sud de Saigon, le 22 août 1957. J'arrivais en cinquième position d'une famille qui compterait neuf enfants d'ici quelques années, et la troisième de cinq filles. À ce que ma mère me raconta plus tard, je criais et pleurais avec toute l'énergie que recèle le petit corps du poupon qui vient d'émerger des eaux maternelles, pendant qu'elle et la sage-femme s'extasiaient sur mon visage. Yeux arrondis, nez à peine épaté, teint clair tirant plus sur le blanc que sur le jaune, je portais de façon si atténuée les signes de mes origines asiatiques qu'on aurait pu me croire Eurasienne. Un don du Ciel pour une mère qui passait des heures à rêver devant les élégantes françaises photographiées par *Paris-Match*.

La deuxième, je suis née à la liberté, le 19 juillet 1979, dans une salle de l'aéroport de Roissy où je venais d'atterrir. Après des années de guerre, une traversée au péril de ma vie, des mois à pourrir dans un camp de réfugiés, je foulais enfin le sol du pays de mes rêves, la France. Au bonheur de toucher au but succéda immédiatement la détresse de l'exil, le vide de la solitude et l'angoisse de l'avenir. Je sanglotais dans un coin, sans pouvoir m'arrêter, quand un grand monsieur s'approcha de moi et me tendit un mouchoir de batiste immaculée en prononçant des paroles dont je ne compris pas la signification, car je ne connaissais pas un mot de français. Mais tout en lui – le ton rassurant de sa voix, l'expression compatissante de son visage, la puissance qui émanait de sa haute stature – me frappa d'une impression si forte que mes larmes se tarirent à la seconde. Cet homme serait mon sauveur, voilà la certitude qui venait de s'imposer à moi. Quelques minutes plus tard, un prêtre me traduisit ses propos, m'apprenant qu'il s'appelait Jacques Chirac, était maire de Paris et avait promis de revenir me chercher pour me prendre dans sa famille.

La troisième fois, je suis née à l'amour. Il était temps car c'était à la veille de mon quarante-deuxième anniversaire, le 21 août 2000, sur une plage du Cap-d'Agde. Ce jour-là, je n'ai pas pleuré. J'étais trop occupée à admirer le beau garçon qui venait de sauter dans un canot de sauvetage pour aller secourir une baigneuse en train de se noyer. Fascinée par sa silhouette athlétique, charmée par son visage régulier dont l'urgence de la situation acérait les traits virils, je le vis s'éloigner vers le large puis plonger et disparaître dans les flots. Quelques minutes plus tard, il ramenait à la nage une femme inanimée. Il l'allongea sur le sable et commença à pratiquer le bouche-à-bouche. Comme j'aurais voulu être à la place de la noyée… Sentir ses lèvres sur les miennes, puis ouvrir les yeux pour découvrir son visage au-dessus de moi, guettant la vie qu'il m'avait insufflée revenir dans mon corps. Que ne risquerais-je pas pour qu'il vienne me sauver ! Il faisait plein soleil et pourtant je venais d'attraper un coup de foudre massif, dont je ne suis toujours pas guérie à l'heure où j'écris ces lignes.

CHAPITRE 1

Un pays très occupé

Quand je nais en 1957, les Français, après presque un siècle de présence, ont quitté leur ancienne colonie du Viêtnam depuis trois ans.

La chute de Diên Biên Phu le 7 mai 1954 met un point final à la guerre d'Indochine qui oppose la France aux partisans de Hò Chí Minh depuis que ce dernier a proclamé l'indépendance du Viêtnam en 1946. Les accords de Genève, signés en juillet 1954, décident de la partition du Viêtnam, à la hauteur du 17e parallèle, en deux entités distinctes. Les communistes, soutenus par la Chine de Mao, dirigeront le Nord, les Américains « protégeront » le Sud. Il faut dire que nous sommes habitués à subir des présences étrangères depuis fort longtemps, les Chinois ayant inauguré cette pratique dès le début de l'ère chrétienne.

Cette séparation politique entérine la dichotomie, à la fois physique, économique et culturelle, qui a toujours existé entre les deux régions. Il suffit de regarder une carte de géographie pour en comprendre les causes. Tel un hippocampe vu de profil, le Viêtnam sinue du golfe du Tonkin au sud de la mer de Chine, tournant le dos au Laos et au Cambodge. En haut, sa tête s'enfonce en Chine, et 1 650 kilomètres plus bas sa queue trempe dans les eaux tièdes du golfe de Thaïlande. Entre ces deux extrémités, autant, si ce n'est plus, de différences qu'entre Lille et Marseille. À ceci près que le corridor central, large de moins de 50 kilomètres et montagneux de surcroît, rend malaisée la circulation des biens, des personnes et des idées entre Hanoi et Saigon.

La région la plus fertile se situe au sud, dans le vaste delta du Mékong, juste en dessous de Saigon. À l'époque où je nais, il existe un certain nombre de similitudes entre mon pays et la France d'avant-guerre. Plus des trois quarts de la population travaillent dans les champs, et surtout, évidemment, les rizières. Le territoire est organisé en cantons, districts, préfectures et provinces à la tête desquels prospère une bourgeoisie pour partie composée de fonctionnaires élevés au rang de notabilités locales. Le maire, le préfet, le directeur de l'école, le chef de la police incarnent des figures importantes de la vie sociale. Les mœurs sont marquées par le souci de la respectabilité et le culte de la tradition. La famille y joue un rôle essentiel. On honore les ancêtres et on fabrique des enfants en nombre.

Au clivage Nord/Sud s'ajoute celui qui existe entre les villes, où l'influence des occupants successifs est plus prégnante, et les campagnes, où l'écoulement des siècles n'a pas changé grand-chose à la façon dont on cultive le riz, les pieds dans l'eau, le dos courbé.

Je viens d'employer le terme d'occupants et j'en suis moi-même surprise. C'est la première fois qu'il me vient, parce qu'il me faut bien qualifier les présences américaine et française au Viêtnam et que je n'ai pas su trouver un autre vocable. À la réflexion et avec le recul, il me paraît pourtant historiquement approprié. Mais pas émotionnellement. Ma mère voue un culte à la France, mon père est entiché de l'*American way of life*. Je ne peux pas nier que je suis influencée dès mon plus jeune âge par leur vision positive. Elle s'appuie sur des faits concrets. Les Français ont laissé leur trace dans l'architecture de Saigon, pourvue de larges avenues et d'hôtels à la façade imposante, et dans l'organisation administrative et territoriale du pays, solidement structuré. Quant aux Américains, ils nous défendent contre le Nord pauvre qui lorgne nos richesses et réprouve le libéralisme effréné, encouragé par les Yankees, qui sévit à Saigon.

CHAPITRE 2

Portrait de famille

Ma mère, Thi Lai, est issue d'une famille aisée. Son père tire du commerce des revenus confortables grâce auxquels il acquiert des immeubles dans lesquels il loge les quatre épouses qui ont succédé à sa première femme et la kyrielle de rejetons qui s'ensuit. Un sacré personnage dont personne ne songe à contester la place de patriarche.

Mon père, prénommé Thanh, vient lui d'un milieu plus modeste. Mais son intelligence et l'énergie qu'il a consacrée à ses études lui ont permis de s'en extraire. D'abord instituteur, un parcours sans faute ponctué de mutations et de concours le hisse assez vite à la place de directeur d'école. Ce qui fait de lui l'une de ces fameuses notabilités locales dont je parlais plus haut. L'État octroie généreusement à ses meilleurs serviteurs les ingrédients d'un train de vie plus que confortable : maison de fonction, voiture avec chauffeur et domesticité.

Mes parents forment un couple uni. Ils se sont rencontrés à l'école où ils sont tous deux instituteurs. C'est un mariage d'amour, et non une union arrangée entre familles ainsi qu'il en existe alors beaucoup. En tout cas, il s'avère fécond. J'arrive en cinquième position dans la fratrie. Avant moi, mon frère aîné Viet Hung, né en 1949, mes sœurs Hoang Mai et Bich Hoa, nées respectivement en 1951 et 1953, mon frère Viet Phuong né en 1955. Ensuite, viendront Ngoc Phuong dite Émilie en 1959, Hoang Oanh dite Hélène en 1960, Thanh Danh dit Pascal en 1964 et Thanh My dit Jean-Paul en 1965.

La présence de nos défenseurs yankees se manifeste également dans le domaine de l'Éducation nationale. Dans chaque école, le directeur doit faire son rapport au « leader » américain. Mon père entretient d'excellentes relations avec le sien auquel il rend régulièrement visite à son domicile pour lui délivrer son compte-rendu de vive voix. Mes deux frères aînés, mes deux sœurs aînées, Émilie et moi nous y rendons également pour des cours d'anglais. Nous le considérons à la fois comme un collègue de travail de notre père et un ami de la famille.

Mon père effectue plusieurs voyages aux USA, à l'instigation de son « leader ». Il en revient enthousiasmé, les bras chargés de cadeaux pour nous et de nouvelles pièces pour ses collections d'épingles de cravate, de briquets et d'alcools. C'est ainsi que je découvre les poupées Barbie. S'il y a eu une révolution culturelle pour les petites filles nées dans les années 1950 à 1960, c'est bien l'apparition de cette créature aux formes longilignes, si éloignée des grossiers poupons auxquels il était difficile de s'identifier passé quatre ou cinq ans, qui l'a initiée. Et quelle garde-robe ! Je ne me lasse pas à l'époque de la changer et d'imaginer une nouvelle saynète pour chaque tenue, dans laquelle je me projette comme si j'étais à la fois metteur en scène, scénariste, dialoguiste et star. Barbie va visiter la tour Eiffel en tailleur, Barbie danse au bal en robe longue, Barbie en bikini rencontre un beau Français sur une plage de la Côte d'Azur, Barbie passe un jean et un tee-shirt pour aller faire une promenade en voiture décapotable avec son fiancé… Papa, la prochaine fois, rapporte-moi la robe de mariée s'il te plaît !

Le benjamin et neuvième enfant de la famille naît lors de l'un de ces voyages. Ma mère, privée du soutien de son mari, préfère aller accoucher à l'hôpital Saint-Paul de Saigon plutôt qu'à la maison. Cette absence fournit un deuxième prénom tout trouvé à mon petit frère. My, ce qui signifie Amérique en vietnamien, est adjoint à Thanh.

Maman est une femme très douce, très chaleureuse, au visage harmonieux et ouvert. Elle s'habille à la mode vietnamienne, tunique fendue portée sur un pantalon. Ses seules concessions à cette élégance parisienne qu'elle vénère pourtant consistent en l'adjonction de chaussures à talons et d'un sac à main à la tenue traditionnelle.

Tout au contraire, mon père ne jure que par le costume trois-pièces, la cravate et les accessoires afférents, pochette, boutons de manchette et épingle de cravate. Une vraie gravure de mode occidentale, toujours tirée à quatre épingles. En vacances ou en week-end, il lui arrive de renoncer à la cravate et d'arborer un style sportswear, blouson, pantalon à pinces et mocassins bicolores, mais c'est le maximum du laisser-aller chez lui ! Comme la plupart des Vietnamiens, il n'est pas très grand, moins d'1,65 m. En dépit de quoi sa silhouette élancée et sa façon de se tenir bien droit lui confèrent une prestance indéniable, que renforce la conscience de la dignité attachée à sa fonction.

Car mon père est un monsieur. Il remplit sa tâche de manière scrupuleuse et s'efforce de rendre service à tous ceux qui le sollicitent sans jamais en accepter d'autre rétribution que l'estime générale. Nous vivons dans une petite ville de province, Long An, située à 30 km au sud de Saigon. Tout le monde ici connaît notre famille et salue mes parents avec respect, en leur donnant du « monsieur le directeur » et du « madame la directrice » longs comme le bras. Mon père répond d'une inclinaison de tête, à la fois affable et subtilement dosée suivant le rang social de l'interlocuteur ainsi qu'il est d'usage en Orient. Il exige de nous une politesse sans défaut et une application sans faille à l'école. En tant qu'enfants du directeur, nous nous devons de montrer l'exemple. Chaque matin il passe devant les salles où nous étudions pour surveiller notre conduite. Qu'il aperçoive l'un d'entre nous le nez en l'air à rêvasser et il vient immédiatement toquer au carreau, en fronçant les sourcils qu'il a épais et fournis, afin de nous rappeler à l'ordre. On ne plaisante pas avec la discipline ni avec l'instruction !

C'est surtout ce dernier point qui ne fait pas mes affaires. Dès l'âge de huit ans, je me débrouille bien en mathématiques et en sciences, j'excelle en sport, en revanche les autres matières me barbent. Et puis j'ai trop d'énergie pour supporter de rester des heures le derrière collé à une chaise, sans parler ni bouger. Ce que je préfère dans la vie, c'est courir à droite et à gauche, grimper aux arbres et capturer des grenouilles dans la rivière. Un vrai garçon manqué ! D'ailleurs j'ai plus de copains que de copines à l'école. Les filles minaudent ou pleurnichent, elles ont peur de tout, on ne peut rien faire d'amusant avec elles. À l'époque de la mousson, elles courent s'abriter dès qu'il commence à pleuvoir. Alors que moi j'adore sauter dans les flaques et rester sous une gouttière que la violence de l'averse transforme en douche tiède. Les vêtements collés au corps, les cheveux dégoulinants, trempée comme une soupe, je chante, je danse et je ris sous la pluie. De toute façon, j'adore chanter, quels que soient le temps et la saison. À chaque fête de l'école, je monte sur l'estrade pour donner de la voix devant les parents d'élèves et le corps enseignant réunis. Non seulement je n'ai pas le trac, mais il faut pratiquement me pousser dehors pour que je cesse. Enfin j'ai un vrai public ! Tout le monde m'applaudit, et du coin de l'œil je vois un large sourire de fierté illuminer le visage de mon père. Ensuite les riches parents chinois me glissent quelques dongs pour me récompenser et m'encourager. Que du bonheur !

La seule fille qui trouve grâce à mes yeux, c'est Émilie, ma sœur cadette, presque ma jumelle tant nous sommes inséparables. Émilie possède deux qualités irremplaçables : elle me suit partout et fait tout ce que je lui dis, sans récriminer ni broncher. J'aime décider, commander et être obéie. J'ai ce qu'on appelle poliment « mon petit caractère ». Quant à mon autre sœur cadette, nous l'avons surnommée le mouchard. Elle nous suit comme notre ombre et s'empresse de rapporter nos menues bêtises à Maman.

Après Émilie, celui que je préfère, c'est mon deuxième frère, Viet Phuong. Pas seulement à cause du privilège de l'âge, mais aussi parce que c'est le seul qui ose tenir tête à Papa. Or je trouve qu'il faut un sacré cran pour s'opposer à lui. Notre père a l'habitude de régenter, c'est un personnage important et un chef de famille qui veille sur notre éducation d'un œil sourcilleux.

Oui, mais moi je suis sa préférée et aussi celle de Maman, après mon frère aîné. Ce qui me vaut de nombreux privilèges. J'ai droit à une coupe de cheveux spéciale, à l'occidentale, pas au bol comme mes sœurs. Mon père, deux fois l'an, nous emmène aussi à Saigon pour nous faire confectionner des vêtements sur mesure. Une vraie fête ! Conduits par le chauffeur, nous résidons à l'hôtel pendant deux jours et nous nous promenons dans la capitale tandis que les couturières se piquent les doigts sur notre ouvrage. Papa veille toujours à me choisir des tenues différentes de mes sœurs et bien plus jolies. Comme cette robe rouge que je reçois à Noël 1966 et dans laquelle je parade, plus fière qu'un troupeau de paons. Il m'achète des pommes et des frites, mets de luxe au pays des kumquats et du riz. Un jour où j'ai si mal aux dents que je refuse de manger, il ressort pour aller chercher une portion de frites, que je ne peux même pas mâcher tant la douleur est forte. À table, j'ai droit aussi au blanc de poulet. Et à mille autres petites attentions qui marquent clairement mon statut de chouchoute. Bien sûr, quand je commets quelques bêtises, ce qui m'arrive plus souvent qu'à mon tour, il me réprimande, mais moins sévèrement que mes frères et sœurs. Je vois bien qu'il se force pour hausser la voix. Et je fais comme si je le prenais au sérieux.

Je dois avouer qu'il me faudra laisser s'écouler beaucoup d'années avant de m'interroger sur les raisons de cette préférence. Pendant toute mon enfance, elle me paraît naturelle puisqu'elle s'est probablement manifestée depuis le jour de ma naissance. J'ai la chance d'être un beau bébé au teint d'ivoire clair, puis une jolie petite fille. Ma mère me raconte que pendant sa grossesse elle n'a pas éprouvé les mêmes envies que lors de ses précédentes et suivantes gestations. Pas de thé ni de café, elle ne buvait que du lait de coco et, de temps en temps, une coupe de champagne. Elle attribue donc à ces breuvages la pâleur de mon teint, et je lui laisse la responsabilité de cette théorie qui doit plus à l'imagination poétique qu'au raisonnement scientifique !

Quoi qu'il en soit, l'attention particulière que me portent mes parents n'est vraisemblablement pas sans effet sur mon caractère. Je n'ai peur de rien ou presque ! Je bénéficie d'une confiance en moi qui me permettra, bien des années plus tard, de côtoyer sans dommage des périls qui coûteront la vie à tant d'autres ou les laisseront marqués à jamais. Je suis bien dans ma peau et dans ma vie, vive et gaie, toujours une chanson à la bouche et le corps en mouvement. Et surtout, j'ai une foi absolue dans la force de mes rêves. À cœur vaillant rien d'impossible, telle est ma devise.

CHAPITRE 3

La guerre à onze ans

Nous vivons très bien grâce au statut dont jouit mon père en tant que fonctionnaire. Les villes du Sud connaissent une expansion économique due à la fois à l'esprit d'entreprise de leurs citoyens et à la manne des dollars déversés par les résidents américains. Le Nord, je n'y ai jamais posé un orteil. C'est un pays étranger et ennemi qui veut nous imposer la diète communiste et la férule totalitaire, ce dont nous, les nantis, n'avons pas la moindre envie. Heureusement, les Américains sont intervenus pour nous protéger de la « peste rouge » comme on dit alors et nous leur en sommes reconnaissants. Et puis moi j'aime le Coca-Cola et les films américains projetés à la télé. Car nous avons la télévision. Deux récepteurs même, l'un dans le salon, l'autre dans la chambre de mes parents, qui diffusent des chaînes américaines et sud-vietnamiennes, celles-ci contrôlées par les Américains bien sûr. Ce qui contribue encore un peu plus à façonner notre perception des événements dans le sens de la bannière étoilée.

À la différence des guerres mondiales en Europe, la guerre du Viêtnam ne commence pas par une déclaration, tel jour à telle heure. Larvée depuis des années, elle débute dans les manuels d'histoire par l'incident du golfe du Tonkin qu'exploitent Lyndon B. Johnson, président des États-Unis, et le gouvernement américain pour entamer les bombardements. Les hostilités se déroulent loin de chez nous, autour du 17e parallèle qui sépare désormais les deux nations ennemies. Ne nous en parviennent que des bribes soigneusement filtrées et distillées à dose homéopathique, avec le minimum d'images. Nous entendons bien parler du massacre de My Laï et des atrocités commises par les deux camps, des milliers d'enterrés vivants, des sexes coupés et des têtes piquées sur des bambous. Mais c'est l'horrible tribut à payer pour toute guerre et tout ça se passe loin de chez nous. Jusqu'à la grande offensive de 1968.

La télévision, jour après jour, la mentionne de plus en plus souvent. Le correspondant américain de mon père l'ayant prévenu que la zone allait subir des bombardements, l'école a fermé ses portes. Nous restons à la maison, interdiction de sortir même dans la cour. Nous sommes à la fois étonnés et incrédules. Comment serait-il possible que la technologie américaine actionnée par des dizaines de milliers de soldats entraînés et équipés puisse être vaincue par des paysans ignorants, armés de fusils rudimentaires ? Ce n'est qu'un mauvais moment à passer, croyons-nous. Bientôt nos protecteurs repousseront les assauts des communistes et les réduiront en miettes.

Puis peu à peu nous entendons un grondement diffus et sporadique, comme un orage lointain. Il se rapproche. Ça y est, la guerre est à notre porte. Nous n'en croyons pas nos oreilles. Le volume augmente, on distingue bientôt les modulations des détonations des tirs de mortiers et des explosions des bombes. La menace se précise au point que mon père, aidé du chauffeur, se dépêche d'édifier des abris de fortune dans les chambres. Les maisons vietnamiennes sont hélas pour la plupart dépourvues de caves, la nôtre en tout cas n'en comporte pas. Il faut donc bricoler, avec des sacs de sable et quelques planches, des sortes de petites cabanes, une dans chaque chambre, dans lesquelles nous rentrons à quatre pattes et avons à peine la place de nous blottir les uns contre les autres. À défaut d'une véritable sécurité, nous y trouvons le réconfort de la chaleur humaine.

Les premiers jours, je reste le nez collé à la fenêtre à guetter les panaches noirâtres qui s'élèvent au loin et signalent les impacts. Mon père se fâche tout rouge mais je trouve ce remue-ménage très intéressant. Enfin un peu d'animation dans ma vie bien réglée ! Jusqu'à ce que le fracas se fasse si proche qu'on ne s'entend pas crier et que la fumée des explosions obscurcisse le soleil matinal. Une odeur de brûlé s'insinue dans la maison où nous nous terrons. Personne ne bouge, même moi je me recroqueville dans l'abri que je partage avec mes sœurs. J'ai onze ans et suffisamment de jugeote pour supputer que si une bombe tombe en plein sur notre maison, sacs de sable ou pas, il y a peu de chances que nous en réchappions.

Malgré ma confiance dans les forces américaines et mon insouciance naturelle, je découvre la peur. Énorme et multiple. La peur de la douleur physique et de la mutilation ; la peur de mourir et de voir mourir les miens ; la peur de l'anéantissement et celle de l'au-delà ; la peur de perdre tout ce qui a fait ma vie jusqu'à présent et de me retrouver seule. L'impuissance aussi. Aucune échappatoire, rien d'autre à faire que d'attendre et de prier le Ciel pour que nous soyons épargnés.

Nous sommes tous terrorisés, même si mon père, comme à son habitude, fait bonne figure. Au plus fort des alertes, je serre les poings pour réprimer le tremblement qui me secoue. Puis je concentre toute mon énergie et j'imagine que je fabrique, par ma seule force mentale, un dôme immatériel qui protégera notre maison des bombes. Cette tâche distrait partiellement mon esprit, c'est ma façon de résister à l'emprise de l'angoisse.

Quand enfin le tumulte s'estompe, l'espèce d'anesthésie provoquée par l'épouvante cesse et mon estomac reprend ses droits. Les émotions creusent, c'est bien connu. Évidemment il n'est pas question de faire la cuisine avec une pareille menace au-dessus de nos têtes. Lorsque nous bénéficions d'un peu de calme, ma mère en profite pour cuire du riz d'avance. Plus d'une fois, le temps qu'elle ose s'aventurer jusqu'à ses fourneaux, les bombardements reprennent et elle rebrousse chemin sans même avoir pu allumer le gaz. Mais dès que mon père a été prévenu de l'imminence de l'attaque, elle a stocké des provisions qui nous permettent de tenir pendant les quelques jours que dure l'offensive. Entre deux salves, je me glisse périodiquement hors de l'abri afin d'aller au ravitaillement pour moi et les miens. Mon père a beau m'ordonner de ne pas bouger, rien n'y fait. Ventre affamé n'a pas d'oreilles.

En temps normal, il faut sortir de la maison pour accéder à la cuisine par une porte extérieure. Comme je ne tiens pas à m'exposer plus que nécessaire, à la fois aux bombes et aux remontrances de mon père, je me glisse par la fenêtre de la salle de bains qui seule relie la cuisine au reste de la maison. Au cours de l'une de ces incursions, je découvre avec horreur que la dinde que nous engraissons en prévision du prochain *Thanksgiving* a joué la fille de l'air. Enfin, c'est une façon de parler, ces bestioles ne savent pas voler. Bref, la dinde a disparu. Ah non, Papa va être extrêmement déçu s'il ne peut pas célébrer dans les règles cette fête à laquelle il tient autant qu'à Noël et qu'il préfère arroser de bordeaux plutôt que de Coca-Cola. Ce n'est pas le moindre de ses traits de caractère que d'ajouter aux rituels vietnamiens ceux de cet Occident qui le fascine tant.

La dinde ne peut pas être bien loin, je pars à sa recherche. Je fais le tour de la maison et j'aperçois la volaille qui s'ébat dans la cour, piquant le ciment de son bec à la recherche d'une quelconque pitance. Ma parole, elle doit être sourde, le fracas des bombardements vient de reprendre mais elle continue de picorer comme si de rien n'était. En revanche, quand je me mets à courir vers elle les bras ouverts pour la saisir, elle détale. La poursuite ne dure pas longtemps, je suis plus maligne et plus vive. Je l'attrape et je lui coince la tête sous mon bras pour éviter les coups de bec, puis je fonce jusqu'à la cuisine dont je verrouille soigneusement la porte. Notre dîner de fête est sauvé. C'est Papa qui va être content ! Pas tant que ça, je reçois une sévère algarade dès que je remonte dans notre chambre. A-t-on idée de risquer sa vie pour un repas qui n'aura lieu que trois mois plus tard ? Je baisse la tête pour masquer mon sourire. Toute la famille se régalera, guerre ou pas, et ce sera grâce à moi.

Au bout de quelques jours, l'offensive se termine, les communistes battent en retraite, les

Américains aux trousses. L'école que dirige mon père et qui se trouve derrière notre cour a subi d'importants dommages. Elle est à moitié détruite par l'explosion d'une bombe. D'autres maisons du quartier ont été ravagées par les bombardements et leurs occupants tués. Au milieu de cette désolation encore fumante, je n'ai qu'une seule pensée : notre maison est intacte et nous sommes tous indemnes. Bientôt tout ça ne sera qu'un souvenir déplaisant. Les Américains vont écrabouiller la « vermine communiste » et notre vie, douce et confortable, reprendra son cours.

C'est effectivement ce qui se produit, les hostilités cessent. Grâce à l'aide des Américains et aux dons généreux des riches commerçants chinois membres de l'association des parents d'élèves, l'école est promptement remise en état. À peine un mois après la fin des bombardements sur notre ville, elle rouvre ses portes. Entre-temps, répartis dans d'autres établissements, nous avons repris le chemin des salles de classe. Il fallait bien une guerre pour nous en avoir détournés. Papa, aussi inflexible dans son rôle paternel que dans ses attributions directoriales, ne se laisse pas émouvoir par un mal de ventre ou un rhume. Tant que nous pouvons mettre un pied devant l'autre, nous devons aller à l'école.

Il nous suffit de peu de choses pour croire la guerre terminée. Que ses traces dans notre environnement soient effacées et que des nouvelles rassurantes prétendent le Nord défait. Nous nous pensons protégés par les ailes de l'aigle américain, nous tarderons à comprendre qu'en fait elles se replient.

En attendant ce jour funeste, nous jouissons de l'existence. Pendant des années, jusqu'en 1973, nous nous laissons bercer par la douceur des jours et les propos lénifiants des médias contrôlés par les Américains. Les quelques images des manifestations contre la guerre du Viêtnam qui se déroulent aux USA ne nous alarment ni ne nous scandalisent. D'abord parce que nous n'en soupçonnons pas l'ampleur ni l'impact ; ensuite parce que l'égérie en est une star de Hollywood, Jane Fonda, ce qui ne nous incite pas à prendre ses gesticulations très au sérieux il faut bien l'avouer ; enfin parce qu'il est compréhensible que les Américains refusent de sacrifier leurs fils sur l'autel d'une guerre qui n'est pas la leur, mais celle des politiciens de Washington. Le Viêtnam ne possède pas de pétrole ou d'autre ressource nécessaire à l'économie yankee, ce n'est qu'un domino de théorie, un pion sur un échiquier virtuel. Rien qui vaille la peine de risquer une Troisième Guerre mondiale, avec cette fois-ci la Chine, ses 600 millions d'habitants et sa puissance nucléaire comme adversaires. Or c'est pour cette raison que les forces américaines cessent leurs bombardements en 1968, juste avant qu'Hanoi, la capitale du Nord, ne tombe. Non seulement nous n'avons pas gagné la guerre comme on nous le fait croire, mais elle est perdue d'avance.

Mon père, s'il avait compris que les Américains ne pourraient pas remporter ce bras de fer, se serait-il pour autant résolu à quitter son pays et à déraciner sa famille ? Rien n'est moins sûr. Son admiration pour les USA ne va pas jusqu'à éclipser son amour pour sa terre natale.

CHAPITRE 4

Le pays des rêves

Je ne connais de l'occupation française que ce que ma mère m'en a raconté. Et elle ne jure que par la France.

Elle admirait la prestance des soldats français quand elle était jeune fille et a appris le français grâce à eux. Depuis leur départ, sa lecture favorite demeure le magazine *Paris-Match*. Elle contemple les photos des mondanités parisiennes comme des images d'un paradis où toutes les femmes montent les marches de l'Opéra, vêtues de splendides robes du soir des grands couturiers, au bras de beaux messieurs en smoking. Ces créatures sublimes se nourrissent de petits fours et s'abreuvent de champagne, du bout de leurs lèvres carminées. Leurs seules occupations consistent à courir les cocktails, les vernissages, les premières, les bals et les galas. C'est ainsi, à n'en pas douter puisque les preuves en couleurs sont renouvelées chaque semaine, que vivent tous les habitants de ce pays de cocagne sophistiqué.

Si ma mère admire les Françaises, moi je suis éblouie par les Français. Je ne suis pas encore à l'âge auquel les hormones dictent leur loi, mais à celui où les contes de fées forgent l'imaginaire. Dans ma petite tête, les visages glanés au fil des pages se fondent pour n'en former qu'un, celui du Prince Charmant qui ne peut être que français. La preuve, dans mon livre de contes il s'appelle Philippe.

Plus tard, quand je serai grande, je partirai pour la France et j'épouserai un Français, si possible un Parisien. Il aura les cheveux clairs, les yeux bleus, il sera grand, bien découplé et il fera de moi la plus heureuse des femmes. J'ai couru après ce rêve pendant près de quarante ans, et je l'ai finalement rattrapé. C'est lui qui m'a donné le courage de m'enfuir et la volonté de survivre. Comme quoi il ne faut pas gronder les enfants qui rêvassent le nez en l'air…

En attendant d'aller chercher mon prince au-delà des mers, je guette la sortie du lycée français dont je contemple les élèves comme s'il s'agissait d'êtres supérieurs daignant fouler le même sol que moi. Les Américains ne produisent pas autant d'effet sur mon imagination galopante. Même s'ils sont en moyenne plus grands et plus athlétiques, ils ne possèdent pas cette distinction innée que j'attribue, peut-être abusivement, au moindre ressortissant de l'Hexagone. Comme si chacun d'entre eux possédait les gènes du Roi-

Soleil et de Coco Chanel ou du général de Gaulle et de la marquise de Montespan.

Les Américains ont un *way of life*, les Français ont inventé l'art de vivre. Je choisis mon camp sans l'ombre d'une hésitation.

CHAPITRE 5

Le début de la fin

La rentrée 1974 apporte un changement notable dans notre vie. Une réforme relève le niveau du diplôme exigé pour le poste de directeur d'école. Mon père, qui s'est élevé par la voie des concours, ne le possède pas. Après une dizaine d'années à cette fonction où son travail semblait donner toute satisfaction, il s'en voit soudain dépossédé, sans recours immédiat possible. La pilule est dure à avaler mais mon Papa, comme toujours, tente de garder la face et accepte sa rétrogradation comme s'il s'agissait d'une banale mutation.

Effectivement, il y a de ça. L'humiliation de redevenir simple instituteur dans l'école qu'il a dirigée lui est épargnée. Sa nouvelle affectation l'expédie dans une petite ville éloignée d'une cinquantaine de kilomètres de Long An, notre actuelle résidence. Pour l'instant, il ne saurait être question que toute la famille déménage. Mon père ira seul en attendant de voir comment les choses se passent et reviendra aussi fréquemment que possible passer le week-end à la maison.

Quelques mois auparavant, il a investi ses économies dans une petite maison faisant partie d'un lotissement en construction dans la banlieue de Long An, grâce aux conditions préférentielles d'accession à la propriété consenties aux fonctionnaires par ce programme immobilier. Jusque-là, ses avoirs étaient placés à la banque. L'acquisition de la maison en siphonne l'intégralité et l'oblige à contracter un emprunt. Mais la décision s'avère judicieuse, car il va nous falloir quitter la maison de fonction attribuée au directeur de l'école et abandonner les avantages qui l'accompagnent. Plus de voiture ni de chauffeur ni de domestiques. Et un salaire nettement revu à la baisse. Avec dix bouches à nourrir, les mensualités de la maison, le coût du logement de Papa sur son lieu de travail et le prix de l'autocar qui le ramène dans sa famille, nous passons brutalement de l'aisance à l'impécuniosité.

Autant il est facile de se faire au statut de privilégié, autant il est difficile de le perdre. Nous avions l'habitude d'être servis, voilà qu'il nous faut retrousser nos manches et mettre la main à la pâte. C'est surtout aux filles qu'incombe d'aider Maman. Nous nous exécutons sans broncher car le sens de la solidarité familiale imprègne toute la culture vietnamienne. Mon frère aîné est militaire, donc absent de la maison. Le cadet, lui, daigne rarement donner un coup de main. Quant aux deux benjamins, ils sont encore petits et ont besoin que l'on s'occupe d'eux. Moi j'ai loupé mon bac en juin et décidé de m'en tenir là pour ce qui est des études. Ça suffit, je me suis assez ennuyée sur les bancs de l'école, j'ai envie d'autre chose mais je ne sais pas encore de quoi. Enfin si, je voudrais être chanteuse mais mon père s'y oppose aussi formellement que si j'avais exprimé une vocation pour le strip-tease. N'en parlons plus !

Les restrictions apportées à notre train de vie ne suffisent pas. Le budget dont dispose ma mère se révèle trop restreint pour nous nourrir deux fois par jour. Nous avions déjà abandonné le petit déjeuner à l'américaine auquel les goûts et la bonne fortune de mon père nous avaient accoutumés, voilà qu'il faut nous contenter de maigres portions de riz et de légumes, rarement agrémentées de viande. Ma mère, elle, ne mange le plus souvent qu'un seul repas. Ce régime ne sera pas tenable longtemps pour des enfants en pleine croissance, il faut trouver des ressources supplémentaires.

Puisque nous habitons encore à côté de l'école que dirigeait mon père, l'administration nous ayant accordé un délai de grâce jusqu'aux vacances de Noël pour déménager, Maman décide d'exploiter cette proximité afin d'augmenter nos ressources. Elle confectionne, secondée par ses filles, des sandwichs, des boulettes de viande et de légumes, des gâteaux et des granités que mes sœurs et moi allons vendre aux élèves pendant les récréations et la coupure du déjeuner. Ce petit commerce marche gentiment et permet à ma mère d'améliorer l'ordinaire.

Notre déménagement s'étale sur plusieurs semaines. D'un côté nous démontons le puzzle de notre intérieur, de l'autre nous le remontons, un morceau après l'autre. Nous nous rendons souvent dans la nouvelle maison et chacun emporte quelque chose, à pied ou à bicyclette. Plusieurs fois notre ancien chauffeur vient avec sa camionnette pour transporter des meubles. Notre nouveau logement étant sensiblement plus petit que notre précédente maison, il nous faut nous séparer de pas mal de choses. Alors on jette les jouets cassés, les poupées unijambistes, les ours borgnes, d'autant plus chers à notre cœur que nous les avons maltraités. Cette multitude de petits déchirements qui parfois me met aux yeux des larmes que je m'empresse d'essuyer, c'est mon adieu à l'enfance et à la douceur des choses.

À Noël, la transhumance de nos effets s'achève. Mes sœurs et moi nous briquons la maison, dont le nouveau directeur va bientôt prendre possession, avec un soin si maniaque qu'il pourra manger par terre si le cœur lui en dit. Puis ma mère va porter les clés au concierge de l'école. Une dernière fois il la salue d'un dérisoire « Bonjour, madame la directrice ! »

Nous prenons le chemin de notre nouvelle résidence comme si nous partions en promenade, les mains vides et le cœur léger. Maman parle gaiement avec nous, nous allons avoir de nouveaux voisins, d'autres camarades avec lesquels faire connaissance, ce sera très bien de changer un peu de têtes. En chemin, nous nous arrêtons chez des amis pour déjeuner puis reprenons notre balade, inconscients du séisme qui va bouleverser nos existences.

CHAPITRE 6

Aux abris !

Long An, la petite ville où nous résidons, se situe à une quarantaine de kilomètres de Saigon, une distance suffisante pour qu'y règne une atmosphère provinciale, bien différente de l'agitation de la capitale. Même si les informations diffusées par les médias, toujours sous contrôle, évoquent depuis plusieurs mois une intensification des combats et l'avancée des troupes nordistes, personne n'imagine que leur victoire est proche. Mon père le premier, malgré les communiqués qui annoncent, jour après jour, la chute des villes qui jalonnent la route des Viêt-công depuis Hanoi.

Les milliers de paysans qui halent les chars sur les plateaux montagneux à l'aide de cordes, le tunnel creusé à partir de Hanoi en direction de Saigon distante d'environ 1 500 kilomètres, tout ça paraît bien folklorique face aux énormes B 52 et à leurs tonnes de bombes, au napalm, aux hélicoptères et aux Marines. L'artisanat de la guérilla face à l'industrie de la guerre conventionnelle, le pot de terre contre le pot de fer. Saigon bientôt aux mains des communistes ? Inimaginable ! Jamais ils ne parviendront jusqu'au centre-ville. Comme en 68, ils devront bien vite tourner casaque et remonter dans le Nord, les Américains sur leurs talons.

Néanmoins mon père, soucieux de nous mettre en sécurité, décide au mois de mars d'emmener toute sa famille chez des parents qui résident dans la capitale. Nous y passons un mois, scindés en deux groupes. Mes parents et les petits chez un oncle qui a construit dans son salon un abri aux parois de métal, doublé de sacs de sable. Mes frères et sœurs aînés et moi chez une tante dont la maison pourvue d'une cave offre une relative sécurité. Les bombardements qui arrosent la banlieue de Saigon ne cessent qu'une ou deux heures par jour. Nous mettons ce calme relatif à profit pour somnoler d'un œil, recroquevillés dans des sacs de couchage à même le sol de la cave. Le reste du temps, nous parlons, pour que le son de nos voix nous distraie du grondement des avions et du fracas des explosions.

L'obscurité du sous-sol annihile assez vite toute notion d'heure, il n'y a plus de soleil ni de jour, plus rien que cette bulle noire et poussiéreuse coupée du monde. La parcimonie gouverne notre existence d'assiégés enterrés. Manger à peine, boire très peu, bouger le moins possible pour éviter que la nécessité physiologique ne nous oblige à nous exposer en remontant à la surface. Les aliments séchés qui constituent notre unique nourriture craquent sous la dent avec un menu bruit de souris. Moi qui aime tant courir et me démener, j'ai le plus grand mal à supporter le confinement dans cet espace restreint. Pendant tout un mois, nous sommes séparés de nos parents, privés d'informations autres que celles distillées par un transistor grésillant, sans savoir s'ils sont encore en vie. Mais je me refuse à croire au pire, même si je ne peux pas toujours m'empêcher de le craindre. Désespérer n'est pas dans mon tempérament. Je m'accroche obstinément à l'idée que les Américains sont invincibles, qu'ils repousseront une fois de plus les assaillants et que nous nous retrouverons tous, sains et saufs.

Enfin le silence revient et s'installe pour de bon. Au bout de plusieurs heures, nous osons remonter de la cave puis mettre un pied à l'extérieur de la maison. Des panaches de fumées obscurcissent encore le bleu du ciel. Je tends l'oreille sans percevoir le moindre vrombissement d'avion. D'autres personnes sont sorties dans la rue et scrutent l'horizon, une main en visière au-dessus des yeux. Une inquiétude diffuse plane, on s'interpelle entre voisins : « Ça fait deux heures que je regarde la télévision mais ils ne disent rien sur ce qui se passe à Saigon. » « Vous croyez que c'est fini ? » « Est-ce que quelqu'un sait quelque chose ? »

Pendant deux jours nous restons dans un état de flottement indécis, prêts à dévaler l'escalier de la cave au moindre bruit suspect. Enfin, au matin du troisième jour, notre père fait son entrée, salué par nos exclamations enthousiastes, et nous annonce qu'il vient nous chercher. Après de chaleureuses effusions, nous reprenons tous la route de Long An à bord d'un autocar.

Divine surprise, notre maison est toujours debout, alors que celles de plusieurs de nos voisins du lotissement ont été réduites en cendres par les bombardements.

CHAPITRE 7

Une journée particulière

Notre soulagement est de courte durée. Au fur et à mesure qu'avril s'écoule, l'étau se resserre, l'inéluctable se précise.

Le ton et la teneur des informations changent imperceptiblement. Les comptes-rendus sur l'avancée des troupes Viêt-công se font plus neutres, plus factuels, ceux sur la résistance qui leur est opposée moins péremptoires. Les premières rumeurs du départ des Américains ne nous parviennent que plusieurs jours après que nos « protecteurs » ont commencé à faire leurs cartons. Les lourdes pertes infligées à leurs forces par la guérilla ont scellé notre sort. L'Amérique ne supporte plus de voir les cercueils de ses fils s'aligner sur les tarmacs d'aéroport. Cette fois-ci, c'en est fait de nous. Le Nord va déferler et nous anéantir. À l'incrédulité succède l'anxiété.

Je ne l'apprendrai que bien plus tard, mais l'une de mes tantes qui travaille pour les Américains a choisi de profiter de l'opportunité d'émigration due à cette collaboration ; elle veut m'emmener avec elle aux USA. Mes parents refusent. Se séparer de l'un de leurs enfants leur arracherait le cœur. Même si mon père est persuadé que ses anciennes responsabilités et ses bonnes relations avec les Américains lui vaudront sous peu le peloton d'exécution, il ne peut se résoudre à disloquer sa famille.

Les derniers jours d'avril, l'angoisse devient d'une lourdeur insoutenable. Enfermé dans son bureau la plupart du temps, Papa attend l'inéluctable. Quand il en sort, je ne peux m'empêcher de remarquer ses épaules voûtées et son visage atone. Dans notre maison autrefois si gaie, on n'entend plus de rires ni de cris d'enfants. Même les petits comprennent que quelque chose ne va pas et n'ont plus le cœur à jouer.

Au matin du 30 avril 1975, nous venons de finir notre petit déjeuner quand la radio annonce la prise du palais présidentiel de Saigon. Mon père va allumer le téléviseur du salon, je me précipite à ses trousses. Les images dissipent la dernière bribe d'espoir qui subsistait en moi. Nous contemplons l'incroyable, monté en boucle : un char défonce la grille du palais présidentiel, les troupes nordistes, arme au poing, se précipitent en hurlant à l'intérieur du bâtiment. Ce n'est que bien plus tard que j'apprendrai que cette scène est une reconstitution, filmée une ou deux heures après la véritable prise du palais. Les Viêt-công ont déjà compris tout l'intérêt de la manipulation médiatique. Cette séquence suffit en tout cas à nous faire mesurer l'ampleur de la défaite et l'inutilité de la résistance. Mon père se lève pour éteindre le poste et se rassied sur le canapé en marmonnant :

— Notre vie est foutue et moi je suis déjà mort.

Le premier réflexe de ma mère, c'est de retourner la maison pour la débarrasser de tout ce qui porte la marque de l'Amérique. Mon père tente de stopper la fureur dévastatrice de son épouse, mais elle, habituellement conciliante et soumise à son autorité, se met à hurler :

— Tu veux notre mort à tous ? Non ? Alors laisse-moi faire !

Les bouteilles d'alcool rapportées par Papa sont vidées dans l'évier, les étiquettes décollées et brûlées, les flacons brisés en menus morceaux puis jetés à la poubelle. Les collections de briquets et d'épingles de cravates suivent le même chemin. Les cravates *made in USA*, les livres et magazines en anglais et jusqu'à nos poupées Barbie fournissent le combustible d'un autodafé. Nous regardons nos anciennes compagnes de jeux se tordre dans les flammes, leurs visages déformés par la chaleur fondre comme sous l'effet de larmes acides. C'est toute une époque de notre vie qui part en fumée noirâtre dans une odeur infecte.

Ma mère tisonne le feu jusqu'à ce que tout soit réduit en cendres inidentifiables, puis elle se laisse tomber sur le canapé du salon. Nous nous serrons autour d'elle et nous mettons à pleurer. Même mon père, qui appuie les paumes de ses mains sur ses yeux pour tenter de nous dissimuler ses larmes. Mais il est trahi par les sanglots qui secouent son corps. Quelle importance maintenant ?

Je ne sais pas combien d'heures nous passons ainsi, abîmés dans la désolation, le crépuscule est en train de tomber quand nous nous résignons à nous lever pour préparer un repas avec les maigres provisions qui nous restent. L'accablement plombe nos pas, personne ne parle. Il n'y a rien à dire, plus moyen de faire semblant. La seule certitude qui nous reste, c'est que l'irréparable s'est produit. Au-delà, le gouffre, le vertige, la souffrance. J'ai dix-huit ans et l'Histoire vient de me claquer la porte de l'avenir au nez.

CHAPITRE 8

Après la chute

Un miséricordieux sommeil m'a engloutie sitôt la tête posée sur l'oreiller. Mais les catastrophes ont toujours un lendemain. J'ouvre les yeux la première, mes sœurs dorment encore. Une lueur blanchâtre filtre à travers les fentes des persiennes. Il doit être encore tôt. Je pose un pied par terre quand les images du char renversant la grille du palais présidentiel me reviennent en mémoire. Un goût âcre envahit ma bouche et une fatigue qu'aucune nuit ne pourrait effacer alourdit mes membres. J'entends les paroles prononcées par mon père la veille résonner dans ma tête : « Notre vie est foutue et moi je suis déjà mort ». Que va-t-il se passer ? Dans combien de temps les Viêt-công viendront-ils enfoncer notre porte ? Et que nous feront-ils ? Vont-ils tous nous tuer ou uniquement mon père ? Nous violeront-ils, ma mère, mes sœurs et moi, comme la rumeur nous en menace ? Serons-nous torturés ? Emprisonnés ?

C'est surtout pour mon père que j'ai peur. Il me paraît peu probable que les communistes laissent la vie sauve à ceux qui ont collaboré avec les Américains. Que deviendrons-nous sans lui ?

Il faudrait pouvoir fuir. Mais nous n'avons plus de voiture, juste quelques bicyclettes d'enfant. De toute façon, les bombardements et les combats font rage dans la région où nous nous trouvons, un peu au sud de Saigon. Tout le pays est bloqué, il n'y a plus ni trains ni avions ni bateaux et nous n'avons plus d'argent pour payer un aléatoire passage. Nous sommes piégés comme des rats, voilà la vérité. Tout ce qu'il nous reste à faire, c'est tenter de survivre en attendant de savoir quel sort nous réservent nos vainqueurs, auxquels notre défunt statut de privilégiés va immanquablement nous désigner comme cibles.

Assise au bord de mon lit, j'ai la tête qui tourne. Je me secoue en me disant que le pire n'est jamais sûr. Après tout je suis jeune et forte. Même si mon pays devient une prison invivable, je trouverai bien le moyen de m'en évader un jour. Les Viêt-công ne pourront pas le verrouiller indéfiniment. J'irai en France et de là je parviendrai à aider les miens et à les faire sortir eux aussi. Le salut est ailleurs, au-delà des mers et de l'adversité qui s'avance vers nous, lourde de menaces. Plutôt que de les anticiper, je ferais mieux de rassembler mon courage et de m'atteler à l'objectif prioritaire : assurer la subsistance de ma famille.

Mon père reste prostré, il attend qu'on vienne le chercher. Et effectivement, quelques jours plus tard, il reçoit une convocation qui le somme de se présenter le lendemain matin au poste de police de Long An. Il part très tôt, avant que nous ne soyons levés. Quand je descends à la cuisine, j'y trouve ma mère, les traits tirés, en train de s'occuper de mes petits frères. Elle me serre contre elle sans mot dire, je ne peux pas parler tant j'ai la gorge étranglée par l'émotion et peur d'éclater en sanglots devant les garçons. Les heures s'étirent, nous pensons tous à Papa sans oser prononcer son nom. Je ne peux faire un pas dans la maison sans le revoir, assis sur le canapé, descendant l'escalier, traversant le salon, en train de nouer sa cravate, etc. Il est partout à la fois, multiple, omniprésent dans l'absence.

Un bruit dans l'entrée, je me précipite. Il est revenu !

Mais pas pour longtemps. Il nous annonce qu'il doit repartir dès le lendemain pour un camp de rééducation où il sera interné pendant une durée indéterminée. Je scrute son visage tandis qu'il parle. Il semble fatigué mais moins anxieux qu'hier. À la fois résigné et résolu.

Ce séjour en camp ne doit pas nous inquiéter, nous dit-il, c'est même une bonne nouvelle. Car cela signifie que les autorités nouvellement promues n'ont pas l'intention de l'exécuter. D'ici quelques semaines il reviendra et même si rien ne sera plus comme avant, la vie continuera. Il compte sur nous pour bien nous conduire durant son absence et aider notre mère. Nous lui promettons tout ce qu'il veut avant de nous jeter à son cou. Il chancelle légèrement sous nos démonstrations d'affection et nous demande de le laisser souffler. Oui, promis, il viendra nous embrasser avant de partir.

En dépit de la résistance opposée par les soldats et les policiers du Sud à l'avancée des envahisseurs, le pays tombe entièrement sous la coupe du Viêt-công en quelques semaines. Il faut dire que le nouveau pouvoir bénéficie de nombreuses complicités. Les paysans qui forment la majorité de la population lui sont favorables, ainsi que les classes les plus modestes. Au lendemain de la chute de Saigon, les « taupes » nordistes qui noyautent le Sud sortent de l'ombre. C'est ainsi que nous apprenons que l'ancien chauffeur de mon père renseignait les communistes depuis belle lurette. Malgré son appartenance au camp ennemi, il respecte son ex-patron et ne l'a pas dénoncé aux nouveaux dirigeants. D'autres s'en chargeront à sa place.

Mon père revient du camp de rééducation au bout de trois semaines. Il se montre peu disert sur les conditions de sa détention mais, quoique visiblement épuisé, ne paraît pas avoir subi d'autres sévices que d'interminables interrogatoires suivis de séances d'endoctrinement non moins interminables. Il a certes maigri, mais nous en sommes tous là, car le Nord a littéralement razzié les ressources du Sud, autrefois prospère.

Autrefois, c'est-à-dire il y a à peine deux mois. À la descente des chars et des troupes communistes a succédé la remontée des vivres et des biens capitalistes. Par caravanes entières, les sacs de riz, les poulets, les légumes, les automobiles, les bicyclettes, les cuisinières, les transistors et tutti quanti partent en direction d'Hanoi. Les soldats, policiers, fonctionnaires, professeurs, édiles et responsables de tout poil qui n'ont pas été passés par les armes prennent quant à eux le chemin des camps de rééducation, pour des séjours plus ou moins longs en fonction de leur degré, supposé ou réel, de responsabilité et d'implication avec l'ancien pouvoir et les Américains. Les drapeaux du Sud-Viêtnam qui flottaient sur tous les édifices publics sont descendus, brûlés et remplacés par ceux du Nord-Viêtnam.

Dans les commissariats, les casernes, les préfectures, les mairies et les écoles qui avaient été désertés par leurs occupants dès la chute de Saigon connue, la période de vacance est de courte durée. Les sympathisants nordistes, en uniforme ou simplement pourvus d'un brassard qui signale leur appartenance, s'emparent des manettes avec entrain. Ils vont pouvoir s'en donner à cœur joie et se venger d'années de frustration. Bizarrement, ce sont les femmes descendues du Nord en treillis kaki, arborant l'écharpe rouge et noire emblématique du nouveau pouvoir, qui m'effraient le plus. Elles ont une revanche supplémentaire à prendre.

CHAPITRE 9

L'arrachement

Les Viêt-công ne doivent pas être bien confiants dans leur méthode de rééducation, car ils n'autorisent pas la plupart de ceux qui l'ont subie à reprendre leurs fonctions.

Ainsi en va-t-il pour mon père qui, depuis son retour du camp, tourne en rond dans la maison. À cette inactivité forcée, si inhabituelle pour lui, s'ajoutent l'angoisse de l'avenir et la honte de ne plus pouvoir subvenir aux besoins de sa famille. Le voici réduit à l'impuissance, n'ayant rien d'autre à faire que de ruminer sa peur et son humiliation. Il surmonterait plus facilement cette dernière si l'opprobre dont les nouveaux maîtres du pays l'accablent ne nous englobait pas nous aussi, ses enfants.

Nous ne pouvons plus poursuivre d'études ni travailler, sauf dans le commerce. Mes sœurs aînées qui vivaient à Saigon sont contraintes de revenir à la maison. Seul mon deuxième frère, vendeur dans un magasin d'électroménager, peut demeurer dans la capitale.

Mon père est rongé par un autre motif d'inquiétude. Les chefs d'accusation qui lui ont valu trois semaines de camp ne recouvrent pas, loin s'en faut, l'ensemble de ses attributions passées. Pour l'instant, on ne lui a reproché que d'avoir été directeur d'école, en contact avec le « correspondant » américain. Si les Viêt-công viennent à apprendre qu'il a effectué plusieurs séjours aux USA et qu'il exerçait des responsabilités au sein de la cellule locale du parti sud-vietnamien, une formation politique largement instrumentalisée par nos anciens « protecteurs », il risque de ne pas s'en tirer à si bon compte. Et nous non plus…

Quelques semaines s'écoulent ainsi, dans une atmosphère plombée par l'angoisse. Chacun s'efforçant de faire bonne figure, personne n'ose exprimer ce qui le tourmente. À quoi bon ressasser nos malheurs présents ou à venir, mieux vaut parler d'autre chose. Il est vrai que ma mère, mes sœurs et moi sommes absorbées par la recherche de notre subsistance quotidienne, les soins de la maison et la surveillance de mes deux petits frères, qui heureusement peuvent continuer à aller à l'école. Mais jusqu'à quand ?

Il est très tôt ce matin-là quand je suis réveillée par un bruit de bois brisé et des cris gutturaux. La chambre que je partage avec mes sœurs se trouve au premier étage de notre maison, en face de celle de mes frères, celle de nos parents étant au rez-de-chaussée. La première, je saute par terre et je me précipite sur le palier. De là, je découvre une escouade d'hommes en treillis, dans la tenue des miliciens Viêt-công, en train de finir de défoncer la porte à coups de crosse de fusil. Ils se ruent dans l'entrée en hurlant. Mon père, en pyjama et pieds nus, vient à leur rencontre. Celui qui paraît être le chef l'empoigne :

— Duong Thanh, c'est toi ?

— Oui, qu'est-ce que vous me voulez ? Et qui êtes-vous ?

— Tu es en état d'arrestation. Suis-nous sans résister ou je te colle une balle dans la tête.

L'un des hommes tord les bras de mon père derrière son dos, lui passe des menottes et le fait avancer en direction de la porte d'une violente bourrade dans les reins. Ma mère, en chemise de nuit, sort de la chambre et se met à crier :

— Que faites-vous ? Rendez-moi mon mari ! Rendez-moi mon mari !

Un milicien la repousse avec son fusil. Elle se met à pleurer. Accroupie derrière la balustrade de l'escalier où la stupeur m'a figée, je vois mon père, toujours en pyjama et pieds nus, quitter notre foyer. La scène n'a pas duré deux minutes.

Maman s'effondre sur le sol de l'entrée en sanglotant. Je prends alors conscience que moi aussi je pleure et j'entends mes frères et sœurs en faire autant. Nous dévalons l'escalier dans un concert de lamentations et nous précipitons vers elle. Nous passons le reste de la nuit et une partie de la matinée en pleurs. Ma mère ne peut plus articuler un mot, à part « rendez-moi mon mari ».

Comme si la misère ne suffisait pas, le malheur vient de s'abattre sur nous, nous propulsant brutalement dans une nouvelle dimension de l'affliction, assortie du sentiment d'abandon, de la panique, de l'incompréhension et de la colère. C'est le chaos dans ma tête, mes pensées s'entrechoquent, le désespoir m'aspire, je tombe dans un vide obscur et sans fond. Non, il ne faut pas, je dois résister. Je me cramponne à ce qui me reste de raison et, morceau par morceau, je me ressaisis.

Bon, faisons le point : Papa a été emmené, pas tué. Si ses ravisseurs avaient voulu en finir avec lui, ce serait déjà fait. Ils vont l'emprisonner, le remettre dans l'un de leurs camps. Mon père ne détient pas d'informations susceptibles de les intéresser, donc cela ne servirait à rien de le torturer. Que peuvent-ils lui reprocher ? Sa « collaboration » avec les Américains concernait le domaine de l'éducation. Il n'a jamais dénoncé personne ou livré de secrets, mais je doute que nos nouveaux maîtres considèrent ses voyages aux USA comme de simples excursions touristiques. Ses liens avec l'ancien pouvoir peuvent également fournir une justification à la vindicte nordiste. D'après ce que nous avons entendu dire depuis la chute de Saigon, il n'y a pas eu d'exécutions massives. Le Viêt-công semble préférer « rééduquer » plutôt qu'exterminer. Ce choix paraît judicieux dans un pays qui a déjà été décimé par deux guerres meurtrières et a besoin de tous les bras restants. La logique voudrait donc que Papa soit maintenu en détention dans un camp de travail. Sauf que la logique ne constitue pas le principe de base du totalitarisme. En admettant qu'elle prévale, restent deux questions passablement angoissantes : combien de temps durera sa captivité et y survivra-t-il ?

Ma réflexion achevée, je me dis que la première chose à faire, c'est de sortir ma mère de son hébétude. Je lui prends la main et caresse sa joue sur laquelle les larmes n'en finissent pas de rouler.

— Écoute-moi, Maman. Il faut qu'on se calme. La situation n'est pas aussi dramatique que ça. Papa a été arrêté, ça veut dire qu'il va être emmené dans un centre de détention. D'ici quelques jours, nous pourrons savoir où il est et ensuite nous pourrons aller le voir. Il est vivant, c'est ça qui compte. Peut-être le garderont-ils quelques mois, mais à son âge et vu ses fonctions, il ne représente aucune menace pour eux. Ils finiront bien par le libérer.

Je l'avoue, je ne suis qu'à moitié convaincue par ce que je raconte. Mais il faut bien se ressaisir. Et puis, même si mes propos sont teintés d'un optimisme que je suis loin de ressentir, je pense quand même que les Viêt-công ne pourront pas s'encombrer éternellement d'un professeur vieillissant. Mon père n'a qu'une petite cinquantaine d'années, mais à cette époque et au Viêtnam, cet âge est considéré comme l'orée de la vieillesse. Je me garde bien d'ajouter que cela le rend plus vulnérable à la maladie et moins résistant aux mauvais traitements.

La preuve que je ne me suis pas entièrement trompée, c'est que, quelques jours plus tard, un courrier avise Maman de l'endroit où mon père est détenu. La bonne nouvelle : elle pourra lui rendre visite. La mauvaise : pas avant six mois...

CHAPITRE 10

Une vie difficile

C'en est fini de la douceur de vivre d'antan, déjà bien écornée. La férule totalitaire se fait immédiatement sentir. Ce grand chambardement met le Sud à genoux en quelques mois. De la pénurie nous passons rapidement à la disette. Les carnets de rationnement ne tardent pas à faire leur apparition, institutionnalisant la famine. Seuls les plus riches s'en tirent car ils ont les moyens de s'approvisionner au marché noir qui est bien l'unique activité à prospérer.

Tel n'est pas notre cas. Nous étions dans la gêne, nous voici proches de la misère. Notre père interné en camp, nous ne disposons plus d'aucune rentrée d'argent. Ma mère vend ce qu'elle peut, c'est-à-dire pas grand-chose, mais refuse de se séparer de ses quelques bijoux, qu'elle préfère conserver pour une situation exceptionnelle. Par exemple si son mari meurt en captivité, afin de payer son enterrement. L'aîné des garçons, anciennement engagé dans l'armée sud-vietnamienne et donc démobilisé depuis la défaite, se voit également gratifier d'un stage de rééducation d'une semaine, au terme duquel il se retrouve sans emploi et sans solde. Le pays est sens dessus dessous, l'économie en train de s'effondrer. Il est hors de question de chercher du travail de façon normale, seuls les petits boulots sont à notre portée.

Ma sœur aînée ne peut plus exercer comme professeur de mathématiques à Saigon. Elle revient à la maison et, quoique sans disposition particulière pour les travaux d'aiguille, seconde sa cadette, couturière de son état, pour coudre les boutons et faire les ourlets.

Grâce à des connaissances, Maman récupère des coupons de tissus qu'elle va vendre sur le marché tous les jours. Ici les marchés commencent tôt le matin comme en France et durent jusqu'à la fin de l'après-midi. Malheureusement nous ne sommes pas les seuls à faire connaissance avec le dénuement. Plus les semaines passent, plus les clientes se font rares. De plus en plus souvent, Maman, partie depuis l'aube, rentre à la nuit tombée sans avoir rien vendu. La fatigue et les soucis creusent de nouvelles rides sur son visage, encore si juvénile il y a quelques mois.

L'absence de notre père fissure en outre la maisonnée. Maman tente d'y suppléer, mais nos conditions de vie sont trop difficiles pour qu'elle puisse y parvenir.

Celui d'entre nous qui manifeste les perturbations les plus alarmantes est Viet Hung, mon frère aîné. Avant la chute de Saigon, il faisait partie de l'armée du Sud-Viêtnam, avec le grade de lieutenant. Il aurait pu profiter de cette appartenance pour quitter le pays avec les Américains et s'exiler aux USA, mais il a voulu rester pour ne pas abandonner sa famille et, aujourd'hui, il le regrette amèrement. Le nouveau pouvoir l'a envoyé passer trois semaines en camp de rééducation et depuis il ne fait pas grand-chose de ses journées, si ce n'est traîner avec des bons à rien et boire plus que de raison. Ses quelques tentatives pour retrouver un travail se sont soldées par des échecs. Il n'a pas tenu plus de trois jours comme cyclo-pousse. Trop dégradant pour monsieur. Ensuite la vente de cigarettes non seulement n'a pas rapporté un dong mais en a coûté plusieurs centaines. Notre mère avait confectionné une sorte de petite armoire portative qu'elle avait remplie de paquets neufs. Viet Hung est parti au stade qui se trouve non loin de la maison pour les vendre lors d'un match important. Au bout d'une heure il n'a trouvé preneur que pour un quart de sa marchandise. Et surtout il s'est ennuyé. Alors il a distribué aux spectateurs qui passent les paquets restants et s'en est allé, les mains dans les poches, au bar le plus proche boire les trois sous qu'il avait gagnés.

Quand il n'a pas d'argent pour payer ses consommations, c'est-à-dire le plus souvent, il laisse aussi des ardoises au nom de notre mère. Ses retours au bercail sont aussi tardifs que titubants. Il devient agressif et répond à Maman lorsqu'elle lui reproche de dilapider un argent dont elle a le plus grand besoin pour nous nourrir. Même à moi, sa petite préférée, il adresse à peine la parole. Mais les nécessités de notre survie m'absorbent tant que, je l'avoue, je décide de ne pas m'en préoccuper. J'ai déjà assez de soucis comme ça et, après tout, étant sa cadette, ce n'est pas à moi de veiller sur lui.

Une après-midi, je fais la sieste au premier étage, seule dans la chambre des filles, ce qui arrive rarement. Un frôlement dissipe un peu le profond sommeil dans lequel je suis plongée. Mes paupières refusent de se soulever complètement, je ne sais pas si je rêve ou si je suis éveillée. Je sens un corps peser sur le mien, puis une main sur ma jambe qui remonte bientôt sur ma cuisse. Je sursaute et ouvre grands les yeux :

— Mais qu'est-ce que tu fais, tu es mon frère !

Son visage se trouve à quelques centimètres du mien, suffisamment près pour que son haleine chargée d'alcool frappe mon odorat. Il me sourit d'un air canaille et chuchote :

— Tu sais bien ce que je veux, petite sœur, hein ?

— Non, non !

Il pose un doigt sur ma bouche pour m'intimer le silence :

— Chut !

Sa main continue son chemin. Je secoue la tête de droite à gauche, et je hausse la voix :

— Non, non, arrête, je ne veux pas !

Sa bouche s'avance vers la mienne, je détourne le visage et me débats de toutes mes forces pour échapper à son étreinte.

Après quelques secondes de lutte silencieuse, il roule sur le côté. Je m'assieds sur le lit, le visage convulsé par la colère, le dégoût et la honte. Les larmes me montent aux yeux. Mon frère pousse un soupir et se lève. Avant de sortir de la chambre, il se retourne vers moi et me fait signe de me taire. Puis il passe un doigt le long de sa gorge d'un geste vif en vrillant un regard féroce dans mes yeux. J'ai compris. Si je parle, je peux m'attendre à de sévères représailles. Il sort de la chambre. Je reste prostrée un long moment, à pleurer en silence.

Notre déménagement comporte au moins un avantage : il nous a rapprochés de la gare routière, distante d'environ deux kilomètres. J'en prends le chemin chaque matin sur le coup de 7 heures. À mon bras, un panier chargé d'en-cas – sandwiches, boulettes de riz gluant au bœuf ou aux crevettes, petits gâteaux – que je prépare dès mon réveil à 5 heures. Je les vends aux voyageurs et aux chauffeurs. Mon frais minois et mon sourire représentent des atouts dont je n'hésite pas à jouer pour pousser les messieurs à la consommation des denrées que je propose. Vers 10 heures, la gare routière se vide, mon panier aussi, et je rentre à la maison. Hélas, le prix des aliments augmente au fur et à mesure qu'ils se raréfient et que la clientèle s'appauvrit. Les modestes bénéfices de mon petit commerce diminuent à vue d'œil, et en quelques mois la pénurie de matières premières et de débouchés me contraint au chômage technique.

Comment survivre, c'est notre obsession et notre principal sujet de conversation. La bière est l'une des rares choses que le Nord n'a pas totalement raflée. C'est ainsi que surgit l'idée de transformer le salon de notre maison en café ouvert le soir, pour ceux qui travaillent encore et ont donc les moyens de dépenser quelques dongs.

Sitôt dit, sitôt fait. Une enseigne en néon signale le *Café Anh Dao* à la vue des passants. Il n'y a pas grand-chose dans notre quartier pour se divertir et oublier, l'espace d'une soirée, la tristesse qui s'est abattue sur notre pays depuis la victoire du Viêt-công. Notre création remporte donc un certain succès. Nous passons de la musique sur un magnétophone à cassettes pour créer l'ambiance, et certains soirs je chante. Papa n'est plus là pour me l'interdire et c'est un moyen comme un autre pour attirer une clientèle privée d'amusements par le puritanisme du nouveau pouvoir.

Parmi nos fidèles figurent beaucoup d'amis de mes frères aînés. L'un d'eux, un garçon prénommé Van et un peu plus âgé que moi, s'intéresse à ma petite personne. J'apprécie ses manières douces et sa gentillesse. À dix-huit ans, je ne sais presque rien de l'amour. Le collège, en guise d'éducation sexuelle, nous a infligé le visionnage d'un film montrant un accouchement. J'en suis sortie révulsée de dégoût et de peur en me disant in petto que je ne voulais jamais avoir à subir pareille horreur.

Pour l'instant je n'ai pas encore eu de flirt. Tout au plus deux ou trois garçons m'ont-ils tenu la main, c'est ce que nous appelons « sortir ensemble ». Le baiser représente un acte bien trop licencieux, il faut au moins être fiancé pour pouvoir s'y abandonner. Ce n'est pas que je ne plaise pas, mais mes frères me surveillent comme le lait sur le feu. Mes relations avec Van se limitent donc à des échanges de regards et à sa main qui s'attarde dans la mienne.

Le *Café Anh Dao* tient un bon semestre. Et puis, les mêmes causes produisant les mêmes effets, là aussi la pénurie de marchandises et l'appauvrissement de la population nous contraignent à mettre la clé sous la porte. Qu'allons-nous devenir ?

CHAPITRE 11

Un malheur n'arrive jamais seul

Depuis les attouchements de mon frère Viet Hung, je l'évite comme la peste. Je ne lui adresse plus la parole et il suffit qu'il entre dans la pièce où je me trouve pour que j'en sorte. Il tente de m'amadouer avec des sourires et des regards tendres, mais je refuse tout contact, même celui de ses yeux. Je sais ce qu'il voulait me faire subir cet après-midi-là dans la chambre, son ivresse n'excuse rien.

Loin de se calmer au fil des semaines qui s'écoulent, la honte et la colère grossissent en moi comme une tumeur malsaine jusqu'à occuper tout l'espace de mes pensées. Le silence qu'il m'a imposé par la menace et que je n'ai pas le courage de rompre les alimente. Je n'ose en parler à personne, pas même à une amie. Le secret m'étouffe. Je ne peux me laver de la salissure que l'avilissant contact de sa main a comme incrustée dans mon corps. Son souvenir m'assaille à tout instant, je tente de le repousser mais inlassablement il revient à la charge. Ne m'en délivrent que les crises de migraine qui me transpercent le crâne. La douleur est si atroce qu'elle vide mon esprit de toute autre préoccupation. Moi qui n'avais jamais mal à la tête avant, je sais à quoi attribuer ces accès soudains que je dissimule également. Ne voulant pas qu'on me pose de questions ni qu'on me sache en état de faiblesse, je m'abstiens donc de prendre les médicaments qui pourraient me soulager. Je ne veux pas non plus qu'on fasse venir le médecin et qu'on m'examine. Non, je ne veux plus qu'aucun homme me touche de toute ma vie, sauf mon père dont la présence protectrice me manque plus que jamais. Je m'habille tout de blanc. En Occident c'est le symbole de la virginité, en Orient la couleur du deuil. Les deux me seyent. J'ai réussi à préserver ma virginité, mais j'ai perdu mon innocence.

Mon frère, lui, s'enfonce délibérément dans l'alcoolisme. Souvent il rentre au milieu de la nuit ivre mort et vocifère à la cantonade :

— Je suis foutu, ma vie est foutue, ce pays est foutu, on est tous foutus !

Ses gueulements nous réveillent, ma mère et mes sœurs se précipitent pour le porter jusqu'à son lit. Moi je ne bouge pas.

Personne n'arrive à le raisonner. À qui veut l'entendre il proclame qu'il va se saouler jusqu'à ce qu'il en crève. Maman ne sait plus quoi faire, ah si seulement notre père était là, il le remettrait dans le droit chemin.

Une après-midi de mars 1976 vers trois ou quatre heures de l'après-midi, une voisine vient appeler notre mère :

— Madame Duong, madame Duong, je crois bien que votre fils s'est endormi dans mon jardin. Il est derrière les bambous, c'est pour ça que je ne l'ai pas vu tout de suite mais il doit être là depuis un moment. Vous voulez bien venir le réveiller, s'il vous plaît ?

Tout le quartier a eu l'occasion d'assister à la déchéance de mon frère, on sait qu'il n'est guère fréquentable quand il a un verre dans le nez, c'est-à-dire presque tout le temps. Ma mère lâche son ouvrage, sort de la maison et se dirige vers celle de la voisine, située au coin de l'allée.

Deux ou trois minutes à peine s'écoulent, puis on entend un cri affreux. Un hurlement de douleur pure qui nous glace tous. Mes frères et sœurs présents à la maison se ruent dehors. Pas moi. Je sais déjà ce qu'ils vont découvrir. Le cadavre de notre frère. Je le vois comme si j'y étais. « Viet Hung est mort, Viet Hung est mort », cette phrase que personne n'a encore eu le temps de prononcer résonne dans ma tête. Le volume augmente, je n'entends plus que ça et le battement de mon sang dans mes artères démesurément gonflées rythme les mots. Arrêtez, arrêtez, je vous en supplie !

Je ne sais pas comment se passent les jours suivants, je n'en garde aucun souvenir. Une seule bribe : le jour de l'enterrement je suis enfermée dans une chambre. On me dira après que j'étais dans un tel état d'hystérie que Maman n'a pas osé me laisser aller au cimetière. Je ne mange presque plus, et entre deux crises je reste prostrée, une main sur la bouche. Je ne pourrai jamais sortir du silence, la mort de mon frère m'y a définitivement enfermée. Je dois respecter sa mémoire et ne pas ajouter la honte à la douleur de ma famille. Je le déteste de me laisser seule avec sa faute. Je me hais de ne pas avoir parlé avant.

Mon état, qu'on met sur le compte du deuil, ne s'améliore pas. Ma mère fait appel à l'un de mes oncles et à l'ancien chauffeur de mon père. Ils m'embarquent, de force car je hurle dès qu'une main d'homme menace de me toucher, en direction de Hò Chí Minh-Ville et son hôpital psychiatrique Sainte-Anne. J'y passe plusieurs jours, assommée de puissants calmants dans une chambre cadenassée. Les médicaments m'aident à reprendre possession de moi-même, ainsi que les entretiens quotidiens avec un médecin psychiatre auquel je me garde de révéler la raison de mon accès de démence. Je me trouve bien à l'hôpital, je me sens en sécurité. J'y resterai volontiers plus longtemps mais au bout de quinze jours mon psychiatre me juge en état de rentrer chez moi. Une fois de retour, je décide de ranger la mémoire de mon frère dans un cagibi tout au fond de mon esprit. J'en ferme la porte à double tour et je jette la clé dans l'eau noire de l'oubli.

CHAPITRE 12

Droit de visite

Au bout du délai de six mois fixé par les autorités, ma mère est enfin autorisée à rendre visite à son mari. Je la vois jeter un dernier coup d'œil au miroir avant de partir. Elle ne semble pas très satisfaite de l'image qu'il lui renvoie.

Les difficultés auxquelles elle a dû faire face, les privations endurées pour nourrir ses enfants, l'angoisse et la douleur de la séparation, tout cela a accéléré le travail de sape du temps. En un an elle a vieilli de dix ans. Fini les tuniques chatoyantes, les chaussures à hauts talons, la coupe de cheveux seyante du coiffeur. Même si elle en avait encore les moyens, elle n'en aurait plus le goût. Privée du regard de l'homme qu'elle aime autant que démunie des artifices de la coquetterie et requise par les circonstances, elle a abdiqué sa féminité, ne laissant subsister en elle que la mère et le chef de famille.

Mais l'entrevue à laquelle elle s'apprête la presse de raviver en elle l'éclat de l'amoureuse.

Ultime ressource, oasis salvatrice dans le désert de la pénurie, il lui reste un bâton de rouge à lèvres. Je la trouve touchante, le nez à cinq centimètres de la glace, la bouche arrondie. Elle retrouve instinctivement le geste de la femme qui se pare en pensant à l'homme qui l'attend. Le rouge ne dissimule certes pas les rides qui se sont creusées de chaque côté de sa bouche, en travers de son front et en étoile autour de ses yeux. Il ne masque pas le relâchement de l'ovale, l'affaissement des pommettes que l'amaigrissement et la malnutrition ont aggravés. Il ne farde pas la réalité. Mais il proclame un message important : j'ai envie de te plaire. Que peut-on dire de mieux après trente ans de mariage ?

Nous avons économisé tout ce que nous avons pu afin qu'elle lui apporte un colis de nourriture. Le camp où il est interné se trouve à plusieurs heures de voyage de Long An, il faut d'abord prendre un car puis poursuivre en bateau.

Le soir, nous attendons son retour avec impatience. Enfin nous allons avoir des nouvelles de notre père chéri ! Elle arrive tard mais malgré son évidente fatigue répond de bonne grâce aux questions dont nous la bombardons.

— Oui, il va bien, il est en bonne santé. Bien sûr il a un peu maigri, comme nous tous, n'est-ce pas. C'est vrai, je l'ai trouvé changé, forcément. Il a un peu vieilli. Enfin c'est sûrement aussi à cause de sa barbe qui est très blanche. Pourquoi il s'est laissé pousser la barbe ? Il n'a pas de quoi se raser, voilà pourquoi. Oui, oui, il est correctement traité, non, on ne les bat pas. Mais oui, il tient le coup, enfin, vous le connaissez ! Il a confiance, ils finiront par le relâcher. Il a demandé des nouvelles de chacun d'entre vous et vous embrasse fort. Thanh Danh et Thanh My, Papa vous demande de vous appliquer à l'école. Faites-lui honneur, il compte sur vous.

Son discours lénifiant ne me rassure qu'à moitié. Je devine ce qu'elle n'ose pas dire. J'ai besoin d'aller vérifier par moi-même :

— Et nous, quand pourrons-nous le voir ?

— Je ne peux emmener que l'un d'entre vous à la fois. Le mois prochain, Hoang Mai viendra avec moi, puis Bich Hoa, Viet Phuong et ensuite toi Anh Dao.

— Quatre mois encore à attendre !

— Chacun son tour par ordre d'aînesse, c'est normal.

Cet argument imparable me cloue le bec. Momentanément. Le lendemain, je m'arrange pour me trouver seule avec ma mère. Il y a des questions que je préfère ne pas poser devant mes petits frères :

— Tu lui as dit pour Viet Hung ?

— Non, je ne veux pas l'attrister avec des mauvaises nouvelles. Ce n'est déjà pas facile pour lui.

— Et tu lui as aussi caché les mariages de mes sœurs ?

— Non, au contraire. Cela ne peut que le rassurer sur l'avenir de ses filles. Et toi, Anh Dao, pourquoi n'en fais-tu pas autant ?

— Pas question que j'épouse un affreux bonhomme comme Bich Hoa ! Je me marierai quand je serai amoureuse, et je crois bien que ce n'est pas pour demain.

Le mois suivant, ma sœur Hoang Mai accompagne notre mère au camp. Je suis impatiente d'entendre son compte-rendu. Maman a dû la chapitrer car elle nous brosse un tableau encore plus optimiste de l'état de notre père. « Il a taillé sa barbe, ça lui va plutôt bien. Et je ne l'ai pas trouvé mal du tout. »

Je ne dis rien mais je n'en pense pas moins. Prenez-moi pour une idiote toutes les deux avec votre fable. Je ne conçois pas par quel miracle les conditions de sa détention pourraient ne pas être infiniment plus dures que celles de notre vie à nous. Et quand je constate l'effet qu'elles produisent sur nous, je tremble pour mon père. Encore trois mois avant de lui rendre visite, une interminable, insupportable éternité !

Ce matin-là, je suis dans un état d'énervement indescriptible, tendue comme un arc, en proie à un chaos d'émotions. Presque un an que je n'ai pas vu mon père ! L'anxiété flétrit ma joie. Dans quel état vais-je le retrouver ? Nous partons très tôt. Le trajet en car me paraît incroyablement long. Pourquoi faut-il que mon père soit emprisonné dans un camp aussi éloigné de son domicile ? Ma mère profite de ce tête-à-tête pour me faire la leçon. Je dois bien me tenir quand nous serons au camp, ne pas pleurer, ne pas crier, ne pas critiquer les conditions de détention, ne pas m'en prendre aux autorités. Surtout, surtout, ne pas pleurer devant mon père.

— C'est compris ?

— Oui, Maman, je te promets, je serai raisonnable.

Nous descendons du car et nous empruntons le chemin qui mène jusqu'à un ponton au bord de la rivière. Nous attendons le bateau. Je marche de long en large pour tenter de me calmer. Enfin nous montons à bord. Une demi-heure plus tard, nous débarquons à proximité du camp. Dix minutes de marche et je vois une haute palissade de bambous sur laquelle flotte le nouveau drapeau national. Enfin ! Je me mets à courir, ma mère stoppe mon élan :

— Arrête-toi, ça ne sert à rien, il faut attendre qu'on nous appelle.

CHAPITRE 13

Le prisonnier

Nous faisons donc la queue devant l'entrée avec d'autres familles. Notre tour arrive, ma mère présente son permis de visite. Un soldat étale sur une table le contenu du colis de nourriture que je porte. Il inspecte soigneusement tous les paquets pour vérifier qu'ils ne contiennent rien de suspect. Les denrées doivent être placées dans des sacs en plastique ou des sachets en papier, à l'exclusion des boîtes, et le poids total ne pas excéder deux kilos.

Nous entrons dans l'enceinte du camp. Mon regard balaie fébrilement la vaste étendue de terre rougeâtre, je cherche à repérer la silhouette de Papa. À une vingtaine de mètres, trois casemates en béton forment un large U renversé. Devant, une clôture en grillage délimite des sortes de grandes cages à poules dans lesquelles sont alignés une dizaine d'hommes barbus, assis sur des tabourets. Lequel est mon père ? Pendant que je continue à marcher, je les scrute l'un après l'autre. Plus que dix mètres, je ne le reconnais toujours pas. Je m'arrête et attends ma mère :

— Il n'a pas l'air d'être là. Tu le vois, toi ?

— Mais si, c'est le deuxième à partir de la gauche.

Je fixe l'homme qu'elle a désigné. La douleur va trop vite, je n'ai pas le temps de la contrôler. Elle explose dans ma tête, annihilant ma faculté de penser. Je ne commande plus rien. Mon corps se tord, ma bouche s'ouvre, mes jambes s'agitent. Je pousse un hurlement et je m'élance vers les cages à poules. L'homme se lève du tabouret et s'approche du grillage. Mes doigts s'y accrochent, je le secoue, je voudrais avoir la force de le renverser pour étreindre le mort-vivant qui me fait face.

— Ce n'est pas possible, Papa, ce n'est pas toi !

Ce visage hâve, mangé de barbe, creusé de profonds sillons, ce corps voûté qui flotte dans l'uniforme des prisonniers et qui me rappelle les photos des survivants des camps nazis, non, je ne veux pas que ce soit mon père ! Pourtant, à travers mes larmes, je reconnais son regard. Les prunelles d'agate, à l'éclat autrefois si vif, se sont ternies, mais j'y retrouve la même tendresse, mélangée à une profonde affliction.

Mon père pleure aussi. Le pantalon trop court laisse voir ses pieds nus. Il n'a même pas de chaussures. La veste de sa tenue noire porte un numéro, répété sur la manche droite. Il ne reste plus du dandy tiré à quatre épingles qu'un fantôme qui tient à peine debout.

Il pose les mains sur le grillage contre les miennes. Pendant quelques secondes je sens le contact de sa peau à travers les mailles d'acier. Puis des mains brutales m'empoignent, des coups de crosse martèlent mes côtes et mon dos pour me faire lâcher la clôture à laquelle mes doigts s'agrippent jusqu'au sang. De l'autre côté, un soldat fait signe à mon père de rentrer dans l'une des casemates. Il se détourne et s'éloigne.

Pendant tout ce temps, ces quelques dizaines de secondes que je vis comme une éternité d'horreur, je continue à hurler :

— Papa, Papa, qu'est-ce qu'on t'a fait ? Bande de salauds, qu'est-ce que vous avez fait à mon père ? Vous êtes des monstres, des bourreaux, laissez-le tranquille, arrêtez de le torturer !

Je crie, je pleure, je me débats. Il faut deux soldats pour me maîtriser.

L'un des gardes prend le colis des mains de ma mère et la pousse vers la sortie. On me propulse sans ménagement à l'extérieur de l'enceinte de bambous. Un gradé nous a suivies. Il crache à l'adresse de ma mère :

— Pas de visite pendant six mois !

Puis il se tourne vers moi :

— Et toi, ne reviens jamais ici !

La porte se referme. Nous restons seules devant l'infranchissable palissade. Ma mère éclate en reproches et en imprécations.

— Tu as vu ce que tu as fait ? Par ta faute ton père n'aura plus de visite pendant six mois. Tu as pensé au mal que tu lui faisais ? Tu veux le tuer ou quoi ? Espèce d'idiote, je t'avais prévenue pourtant. Ah, tu peux être fière de toi ! Même pas capable de te contrôler à ton âge !

Jamais elle ne m'a parlé si durement. Mais moi, c'est à peine si je l'entends. Je suis hantée par le visage de mon père. C'est la dernière fois que je le vois. Vu la vitesse à laquelle le pays se délite et le délire totalitaire qui s'acharne sur des hommes aussi inoffensifs que lui, les conditions de sa captivité vont s'aggraver. Il mourra derrière ces pieux de bambou acérés. Il n'y aura pas de troupes alliées pour venir le sauver de cet enfer, il y laissera sa vie, oublié du monde. Mais pas de moi.

Ma mère poursuit sa diatribe à mon encontre. Je la coupe :

— Au lieu de t'en prendre à moi, tu ferais mieux de te révolter contre ceux qui soumettent ton mari à un traitement aussi inhumain. Mais non, tu ne dis jamais un mot contre eux. Tu acceptes l'inacceptable, tu en deviens la complice. Comment peux-tu supporter de le voir dans cet état sans broncher ? Si personne ne se rebelle, ça ne s'arrêtera jamais, tu comprends ?

Puis je me renfrogne dans un mutisme épais. J'ai besoin de penser à ce qui vient d'avoir lieu, de passer et repasser la séquence dans ma tête. Certes, je m'attendais à trouver mon père changé. Mais ce que j'ai vu dépasse mes pires craintes. Au-delà de la décrépitude physique, c'est un homme moralement brisé que j'ai découvert, l'ombre de l'ombre de ce qu'il fut et qu'il ne sera jamais plus, même si par une improbable chance il en réchappe. Je l'ai lu dans ses yeux. Il ne lui reste plus que la force d'à peine survivre. Pour combien de temps encore ?

À bord du bateau, ma mère revient à la charge :

— Mais dis quelque chose ! Excuse-toi au moins.

Je ne réponds pas. Une colère funeste gronde en moi. Si elle continue, je la flanque à l'eau. C'est plus d'injustice et de souffrance que je ne peux en supporter. Avec en prime l'amertume de l'impuissance. Le trajet se poursuit et s'achève dans la même ambiance de rancœur mutuelle, mais en silence.

Mes frères et sœurs me bombardent de questions dès que je passe le seuil de notre maison. Je ne desserre pas les dents et monte me coucher. Des heures passent avant que je ne réussisse à trouver le sommeil. Que je ferme ou que j'ouvre les yeux dans l'obscurité, je vois les mêmes images. La silhouette du vieillard qu'est devenu Papa. Son visage ridé et amaigri. Son regard vaincu. Je m'accroche à l'amour qui y a brillé, fragile étincelle, en me voyant. Mais ce n'est pas cette image que je veux garder de lui. Je fouille ma mémoire bouleversée et je tente d'en extraire les instantanés du bonheur perdu. Le notable respecté, le pédagogue bienveillant, l'éducateur sévère mais juste, le chef de famille protecteur, l'intellectuel à l'esprit toujours en mouvement, l'homme chaleureux. Mais à peine exhumé-je l'un de ces portraits que la vision du prisonnier vient l'anéantir. L'image du malheur est la plus forte. Et mes souvenirs irrémédiablement souillés. Une raison de plus de haïr les Viêt-công. Ils ont fracturé mon esprit et vandalisé ma mémoire.

La crainte de ne pas revoir mon père vivant me lancine. Que je reste ou que je m'exile y changera-t-il quelque chose ? Que faut-il que je fasse ? Oh Papa, si seulement tu étais là, que me conseillerais-tu ? Tu me dirais que ma famille passe avant tout, j'en suis sûre. Mais comment l'aiderai-je le mieux, en partant ou en restant ? Et toi, si je m'en vais, pourrai-je te sortir de ce cauchemar ?

CHAPITRE 14

La séparation

Tous nos efforts se sont révélés vains, il n'y a même plus moyen de sous-alimenter la famille avec les quelques sous grappillés à Long An. Le riz, qui constitue en temps ordinaire la base de l'alimentation vietnamienne, est désormais une denrée de luxe pour nous. À la place nous mangeons des grains de blé destinés à la nourriture des poules. Ma mère se contente d'un seul repas quotidien, les grands en font rarement deux. Nous allons devoir nous séparer, sans quoi nous crèverons tous de faim.

C'est ainsi qu'Émilie et moi décidons de partir chez l'une de nos tantes qui cultive des orangers à la campagne. Là, nous avons une chance de pouvoir échanger notre travail contre un peu de nourriture. Je fais tout ce que je peux pour rassurer Maman que cette séparation inquiète beaucoup.

— Ne t'en fais pas, il y aura de quoi manger là-bas, nous allons très bien nous en sortir.

Après un voyage en car qui dure quelques heures, nous arrivons à proximité de l'endroit où réside notre tante. Nous terminons le parcours à pied. Notre tante nous accueille du mieux qu'elle peut, mais contrairement à nos espérances, là aussi la pénurie sévit. Les Nordistes ont tout ratiboisé. Les seuls qui mangent à leur faim, ici, ce sont les moustiques. Par nuées entières ils tournoient autour de nous et se repaissent de notre sang frais. Nous nous réveillons boursouflées de piqûres qui démangent horriblement.

Dès l'aube nous partons vers notre lieu de travail. Pour atteindre les champs il nous faut traverser de frêles passerelles de bambou qui enjambent les nombreux bras de rivière serpentant dans cette région. Émilie ne sait pas nager, elle est terrorisée à l'idée de tomber à l'eau. Enfin nous arrivons. Toute la journée nous cueillons des oranges sous un soleil écrasant, dans une chaleur poisseuse d'humidité. C'est tout ce qui reste de comestible, des oranges. Nous en faisons notre déjeuner, et notre dîner un soir sur deux, l'autre nous avons droit à une soupe claire dans laquelle quelques légumes ont bouilli. Certes, les fruits nous apportent des vitamines bienvenues, mais c'est un régime un peu léger pour soutenir douze heures de labeur épuisant.

Nous faisons connaissance avec un mode de vie bien éloigné du confort citadin et bourgeois auquel nous étions habituées. L'éclairage au moyen de lampes à pétrole, passe encore. Mais les latrines au-dessus de la rivière, nous n'arrivons pas à nous y adapter.

Au bout de quelques jours, Émilie, qui à seize ans n'a connu qu'une existence facile et douce, craque littéralement.

— Je n'en peux plus, je m'en fiche de crever de faim mais je ne resterai pas un jour de plus ici, j'aime mieux mourir tout de suite !

Je tente de lui remonter le moral mais elle continue à sangloter et hoquette :

— Fais ce que tu veux, moi je rentre à la maison.

Que faire ? Retourner à Long An ne rime à rien, nous ne pourrons pas y rester. Je me creuse la tête. Puisque la campagne ne tient pas ses promesses, pourquoi ne pas tenter notre chance en ville ? La deuxième épouse de notre grand-père s'est toujours montrée très gentille à notre égard et elle habite seule un immeuble assez vaste, situé dans la ville de Can Tho : deux bonnes raisons d'espérer qu'elle acceptera de nous héberger.

Pour justifier notre départ soudain, je raconte à ma tante que notre mère a besoin de nous et que nous devons rentrer le plus vite possible.

Les poches aussi vides que l'estomac, nous arrivons à gagner Can Tho en faisant du stop. Notre belle-grand-mère, nous voyant arriver dans un piteux état, nous ouvre grand sa porte et sert un repas qui nous semble un festin après les privations endurées depuis des mois. Émilie retrouve son entrain. Moi je sillonne la ville pour essayer de nous trouver du travail. Ce qui n'est pas chose facile par les temps qui courent et avec notre manque d'expérience.

Je finis par dénicher une piste au poste de police local. Un magasin d'alimentation, nationalisé par les Viêt-công comme une grande part de l'économie, cherche une employée. Une, mais pas deux. Les conditions n'étant rien moins que folichonnes, je décide de prendre le poste, car j'ai peur qu'Émilie ne tienne pas le coup. Je serai logée sur place, avec interdiction de sortir après le travail, dans un dortoir surveillé par la chef du personnel. Néanmoins, il y a des à-côtés intéressants. En plus d'être nourrie et salariée, je pourrai également acheter des denrées au magasin et les rapporter à ma famille lors de mon week-end de congé, une fois par mois. Enfin je vais pouvoir aider les miens ! Je renvoie donc Émilie à Long An, porteuse de ces bonnes nouvelles.

CHAPITRE 15

L'appel de la chair

Je ne peux pas dire que mon travail me passionne – je passe mes journées à aligner des chiffres sur des cahiers – mais j'ai à manger, donc tout va bien. Je m'accommode également de la promiscuité qu'impose la cohabitation avec les autres employées et de la surveillance vigilante dont nous faisons l'objet. Nous sommes dix filles à occuper une grande pièce située au cinquième et dernier étage. Nous dormons sur des matelas posés à même le sol. À peine pouvons-nous sortir dans la rue devant le magasin pour discuter avec d'éventuels amis de passage, entre le dîner et l'heure du coucher.

Cette vie recluse ne tarde pas à me peser. Un soir, j'attends que la surveillante s'endorme et, à pas de loup, je passe devant sa chambre située au quatrième étage et emprunte l'escalier qui mène au rez-de-chaussée. Je sors par la porte de la réserve qui donne sur l'arrière du magasin et n'est pas fermée.

Ça y est, j'ai fait le mur, ce n'était pas bien compliqué finalement. La nuit est douce, j'ai juste envie de me promener et de voir d'autres têtes que celles des employés du magasin. Je réintègre le dortoir au bout d'une heure sans me faire pincer, ce dont je ne suis pas peu fière. Ce premier essai réussi m'encourage à réitérer. Un week-end où je ne rentre pas à Long An, je me paie même le luxe de découcher.

Il faut dire que j'ai une sérieuse motivation pour prendre un tel risque. Van, le garçon qui prenait ma main du temps du *Café Anh Dao*, m'a fait passer une lettre par Émilie. Il m'écrit qu'il voudrait me revoir et que je suis la bienvenue, dès que je le pourrai, chez lui à Saigon. S'il n'y avait pas eu tous ces événements tragiques, si mon père n'était pas parti en camp, si je vivais toujours dans ma famille, je lui aurais répondu que je ne pouvais pas accepter son invitation mais que je le verrais avec plaisir quand il rendrait visite à mes frères. Et j'aurais attendu que lui ou un autre me demande en mariage. Mais aujourd'hui que l'ancien monde a explosé, le code de bonne conduite dans le respect duquel j'ai été élevée me paraît dérisoire. Je ne sais pas ce que je vais devenir, je n'ai plus d'avenir tracé devant moi. La vie qui m'était promise s'est volatilisée, réduite en miettes par les chenilles du char qui a défoncé les grilles du palais présidentiel le 30 avril 1975, il y a dix-huit mois de cela, il y a un siècle. Devant moi il n'y a plus que la misère et le néant.

Maintenant que je suis la fille d'un prisonnier et moi-même proscrite à cause de ma filiation, qui voudra de ce pauvre parti ? Seulement j'ai vingt ans et un sang chargé de désirs bouillonne dans mes veines. Je veux vivre, pas juste survivre ! Avoir autre chose en tête que le souci de mon prochain repas, éprouver autre chose que la faim dans mon corps et le désespoir dans mon cœur. Je veux sentir une bouche sur la mienne, des mains sur ma peau, et le vertige de l'instant remplacer la peur du lendemain, ne serait-ce que l'espace d'une nuit. Je veux redevenir une jeune fille. Et devenir femme.

Dès que j'ai terminé de lire la lettre de Van, ma décision est prise. Oui, je vais aller le voir, dès demain puisque c'est samedi et que je ne travaille pas dimanche, et je passerai la nuit avec lui. Pas la peine de lui répondre, je serai chez lui avant le prochain courrier.

Est-ce que je suis amoureuse de lui ? Franchement, j'ai beau me sonder le cœur, non. Mais ce n'est pas la question. Il me plaît, il est doux et je me sentirai en confiance avec lui.

Une fois mon travail fini, je m'esquive par la porte de la réserve. Je saute dans un bus. Malgré la chaleur, je frissonne d'énervement. Pendant le trajet, je m'efforce de ne pas trop penser à ce qui m'attend et dont, à vrai dire, je n'ai qu'une idée bien vague. Ce qui est décidé est décidé. J'irai jusqu'au bout.

La nuit est tombée depuis longtemps quand je frappe à la porte de Van. C'est l'un de ses frères qui m'ouvre, l'air passablement étonné quand il me reconnaît. Il me fait entrer, Van qui était en train de regarder un match de football à la télévision saute sur ses pieds à ma vue. Décidément, mon arrivée fait sensation ! Van me dit bonsoir puis se retourne vers ses frères et leur intime de dégager. Les deux adolescents s'exécutent en me glissant des regards par en dessous qui me font rougir jusqu'à la racine des cheveux. Tant pis, qu'ils pensent de moi ce qu'ils veulent ! Je m'en contrefiche.

Je m'assieds sur le canapé, du bout des fesses. Van éteint la télé et me sert une bière. Il est visiblement très heureux de me voir là, quoique pas encore totalement remis de sa surprise.

— C'est gentil d'avoir répondu à mon invitation, Anh Dao. Émilie m'a dit que tu as trouvé un travail ?

— Oui, ce n'est pas passionnant mais peu importe, ça me permet de vivre et d'aider ma famille.

— Tu loges sur place, paraît-il ? Comment astu fait pour venir ?

— En fait je me suis échappée, normalement je suis censée dormir là-bas.

— Euh oui, mais tu sais, à cette heure-ci il n'y a plus de bus pour rentrer, il n'y en aura pas avant demain matin.

— Je suis au courant. Ça ne t'ennuie pas si je dors ici ?

Je me savais audacieuse, mais là je n'en reviens pas moi-même de mon toupet. Van ouvre la bouche, aucun son n'en sort. Il se reprend et m'adresse son sourire le plus charmeur :

— Mais bien sûr, ne bouge pas, je vais dire à mes frères qu'ils aillent passer la nuit chez des copains afin que nous soyons tranquilles. Ne bouge surtout pas, je reviens dans dix secondes.

Il se lève prestement et se rue dehors. Je sirote ma bière en regardant le cadre qui va accueillir ma première nuit d'amour. Je me sens très calme, apaisée. Enfin une présence à mes côtés, au lieu de la promiscuité, et des bras dans lesquels me blottir.

Il revient presque aussi vite qu'il me l'avait promis. Il s'assied à côté de moi et caresse doucement mon visage. Je ferme les yeux quand ses lèvres effleurent les miennes et je me laisse aller contre lui. Il commence à déboutonner mon chemisier. J'arrête sa main, il me regarde d'un air interrogateur. Allons, que se passe-t-il, s'est-il trompé sur mes intentions ? Je le rassure d'un sourire :

— Tu veux bien éteindre la lumière ?

Honnêtement, je ne peux pas prétendre que ce qui suit se révèle un éblouissement. À part de la douleur je ne ressens pas grand-chose, et surtout rien qui ressemble à du plaisir. J'ai dû louper un truc, parce que sinon je ne vois pas pourquoi on en fait un tel plat. Je me rassure en me disant que c'est peut-être toujours comme ça la première fois. Mais ça ne me donne pas envie qu'il y en ait une deuxième. C'est peut-être aussi parce que Van ne doit pas être beaucoup plus expérimenté que moi. Nos ébats, préliminaires compris, durent à peine le temps d'une chanson. C'est aussi bien comme ça.

Au matin, je repars néanmoins assez satisfaite de mon expédition. Me voici enfin débarrassée de cette virginité qui finissait par devenir encombrante et de la curiosité qui me tenaillait depuis un bout de temps. Je suis venue, j'ai vu mais je n'ai pas été convaincue.

Van, lui, veut me revoir. J'ai été très évasive, prétextant la difficulté d'échapper à la surveillance exercée par la chef du personnel. Inutile de lui laisser espérer une suite alors que j'ai décidé qu'il n'y en aurait pas.

CHAPITRE 16

Démasquée !

À la fin du mois, je touche mon premier salaire, que je dépense en intégralité, hormis le prix du trajet de bus pour Long An, en victuailles destinées à ma famille. Le temps que j'arrive, il est près de minuit quand je frappe à la porte de notre maison. Ma mère vient déverrouiller, intriguée par cette visite tardive. Alertés par ses cris de joie, mes frères et sœurs se précipitent pour voir ce qui se passe. Quelles heureuses retrouvailles ! Ils m'ont manqué mais je suis fière de revenir les bras chargés du fruit de mon travail.

Cette satisfaction aurait pu continuer un certain temps si je n'avais pas sous-estimé le tarif du bus. Dans ma frénésie dépensière, je n'ai pas gardé de quoi acquitter le retour pour Long An. Tant pis, je ferai du stop. Le lundi matin tôt, après un excellent week-end passé dans la chaleur du foyer, je me poste sur la route qui mène à Saigon, le pouce levé. Assez vite, une voiture s'arrête. Ô surprise, le conducteur n'est autre que le chef de la police de Can Tho. Il me reconnaît immédiatement :

— Qu'est-ce que tu fais là ? Tu habites Long An ? C'est drôle, moi aussi.

— Oui, quelle coïncidence. En tout cas, merci, c'est gentil de m'emmener.

Dans la voiture, je fais dériver la conversation sur d'autres sujets, moins j'en dirai sur ma famille, mieux cela vaudra.

Je reprends mon travail et attends avec impatience la fin du mois qui me ramènera à la maison. Ce jour enfin venu, le chef de la police me propose de m'emmener à Long An, ce que j'accepte sans hésiter puisque ainsi je pourrai consacrer plus d'argent aux provisions pour les miens. Il insiste pour me déposer devant ma porte, je suis tellement chargée, ce sera plus pratique. Le lundi matin, il vient me chercher et me ramène à Can Tho.

Quelques jours plus tard, je suis convoquée au poste de police. Pour quel motif ? Je n'en ai aucune idée, ce qui me rend vaguement inquiète. Mais je me raisonne en me disant que le chef de la police s'est montré très aimable et même serviable avec moi, peut-être est-ce à propos du prochain trajet pour Long An.

À l'heure dite, j'entre dans son bureau. Mon sourire avenant s'efface vite quand je découvre sa mine. Sous ses sourcils froncés, il me considère avec un regard noir. Mes jambes se mettent à flageoler et je sens les paumes de mes mains devenir moites.

— Bonjour, monsieur le chef de la police, vous m'avez fait demander ?

— Tu t'es bien gardée de me dire que ton père est en camp, hein, petite menteuse ?

— Mais non, monsieur, je vous assure, je croyais que vous le saviez.

— Et comment veux-tu que je le sache ? C'était à toi de me le dire. Tu n'es qu'une sale tricheuse. De la part de la fille d'un traître à la patrie, ça n'a rien d'étonnant. Moi qui t'avais trouvé du travail, voilà comment tu me remercies ! Tu es licenciée, fais tes paquets et retourne d'où tu viens, je ne veux plus te voir dans ma ville !

— Je vous en prie, monsieur, je vous jure, je croyais que vous étiez au courant, je n'ai pas fait exprès, et puis ce n'est pas ma faute si mon père est emprisonné.

— Disparais !

— Ce n'est pas juste, je suis la seule à pouvoir aider ma famille, si vous me renvoyez nous allons mourir de faim, je vous en supplie, gardez-moi !

— Non, c'est ta faute, tu n'as qu'à t'en prendre à toi-même.

— Mais si je vous avais dit que mon père est en camp, vous ne m'auriez pas fait engager !

— Pas du tout, nous ne sommes pas des monstres, au contraire nous savons nous montrer humains avec ceux qui le méritent, ce qui n'est pas ton cas. Ça suffit, débarrasse le plancher et estime-toi heureuse que tes mensonges n'aient pas de conséquences plus graves.

Je sors du bureau les larmes aux yeux et la rage au cœur. Dire que je me suis abaissée à supplier ce salaud ! Ah, si seulement j'étais un homme, je lui aurais mis mon poing dans la figure. Je le déteste, je les déteste tous. Ils auraient aussi vite fait de nous tuer au lieu de nous laisser crever à petit feu. Est-ce que c'est ma faute à moi si mon père était directeur d'école et de ce fait obligé de collaborer avec les Américains ? Est-ce que c'est sa faute à lui ? Comment vais-je annoncer cette catastrophe à Maman ?

CHAPITRE 17

La parenthèse enchantée

Je rentre à Long An, je n'ai pas d'autre choix. On ne m'a pas laissée finir le mois, je repars avec quelques provisions, le cœur lourd.

Ma mère est surprise de me voir arriver plus tôt que prévu. Quand je lui raconte les circonstances de mon renvoi, elle compatit. Mais je vois son pauvre visage fatigué s'assombrir. Comment pourra-t-elle nourrir son petit monde maintenant ? Je tente de la rassurer en lui disant que je vais me débrouiller pour trouver autre chose. Elle hoche la tête d'un air dubitatif.

— Ça ne va pas être facile, ma chérie.

— J'y arriverai. Fais-moi confiance.

— Ce n'est pas de ta bonne volonté que je doute.

— Je sais, Maman, mais je suis débrouillarde. Ne t'inquiète pas.

Nous sommes grillés à Long An, tout le monde ici a fini par apprendre que mon père est en camp. Je ne vois de salut qu'à Saigon, qui ne dépend pas du même district et où, je l'espère, le dossier de mon père ne me suivra pas. Il faut d'ailleurs que j'arrête de dire Saigon, je vais me faire repérer. Mais le nom dont le Viêt-công l'a rebaptisée a du mal à franchir mes lèvres : Hò Chí Minh-Ville, je ne m'y fais pas. Ils n'avaient qu'à garder ça pour leur Hanoi et nous laisser notre Saigon ! Mais non, ça aussi il a fallu qu'ils nous l'enlèvent. Décidément je les hais.

Ma sœur aînée a été professeur de mathématiques dans la capitale. Elle y a gardé des contacts. Par l'entremise de l'une de ses connaissances qui y travaille, j'apprends que l'hôtel Grand Rex recherche une employée pour sa boutique de parfumerie. L'établissement n'a pas été épargné par la nationalisation générale de l'économie, et ici encore chaque candidature doit être visée par le chef de la police.

Je pars donc pour Hò Chí Minh-Ville, où l'amie de ma sœur m'héberge, et je vais me présenter au commissariat qui me délivre le papier indispensable pour postuler, puis au Grand Rex, situé sur l'avenue Catinat, l'une des artères les plus fréquentées de la ville. Là, je découvre qu'il faut passer une audition de chant et de danse pour obtenir le poste. Pas pour la parfumerie évidemment, mais pour les soirées de l'hôtel que les employés doivent animer. Au programme, des chansons et des danses vietnamiennes traditionnelles, ainsi que des succès occidentaux. Voilà une excellente nouvelle pour moi qui adore chanter et qui rêvais d'en faire mon métier ! Ma performance scénique étant jugée satisfaisante, je suis engagée. Le contrat est d'abord temporaire, établi pour six mois, délai au bout duquel il pourra devenir permanent.

Le matin, je travaille à la parfumerie située au rez-de-chaussée de l'hôtel. J'y vends des parfums et des cosmétiques français et américains aux touristes et à eux seuls, Russes pour la plupart, sur présentation de leur passeport, car les Vietnamiens n'ont pas le droit d'acheter ici. Depuis la victoire du Nord, seuls les ressortissants de pays « amis » obtiennent des visas pour le Viêtnam. De toute façon il n'y a pas grand monde à part eux qui aient envie de séjourner dans un pays ravagé par deux guerres successives et tombé sous la férule communiste. Le dong a subi une dévaluation si importante qu'il vaut à peine le prix du papier et de l'encre utilisés pour l'imprimer. L'apport de devises étrangères – des dollars, pas des roubles – est vital pour notre économie. Malgré l'exportation massive de denrées qui nous affame, la situation empire de jour en jour. Avant la chute de Saigon, le Viêtnam occupait le deuxième rang mondial pour l'exportation de riz et figurait en bonne place pour celle des crevettes. Aujourd'hui, il reste aux plus chanceux des brisures de riz et des têtes de crevettes à sucer...

J'aurai pourtant mauvaise grâce à me plaindre de mon sort. Mon salaire, de l'ordre de 30 euros, excède mes espérances les plus optimistes. L'hôtel me nourrit et je loge chez l'amie de ma sœur moyennant un petit loyer. L'après-midi est consacrée à répéter les chorégraphies et les chansons du spectacle sous la houlette d'un professeur. Le soir, nous nous produisons sur une petite estrade ronde placée au centre de la salle à manger de l'établissement. Quatre musiciens, pianiste, batteur, bassiste et guitariste, composent l'orchestre qui nous accompagne.

C'est le grand moment de ma journée, celui qui me fait oublier les avanies des deux dernières années et qui satisfait deux besoins essentiels chez moi : être le centre de l'attention et exprimer mes émotions. Exit la fille du proscrit, la star entre en scène !

Après les chants et danses traditionnels, je passe au répertoire des années soixante et soixante-dix que j'adore. J'interprète des chansons de Françoise Hardy, Sylvie Vartan, France Gall, Sheila, Claude François, Christophe, Serge Lama, Johnny Hallyday, Gérard Lenorman, etc. Le hit-parade français au complet ! Sous les regards des spectateurs, je me sens pousser des ailes. Dès que je commence à chanter, la gaieté d'antan, mêlée à la nostalgie des jours heureux, m'envahit et me transporte. La musique résonne en moi, m'insufflant une énergie nouvelle. Je vibre de tout mon corps et j'éprouve un véritable plaisir physique. C'est à la fois miraculeux et naturel, une sorte d'état de grâce, que de produire des sons mélodieux et de tenir ainsi sous son joug un auditoire. Je redeviens une privilégiée, quelques heures chaque soir...

Je me produis souvent en duo avec Hung, le fils d'un chanteur très connu. Nous avons le même âge et nous nous amusons bien ensemble.

Une fois par mois, je rentre à Long An et je rapporte provisions et argent à ma famille. Grâce à mon statut de vendeuse à la parfumerie, je peux même offrir à ma mère le savon démaquillant Estée Lauder qu'elle adore. Mon travail me plaît, je suis fière de pouvoir aider les miens et je me reprends à espérer. Si mon contrat à durée déterminée est transformé en emploi stable, j'aurai une vie tout à fait correcte. Et puis un jour ou l'autre les Viêt-công relâcheront mon père et nous pourrons nous retrouver. Il y a peut-être encore un avenir ici pour moi, qui sait ?

CHAPITRE 18

Poursuivie par les vautours

Le semestre écoulé, je retourne au commissariat de Hò Chí Minh-Ville afin de demander la pérennisation de mon contrat à l'hôtel Grand Rex. Le chef de la police me reçoit. Il regarde mes papiers d'identité et fait la grimace :

— Vous êtes de Long An, c'est ça ?

— Oui, monsieur.

— Ah, ça pose un problème. Vous ne pouvez pas travailler ici.

— Pourquoi ?

— C'est le règlement.

Ah non, ça ne va pas recommencer ! Je commence à me tordre les mains et à avoir la larme à l'œil. Le chef de la police s'appuie au dossier de son fauteuil et me considère de la tête aux pieds.

— Il y aurait bien une solution...

— Laquelle, dites-moi, je vous en prie ?

— Je pourrais vous arranger ça. Moyennant 1 500 000 dongs, je vous refais une carte d'identité vous domiciliant à Hò Chí Minh-Ville.

Comme ça, plus de problème, vous êtes tranquille.

Évidemment ! Il y a toujours moyen de s'arranger contre espèces sonnantes et trébuchantes. La corruption régnait déjà à l'état endémique avant la prise de pouvoir des communistes, mais maintenant les fonctionnaires s'en donnent à cœur joie. 1 500 000 dongs ? Mais c'est une somme énorme ! L'équivalent de 6 500 euros, de quoi me payer le passage sur un bateau et fuir ce qui fut mon pays. Combien d'années faudrait-il que je travaille pour parvenir à économiser autant ? Pas la peine de me creuser la tête à calculer, puisque justement c'est ce qu'il me faudrait acquitter pour continuer à travailler. C'est insoluble. Tout ce que je peux faire, c'est tenter d'acheter du temps.

— Oui, je comprends. Merci pour votre proposition d'aide. Mais je n'ai pas cette somme disponible-là à la minute. Il va falloir que je voie, entre mes économies et ce que ma famille pourra me donner. Il faudrait que vous m'accordiez un délai pour réunir l'argent.

— Bien sûr, de combien de temps as-tu besoin ?

— Disons trois mois.

— Hum, hum. Bon, d'accord, mais pas un jour de plus.

— Je vais m'arranger, ne vous inquiétez pas, trois mois ça ira mais d'ici là il faut que je puisse continuer à travailler au Grand Rex pour gagner de l'argent.

— Entendu.

Je sors du commissariat les méninges fonctionnant à plein régime. J'ai beau considérer le problème sous tous les angles, je ne vois pas comment faire. Je ne suis même pas sûre que les bijoux restant à ma mère vaillent autant. Pour résumer la situation, j'ai trois mois pour me retourner et trouver un autre travail. Où et comment, je n'en ai pas la moindre idée. Plus ici en tout cas, car je doute que le chef de la police voie lui échapper le magot convoité sans broncher. Je n'ai pas intérêt à me retrouver en face de lui !

Comme disait Scarlett O'Hara dans *Autant en emporte le vent* (un de mes livres favoris), « demain est un autre jour ». Je reprends mes diverses fonctions au Grand Rex comme si de rien n'était.

Quelques semaines après l'entrevue avec le véreux chef de la police, je pars pour Long An. Il est très tôt ce matin-là quand je me dirige à pied vers la gare routière pour aller prendre le car. Je marche, mon sac de voyage à la main, dans les rues pratiquement désertes. J'entends un vrombissement de scooter derrière moi, puis je sens une secousse brutale qui m'arrache à moitié le bras. Oh non ! Au voleur, au voleur !

Le passager du scooter vient de s'emparer de mon sac, je ne peux rien faire d'autre que courir à perdre haleine et en pure perte. Il n'y a personne alentour pour me porter secours et le scooter s'éloigne irrémédiablement, emportant avec lui mes économies. Je m'assieds sur le trottoir et je pleure des larmes amères. Ma famille compte sur moi et voilà que je viens de me faire voler l'argent que je leur apportais. Je rentre chez ma logeuse, que faire d'autre, me voici bloquée à Hò Chí Minh-Ville. En voyant mes yeux rougis et les traces encore humides de larmes sur mes joues, elle me demande ce qui m'arrive. Je recommence à sangloter et je gémis :

— J'ai tout perdu, on m'a tout volé.

Elle s'émeut de ma détresse et me propose de me prêter de quoi retourner chez ma mère et lui laisser un peu d'argent. J'accepte avec une gratitude empressée, je sèche mes larmes et je repars.

Une fois arrivée à la maison, je n'ai pas le cœur d'avouer mes déboires. Maman a déjà assez de soucis comme ça, inutile d'en rajouter. J'invente un prétexte pour justifier le fait que je lui remets moins d'argent que d'habitude et lui promets que tout rentrera dans l'ordre le mois suivant.

CHAPITRE 19

Tortueuse Providence

Le lundi matin, je n'ai évidemment plus un sou en poche pour reprendre le car et je suis contrainte de faire du stop afin de retourner à Hò Chí Minh-Ville. Une voiture conduite par un chauffeur et transportant deux messieurs d'un certain âge et d'origine chinoise s'arrête à ma hauteur. Il n'y a qu'un hic : l'esprit occupé par mes soucis d'argent, je n'ai pas fait attention et je me suis postée du mauvais côté de la route. La voiture se dirige vers My Tho, ma ville natale, à l'opposé de la capitale. Je demande aux messieurs ce qu'ils vont faire là-bas, ils me répondent que ça ne me regarde pas. Et ensuite, quelle est leur destination ? Hò Chí Minh-Ville, mais seulement en fin de journée. Parfait, je ne travaille pas aujourd'hui, j'ai tout mon temps.

Je monte dans la voiture, où je m'installe sur un siège à abattant face à eux. La cinquantaine largement entamée, ils ont des têtes patibulaires malgré leurs costumes bien coupés. Si ce ne sont pas des bandits, il s'agit de riches commerçants, à en juger par la profusion de bijoux qu'ils arborent, chaînes, bagues, chevalières, montres Longines extra-plates, le tout en or massif. Le chauffeur démarre, nous voilà partis.

Est-ce bien prudent pour une jeune fille de mon âge de se laisser embarquer par trois inconnus ? Pas vraiment, non. N'importe quoi pourrait m'arriver : je pourrais me faire violer, tuer, découper en rondelles. Tout, sauf voler, je n'ai plus rien. Je n'y pense même pas. Inconscience ? Intuition ? Disons un mélange des deux.

Mais le trajet se passe normalement. Les deux hommes discutent, je regarde le paysage par la vitre en prenant bien soin de ne pas avoir l'air de les écouter. Certains mots reviennent plusieurs fois dans leur conversation : organisation, fournitures, tarifs, expédition, chantier, frais annexes, protection. Ils doivent parler de leurs affaires, mais je ne parviens pas à en saisir la nature.

Ce n'est qu'une fois arrivée à My Tho que je commence à comprendre. Après avoir traversé la ville, le véhicule s'arrête devant une palissade dans laquelle une grossière porte en planches a été aménagée. Le chauffeur descend et va l'ouvrir, puis rentre la voiture dans l'enceinte. Sous un auvent en tôle ondulée, des ouvriers s'activent autour d'un gros bateau en construction, presque aussi haut que long. Au jugé, je dirais une vingtaine de mètres de la proue à la poupe. Les deux Chinois sortent du véhicule et se dirigent vers l'homme qui semble diriger les travaux. Je reste dans la berline mais je regarde de tous mes yeux. Bizarre, bizarre ! My Tho est située à l'intérieur des terres, le long d'un bras de rivière qui débouche sur la mer de Chine et, pour autant que je sache, les chantiers navals ne constituent pas sa spécialité. Il faut que j'arrive à en savoir plus.

Leur rendez-vous terminé, les Chinois m'invitent à déjeuner. Je profite du repas pour me sustenter et pour leur tirer les vers du nez. J'y déploie toute l'amabilité dont je suis capable et mes hôtes finissent par lâcher que le bateau est destiné à permettre le départ du Viêtnam de leurs compatriotes. Je ne peux refréner mes questions :

— Mais votre bateau, il est loin d'être terminé ? Quand partira-t-il ? Pas tout de suite ?

— Vous êtes bien curieuse, mademoiselle ! me rétorque le plus âgé.

— Pardonnez-moi, je ne fais que m'intéresser à ce que vous dites, monsieur.

Un peu douchée, je me tiens coite pendant une partie du trajet qui nous ramène à Hò Chí Minh-Ville. L'aîné des Chinois ranime la conversation en me demandant ce que je fais dans la vie. J'explique la nature de mes activités au Grand Rex, je parle de ma famille, de Long An, et j'y mets toute ma sincérité. Il faut absolument que je leur inspire confiance. Puis les deux hommes discutent entre eux de l'organisation du voyage. Je n'y tiens plus :

— Vous n'auriez pas besoin de quelqu'un dans votre société ?

— Vous voulez faire quoi ? Et puis ce projet est secret, pas question d'y mêler des étrangers.

— Je ferai tout ce que vous voudrez, le ménage, le service de table, la cuisine, n'importe quoi, tout ce que vous me demanderez.

— Non, non, c'est impossible.

Néanmoins, ils me laissent leurs cartes de visite avant de me déposer à Hò Chí Minh-Ville.

Plus j'y pense, plus la rencontre avec les Chinois m'apparaît comme un coup de chance. Si on ne m'avait pas dérobé mon argent, je n'aurais pas été contrainte de recourir à l'auto-stop et je n'aurais jamais fait leur connaissance. La Providence, à ce qu'il semble, aime parfois emprunter des chemins bien tortueux ! Quoi qu'il en soit, ces hommes détiennent la clé susceptible d'ouvrir la porte de ma prison. Partir ! Je ne pense qu'à ça depuis mon entrevue avec le chef de la police de Hò Chí Minh-Ville. Comment, là est la question. Où, c'est déjà résolu. En France, le pays de mes rêves d'enfant. Par la voie des airs, ce n'est pas la peine d'y penser. En plus du prix du billet, exorbitant, il faut obtenir un visa de sortie. Aucune chance pour la fille d'un homme emprisonné en camp. Reste la filière maritime.

Depuis plusieurs mois, on entend parler des boat people qui fuient le Viêtnam. Les médias officiels, qui ont d'abord tu le phénomène, tentent maintenant d'en minimiser l'ampleur sans s'émouvoir du nombre de morts. Bien fait pour les déserteurs qui refusent de travailler à la reconstruction de leur patrie et d'adhérer à l'idéologie du pouvoir.

Nous sommes pratiquement coupés du reste du monde, seuls des récits effrayants circulent de bouche à oreille : passagers morts de faim, de soif, massacrés par les pirates, dévorés par les requins, noyés dans les tempêtes. Mais la peur ne suffit pas à enrayer l'hémorragie. Tous ceux qui le peuvent s'entassent sur des embarcations de fortune. Même la plus invraisemblable coquille de noix est affrétée. Leurs passagers préfèrent affronter la mort plutôt que de crever à petit feu dans un pays où deux ans de paix ont opéré plus de ravages que vingt ans de guerre. L'exil, c'est le dernier recours de ceux qui ne se résignent pas au désespoir.

Eh bien, justement, c'est mon cas. Ma décision est arrêtée et je compte sur ma bonne étoile pour me protéger. Une fois à l'étranger, je serai en mesure d'aider les miens et de les faire sortir de cet enfer en forme d'impasse. Donc il faut absolument que je retrouve les Chinois que la Providence a si opportunément placés sur mon chemin.

CHAPITRE 20

Le destin frappe à ma porte

Ce sont eux qui viennent à moi.

Je rentre à Long An pour le week-end à la fin du mois. Là, je ne peux m'empêcher de raconter à mon frère Viet Phuong ce que j'ai vu à My Tho et les projets qui mijotent dans ma cervelle. Il pousse les hauts cris :

— Tu es folle ! Mais enfin, tu ne sais rien d'eux. Ils peuvent te kidnapper ou te violer. Ma pauvre fille, il faut vraiment que tu sois complètement inconsciente pour avoir de pareilles idées.

— Mais non, ils sont gentils, je ne risque rien.

— Démente, ma sœur est démente !

— Ne t'en fais pas pour moi, je suis sûre que je n'ai rien à craindre d'eux, au contraire. C'est un signe du destin que je les aie rencontrés.

Le lundi matin tôt, alors que je m'apprête à repartir, on frappe à la porte. Ma mère va ouvrir et se retrouve face à deux Chinois d'un certain âge :

— C'est bien ici qu'habite Anh Dao ?

— Oui, c'est ma fille. Entrez, je vais l'appeler.

— Ce n'est pas une espionne ?

— Bien sûr que non, c'est ma fille, vous dis-je. Pourquoi me demandez-vous ça ?

J'arrive à cet instant. En reconnaissant les visiteurs, je me mets à sourire de toutes mes dents. Je demande à ma mère de bien vouloir nous préparer du thé pendant que je fais visiter la maison aux Chinois. J'en profite pour leur expliquer l'emprisonnement de mon père, la tentative d'extorsion du chef de la police de Hò Chí Minh-Ville, l'impossibilité dans laquelle je suis de payer et donc de continuer à travailler. Visiblement, ma franchise produit un effet positif sur mes interlocuteurs. La sympathie remplace la circonspection. À tel point que le plus âgé des deux prend la parole pour enfin me proposer ce que j'espère :

— Je comprends mieux votre attitude. C'est entendu, je veux bien vous engager. Mais attention, pendant six mois, vous ne pourrez pas retourner chez vous, ni même quitter l'immeuble où vous vivrez et travaillerez. Pas un pied dehors jusqu'à ce que nous ayons quitté le pays, nous ne voulons pas courir le moindre risque d'être trahis. C'est compris ?

— Oui, monsieur ! Tout ce que vous voudrez. Vous verrez, vous serez content de moi. Ma loyauté vous est acquise. Merci, merci ! Je commence quand ?

— Maintenant, prenez vos affaires, on vous emmène.

Je file attraper mon sac de voyage et j'avertis ma mère qu'elle ne va pas me revoir de sitôt. Pas le temps de lui expliquer en détail, mais tout va bien. Mon visage ravi la rassure et elle me laisse partir.

Tant pis pour mes tenues de scène, je n'ose pas retourner à l'hôtel Grand Rex, j'ai trop peur de me faire coincer par le chef de la police. Mes nouveaux employeurs m'attendent pendant que je passe chez ma logeuse prendre les quelques vêtements qui garnissent la penderie de ma chambre. Je fais des adieux rapides à la dame et redescends quatre à quatre pour sauter dans la voiture.

CHAPITRE 21

Cage dorée

La voiture se dirige vers Cho-Lon, le quartier chinois, où se trouve l'immeuble de mes patrons. Trois étages, je sens que je vais avoir de quoi m'occuper. Effectivement, il y a fort à faire. Le ménage, la vaisselle, la cuisine et le service de table, tout ça pour moi ! Je fais également les courses, accompagnée par le chauffeur dont la mission consiste moins à m'aider à porter les paniers qu'à veiller à ce que je ne m'enfuie pas. Loin de moi cette idée ! Je dispose d'une grande chambre pour moi seule et je suis bien traitée. De plus, le budget généreusement alloué me permet d'acheter les meilleures denrées au marché noir. Je me régale comme cela ne m'est pas arrivé depuis bien longtemps. Et je suis ainsi faite qu'un bon repas me remonte le moral, ne serait-ce que le temps de la digestion. Mais la satisfaction de mon appétit passe bien après celle d'une motivation autrement plus puissante.

C'est à partir du moment où les Chinois acceptent de m'engager que je me mets en effet vraiment à croire à la possibilité d'un départ. Je sais bien que la partie est loin d'être gagnée mais je me fais confiance pour persuader mes patrons de m'emmener avec eux. Je dispose de six mois pour y parvenir. Mon Dieu, je vous en supplie, aidez-moi ! Si j'arrive à quitter le Viêtnam, promis juré, je me convertis au catholicisme, comme ma sœur aînée, qui l'a déjà fait il y a quelques années de cela, tente de m'en convaincre.

En attendant, je me démène avec toute l'énergie dont je suis capable, et ce n'est pas rien ! Je virevolte dans l'immeuble, je brique, je balaie, je lave, je récure, je passe les plats et je repasse le linge, j'épluche les légumes, je mitonne et je grille. D'impatience contenue. Derrière ma mine affairée mes pensées bouillonnent. Pendant que mon corps s'active, mon cerveau échafaude. Jour après jour, telle une araignée, je tisse ma toile autour des Chinois. J'ai placé tous mes espoirs en eux. S'ils refusent de m'emmener, peut-être une pareille opportunité ne se présentera-t-elle plus jamais à moi. Je dois à mon destin et à ma famille de saisir celle-ci coûte que coûte.

Empressée, serviable, efficace, aimable, je m'efforce à la fois de me rendre indispensable et de m'attacher leur affection. Et ça marche ! Quoiqu'il ne me laisse jamais faire un pas dehors seule, le plus âgé des Chinois me traite comme si j'étais sa fille et pousse même la bonté jusqu'à me conduire plusieurs fois dans ma famille. Il offre à ma mère une bouilloire électrique, un fer à repasser et un aspirateur pour la remercier de mon travail. De mon côté je remets à Maman tout l'argent que je gagne. Je n'ai besoin de rien car le Chinois m'achète des vêtements et même de temps en temps un petit bijou.

Il me confie que lui et son associé quitteront le Viêtnam lors du neuvième et dernier voyage. Plus ce jour approche et mieux je mesure ce qui m'attend si je reste ici après leur départ. Je ne pourrai pas travailler, gagner ma vie et aider ma famille sans me heurter à chaque fois à des hommes comme le chef de la police de Hò Chí Minh-Ville ou celui de Can Tho. Des vautours sans âme qui profitent de leur position pour dépouiller les plus faibles au lieu de les défendre. Jusqu'à présent on ne m'a demandé que de l'argent. Mais ensuite, qu'exigera-t-on d'une jeune fille pauvre et pas trop vilaine de sa personne ? Je ne veux pas de ça, tout mon corps se révulse à cette pensée.

La solution, celle du moins qu'ont choisie mes deux sœurs aînées et dont j'ai tenté en pure perte de les dissuader, consisterait à me marier avec un homme disposant d'une situation correcte. Elle soulève en moi un dégoût presque aussi puissant que la perspective de devoir livrer mon corps en guise de bakchich. Fondamentalement je ne discerne pas de différence. Mimer les gestes de l'amour pour obtenir mon pain quotidien, aliéner mon existence à un compte en banque, ce serait renoncer à tout ce en quoi je crois, à l'essence de mon être. Je ne suis pas à l'âge de l'abdication, et j'espère bien ne jamais y parvenir.

Au bout de trois mois, je juge que le moment est venu de passer à la deuxième phase de mon plan. Je commence, par petites touches, à demander à mes patrons de m'emmener. D'abord j'essuie des refus catégoriques :

— Impossible, nous ne prenons que des Chinois.

Je persiste, me faisant de plus en plus suppliante. Non seulement je ne me laisse pas décourager, mais je répète ma demande en rajoutant une louche de pathos à chaque fois. J'implore et je pleure, je me traîne à ses genoux que je trempe de mes larmes. Adieu pudeur ! Je ne joue pas la comédie, ou si peu.

— Je t'ai déjà dit non, et puis tu n'as pas l'argent nécessaire.

Et il est vrai que le passage coûte cher, je suis bien placée pour le savoir. En sus de mes attributions ménagères, je suis chargée d'encaisser les paiements effectués et de tenir à jour la liste des candidats à l'exil. En six mois, neuf voyages sont organisés, chacun comptant entre trois cent vingt et trois cent trente passagers. Le remplissage ne pose aucun problème car ce sont des familles entières, parfois jusqu'à vingt-cinq personnes, qui s'en vont. Le tarif de la traversée est de quinze taëls d'or par adulte et huit par enfant. Des monceaux de lingots d'or, de pièces du même métal, de bijoux, de diamants et de pierres précieuses passent entre mes mains. Il y en a pour une fortune ! Je me garde bien d'en soustraire ne serait-ce qu'un atome. Aucun bien ne m'est aussi précieux que la confiance de mes armateurs de patrons.

Deux données particulières à ce type de voyage expliquent la cherté du tarif. Les bateaux sont à usage unique, il n'y a que des allers, pas de retours. Il faut donc financer la construction d'un navire à chaque départ. Mais le plus gros poste de dépense, c'est la corruption, indispensable pour permettre le convoyage des passagers jusqu'à l'embarcadère, puis la sortie des eaux territoriales. Les Chinois se sont assuré la « protection » du chef de la police de My Tho moyennant le reversement de la moitié du prix des billets. J'ai d'ailleurs souvent l'occasion de servir cet individu, car il vient régulièrement à Cho-Lon percevoir les émoluments de sa complicité. Il en profite pour dîner avec les Chinois, bien obligés de le recevoir comme un hôte de marque et de lui témoigner amitié et considération. Ses maîtresses l'accompagnent, deux sœurs qui doivent avoir à peu près mon âge. Je fais bien attention de dissimuler derrière une façade d'amabilité servile le mépris que leur ménage à trois m'inspire.

Mon entreprise d'attendrissement commence à opérer. On ne me dit plus non d'une façon aussi péremptoire, nous entrons dans l'ère des justifications et des regrets. Les Chinois m'apprécient mais ne peuvent rien pour moi, prétendent-ils. Un mois avant le dernier départ, je redouble de sanglots et de supplications. L'aîné hoche la tête d'un air attristé :

— Ce n'est pas possible, tu le sais bien, tu n'es pas chinoise.

— Mais je m'appelle Duong ! Personne ne s'apercevra de rien.

En effet, le patronyme que je porte est aussi courant chez les Chinois que chez les Vietnamiens.

— Tu as l'argent ?

— Eh bien non, je n'ai pas autant, ma mère va m'aider mais elle n'a pas quinze taëls d'or. Vous ne pourriez pas me faire une faveur ?

— C'est bien parce que c'est toi ! Au mieux, je pourrai te prendre au tarif enfant, tu n'es pas bien grande. Le départ aura lieu dans un mois, d'ici là débrouille-toi pour m'apporter l'argent sinon je serai forcé de te laisser ici.

— D'accord, d'accord, merci beaucoup, vous êtes très bon avec moi.

Je sais que je suis au bout du marchandage car le chef de la police de My Tho, lui, ne leur fera pas grâce d'un centième de son pourcentage. Maintenant je n'ai plus qu'une seule chose à faire, trouver la somme demandée. Mais où ?

CHAPITRE 22

Bientôt la liberté

À la fin de la semaine, le chauffeur me conduit à Long An. Je prends ma mère à part pour lui expliquer la situation et lui demander si elle peut me donner de quoi partir. Pour la convaincre, j'use de tous les arguments possibles. Entre autres je lui rappelle que je lui ai versé tout ce que j'ai gagné. Mais aujourd'hui c'est moi qui ai besoin de son aide. Il ne me faut pas beaucoup de temps pour la persuader, ma mère comprend très bien mon désir de m'évader et la chance que représente le tarif consenti par le Chinois. Elle rassemble ses derniers bijoux, ceux qu'elle gardait pour payer soit la liberté soit la sépulture de mon père. Elle les vend, mais ce qu'elle en tire ne suffit pas, il faut y ajouter le salaire que je lui ai apporté et celui que je gagnerai d'ici mon départ.

Je suis si heureuse et si reconnaissante que je manque de l'étouffer en la serrant dans mes bras.

Le chauffeur m'a attendue toute la journée, je dois repartir. Par la vitre arrière je fais des signes à Maman. À cet instant je ne me doute pas que je ne la reverrai pas avant une dizaine d'années.

Sur le moment, j'ai tant assourdi ma mère de paroles qu'elle n'a pas eu le temps de réfléchir aux risques de la traversée que je m'apprête à entreprendre. Mais après mon départ, une fois le calme revenu, elle est assaillie de craintes. Elle aussi a entendu parler des navires qui sombrent dans la tempête, des abordages sauvages des pirates qui tuent les passagers pour les voler ou les jettent par-dessus bord en pâture aux requins.

Et quelques jours plus tard, ma sœur Bich Hoa, la couturière, se présente en bas de l'immeuble de Cho-Lon où je réside. Je suis autorisée à descendre lui parler dans la rue, maintenant que j'ai payé mon passage, mes patrons me laissent libre de mes mouvements. Ma sœur me remet une lettre. Sur l'enveloppe je reconnais l'écriture de Maman. J'en prends connaissance immédiatement. Elle me supplie de renoncer à ce voyage dont les dangers l'affolent. Elle n'en dort plus. Je dois absolument lui jurer que je ne partirai pas. Je demande à ma sœur de repasser d'ici une semaine, j'aurai alors besoin à mon tour de lui remettre quelque chose. En attendant, surtout qu'elle dise bien à notre mère de ne pas s'inquiéter et que je me rends à ses raisons. Je vais rester.

En réalité, la lettre de ma mère n'a pas fait vaciller ma décision une seconde. Je refuse de sacrifier mon avenir à ses alarmes, si légitimes soient-elles. J'ai confiance. Je m'en sortirai.

Non, partir ce n'est pas mourir un peu, c'est revivre beaucoup. L'énergie que depuis des mois je déploie à cette fin change de nature. Quelque chose en moi se décrispe. Pourtant je sais que des périls bien plus menaçants et immédiats que ceux encourus en restant au Viêtnam risquent de marquer la traversée. Entre deux maux il faut choisir le moindre, à ce qu'on dit. La date de notre départ, courant novembre 1978, devrait nous épargner les pirates mais nous promet la tempête. De toute façon, c'est la seule alternative possible. Eh bien, tant qu'à faire, je préfère m'en remettre à la nature plutôt qu'aux hommes. Il n'y a que d'elle que je peux espérer quelque mansuétude, je le sais trop bien maintenant.

Une promesse est une promesse, surtout quand c'est à Dieu qu'on l'a faite. Maintenant que je suis assurée de m'embarquer, je vais me faire baptiser ainsi que je m'y étais moralement engagée quand je suis entrée au service des Chinois. Hoang Mai, ma sœur aînée, m'accompagne dans mes démarches à la cathédrale Notre-Dame. Un héritage des Français qui l'ont bâtie et nommée d'après sa grande sœur parisienne. J'ai lu un livre de catéchisme et j'ai eu un entretien avec le curé. Vu ma situation, il a eu la bonté de m'épargner le programme complet. Ma foi et mon désir sincère d'entrer dans la religion catholique lui suffisent. Au jour dit, je me présente avec ma sœur pour marraine. Le bedeau fera office de parrain. Je me sens toute petite sous la voûte de Notre-Dame. Une émotion intense m'étreint. L'odeur de l'encens me tourne un peu la tête, les lueurs diaprées des vitraux dansent autour de moi comme si j'étais prise dans un kaléidoscope géant. L'eau bénite que le prêtre verse sur mon front se mélange avec mes larmes. Une douceur nouvelle descend en moi. Et puis la joie me saisit. Une joie pure, une joie d'enfant au cœur confiant qui lève les yeux vers le Père Éternel.

Quand je sors sur le parvis, le soleil fait étinceler la petite croix que je porte au cou. Cette lumière, désormais, je la porterai toujours en moi.

CHAPITRE 23

Larguez les amarres !

Environ deux semaines avant le départ, ma sœur Bich Hoa revient à Cho-Lon comme je le lui ai demandé. Nous nous asseyons sur un muret, devant l'immeuble. Je la regarde droit dans les yeux et je me lance :

— J'ai quelque chose à te confier, mais avant il faut que tu me jures sur la tête de Papa de garder le secret aussi longtemps que je te le demanderai.

Elle tend la main devant elle :

— D'accord, je jure sur la tête de Papa de garder ton secret. Ça va comme ça ?

— Voilà, écoute-moi bien. L'autre jour, je t'ai menti pour que tu puisses rassurer Maman. J'avais déjà donné l'argent, il n'y a plus moyen de le récupérer, je vais donc embarquer. Tu es la seule à être au courant. Je vais te remettre une lettre pour Maman, ne la lui donne surtout pas avant le 26 novembre, notre départ aura eu lieu la veille. Le 26 novembre, tu t'en rappelleras ?

— Oui, oui, ne t'en fais pas.

— Et d'ici là, pas un mot à qui que ce soit, ni dans la famille ni en dehors. Tu me jures ?

— Oui, oui, j'ai juré, tu sais que tu peux me faire confiance.

— Merci, je compte sur toi.

— Tu es sûre que c'est une bonne idée de partir ? C'est sacrément risqué quand même.

— Je ne veux pas être obligée de me marier comme tu l'as fait, je ne pourrai pas le supporter. Quand je serai en France, je pourrai vous aider et peut-être même vous faire venir, tu comprends ?

— Oui, et même ça ne m'étonne pas de toi. Tu as toujours eu un caractère aventureux. Je te souhaite bonne chance, fais bien attention à toi.

Je lui tends l'enveloppe et nous nous embrassons. Pendant les quelques secondes que dure notre étreinte, je me laisse envahir par la chaleur de ce corps où coule le même sang.

Dans ma lettre, je demande pardon à ma mère de lui avoir menti et je lui redis les raisons de mon départ. Je termine par ces mots qui s'adressent aussi à mes frères et sœurs : « Priez pour moi mais ne m'imaginez pas en danger. Soyez confiants et optimistes ».

Je passe les jours qui précèdent le départ à faire, défaire et refaire ma valise, en fait un sac de voyage en toile enduite. L'espace sur le bateau étant chèrement compté, je dois bien réfléchir à ce que je prends. C'est un vrai casse-tête car je n'ai jamais voyagé, je pars pour toujours et je ne sais pas ce qui m'attend. À tout hasard, j'empile tant bien que mal dans mon sac qui n'en peut mais à peu près tout ce que je possède. Soit une dizaine d'ensembles pantalons/chemisiers confectionnés sur mesure, une demi-douzaine de tee-shirts dont trois bleu, blanc et rouge aux couleurs du drapeau français, deux pulls, deux pyjamas, slips et soutiens-gorge, une paire de sandales et une de chaussures à hauts talons (on ne sait jamais !), une robe noire en maille, une trousse de toilette réduite au minimum et un sac de couchage militaire kaki. Je n'ai plus un sou évidemment, mais il me reste la montre Seiko en or de mon père que Maman m'a donnée, une bague en or 24 carats offerte par l'aîné des Chinois qui doit bien peser dans les 20 grammes, et la petite croix que je porte au cou depuis mon baptême. J'emporte aussi, protégés par plusieurs épaisseurs de plastique, mon histoire et les miens, autrement dit une vingtaine de photos de ma famille. Je ne sais pas quand ni si je les reverrai. Je ne veux pas oublier leurs visages, la mémoire brouillée par le temps.

Mes patrons m'accordent un peu plus de temps libre, car la liste des passagers est au complet et les paiements effectués. Et pourquoi m'exténuerais-je à faire le ménage à fond dans une résidence que nous abandonnerons définitivement d'ici quarante-huit heures ? L'idée de laisser de la poussière derrière moi me réjouit. J'en profite pour me promener un peu dans la capitale. C'est un bonheur, après ces mois de réclusion laborieuse, de marcher à ma guise sans entendre derrière moi les pas du chauffeur chargé de me surveiller. J'ai toujours aimé Saigon – puisque je m'en vais, je m'offre le luxe mental de continuer à la nommer ainsi –, les larges avenues et les bâtiments massifs qui témoignent de la présence française comme les petites rues colorées typiques de mon pays. Ce métissage urbain, je le vois comme une préfiguration inversée de mon avenir de Vietnamienne bientôt exilée en France. J'ai hâte de découvrir Paris. Comme ce doit être beau et vaste !

Cette promenade n'est pas pour autant un adieu. Il est trop tôt pour que j'éprouve de la nostalgie, elle ne me rattrapera que bien plus tard. J'ai l'impression d'être détachée de ce qui m'entoure, mon regard n'est plus le même car je me sens déjà ailleurs. Je suis en partance – quel joli mot, il résonne comme un bruissement d'ailes, je me le répète tout bas sans me lasser.

À vrai dire, je ne pense pas plus loin que le bout de mon nez, qui est tout petit. Mon véritable apprentissage de la vie n'a commencé qu'il y a deux ans, je suis encore immature et inexpérimentée, bien incapable de me représenter ce qui m'attend. Je n'ai jamais quitté mon pays, je ne sais pas ce que c'est que de se retrouver à l'étranger.

Je n'imagine pas les difficultés, je rêve un roman d'aventures. En fait, je n'arrive pas à me projeter dans l'après-traversée. Mon esprit est focalisé sur l'immédiat, absorbé par l'élan vers ailleurs. Cette inconscience me donne la force de partir sans regret. Je m'abstiens, autant que possible, de penser à ma famille et surtout à mon père, car je sais que cela ne ferait que m'affaiblir. Je penserai à eux quand je serai en mesure de les aider. D'ici là, je vais me concentrer sur ma survie.

CHAPITRE 24

Le grand jour

Je suis assise sur mon lit, fin prête, le sac de voyage à mes pieds, quand on vient toquer à ma porte. L'aube ne va pas tarder à poindre, à l'est l'horizon commence à grisailler. Les deux Chinois s'installent sur la banquette arrière, je monte à côté du chauffeur. Moi qui suis habituellement si alerte le matin, je me sens engluée dans le brouillard. Il faut dire que je n'ai pas beaucoup dormi. Personne ne parle durant le trajet.

Une heure de route plus tard, nous voici arrivés à My Tho. Nous rejoignons les autres passagers dans un hôtel qui a été entièrement réservé pour la circonstance. Nous devrons y rester jusqu'au milieu de la nuit prochaine, ensuite une armada de taxis nous conduira jusqu'à l'embarcadère où nous prendrons place à bord de canots qui nous emmèneront jusqu'au bateau amarré en aval du fleuve, à prudente distance de la ville. Je le sais, c'est moi qui ai tout organisé.

Plus de trois cents Chinois âgés de quatre à soixante-quatre ans enfermés dans un hôtel pendant une vingtaine d'heures, ça crée une certaine ambiance. Interdiction formelle de mettre un pied dehors pour tout le monde. Si près du but, ce serait dommage qu'une imprudence fasse tout rater. Les Chinois vont et viennent d'un étage à l'autre, ouvrent et ferment les portes, s'interpellent, montent et descendent les escaliers. Une véritable noria, bruyante qui plus est, mais très gaie.

Je bénéficie d'une chambre pour moi seule et j'y reste le plus possible, sauf deux ou trois fois où je vais me dégourdir les jambes dans le couloir. Si l'un des Chinois m'adresse la parole dans sa langue natale, j'aurai du mal à soutenir la conversation, je reste donc à l'écart. Cette inaction forcée laisse tout loisir à mes pensées de vagabonder.

Et mes pensées m'emmènent jusqu'à la maison familiale. Les visages aimés dansent dans ma tête, j'entends le rire d'Émilie, les piaillements des deux petits qui se chamaillent, le bruit de mitraillette de la machine à coudre quand Bich Hoa pique un ourlet, le pas de Papa qui descend l'escalier, Maman qui nous appelle pour passer à table. La mélodie de mon bonheur passé, que je ne réentendrai pas de sitôt. Que vont-ils devenir sans moi, et moi sans eux ? Comme je voudrais sentir une dernière fois la joue de Maman contre la mienne ! Une violente tristesse me tord le cœur. Je vais jusqu'à la fenêtre de ma chambre et regarde vers le nord, en direction de Long An située à une vingtaine de kilomètres. Les larmes qui embuent mes yeux accentuent le scintillement des étoiles. La nuit vient de tomber, nous ne partirons pas avant cinq heures. En taxi j'aurais largement le temps de faire l'aller et retour et de dire adieu aux miens. Sauf à Papa évidemment.

Une force terrible me pousse hors de la chambre. Je parcours le couloir jusqu'à la cage d'escalier, zigzaguant entre les femmes qui bavardent et les enfants qui courent dans tous les sens. Au moment de poser mon pied sur la première marche, je bute contre l'image qui vient de surgir dans mon esprit. Moi à l'embarcadère, regardant le navire s'éloigner dans la nuit sans moi. Non, je ne peux pas prendre un tel risque, pas maintenant, à la dernière minute. La moindre anicroche, crevaison de pneu ou contrôle de police inopiné, et tout est fichu. Je rebrousse chemin et rentre dans ma chambre. Je ferme la porte à mes souvenirs et ouvre la fenêtre pour que ma tristesse s'envole. C'est vers l'avenir que je dois résolument me tourner.

Le sommeil ne vient que par bribes, quelques minutes à la fois. J'ai trop peur de manquer le départ. Nous devons nous tenir prêts dans le hall de l'hôtel à quatre heures et demie du matin, les taxis sont convoqués pour cinq heures.

Je descends à trois heures, bonne première. Les autres passagers nc tardent pas à me rejoindre. Personne ne semble avoir beaucoup dormi. Une ambiance électrique règne, où la surexcitation le dispute à l'appréhension. Nous ne partons pas en excursion, la liberté ou la mort nous attend.

On s'entasse dans les taxis, entre cinq et dix adultes et enfants prennent place dans chaque voiture, et le convoi s'ébranle, encadré par deux véhicules de la police locale. Le chef de la police, complice de mes patrons, est assis sur le siège passager avant de la voiture de tête. Quelques minutes à peine suffisent pour que nous atteignions l'embarcadère. Les Chinois se délestent de leurs derniers dongs au profit des chauffeurs, ravis par cette manne inattendue de pourboires somptueux qui se déverse dans leurs mains. Moi je n'ai plus un sou vaillant.

Avant de nous laisser monter dans les canots, un policier contrôle le nombre et l'identité des passagers. J'attends mon tour à côté de l'aîné de mes patrons. Sur ses conseils, j'ai mis un chapeau qui cache mon visage et je réponds à l'appel de mon nom d'un signe de tête. Enfin me voici assise dans une barque lourdement chargée qui tangue dangereusement à chaque montée. Faire tenir tranquilles les enfants et caser les bagages, ce n'est pas une mince affaire. Deux autres policiers nous attendent dans un hors-bord amarré à l'échelle de coupée. Ils nous contrôlent une deuxième fois, je me demande bien pourquoi. Mais je me tiens coite sous mon chapeau.

Je suis autorisée à embarquer sur le bateau. Il faut que je me retienne à quatre mains pour ne pas laisser éclater ma joie. J'ai envie de faire des bonds et de chanter à tue-tête, mais ce n'est vraiment pas le moment de me livrer à des facéties. Mes efforts aboutissent enfin, je ne me suis pas échinée durant des mois pour rien. Et maintenant je vais braver les flots et le sort. Il n'a jamais été aussi proche, le jour où je toucherai le sol de la France, où je contemplerai la tour Eiffel, l'Arc de triomphe et l'obélisque de la Concorde de mes yeux, en trois dimensions et non plus sur papier glacé. Et où je rencontrerai mon futur mari français…

Pourtant la croisière ne va pas m'amuser, ne serait-ce qu'à cause des conditions de notre navigation. Notre bateau mesure une petite vingtaine de mètres de long sur une quinzaine de mètres de haut, quille comprise. S'il était aménagé normalement, on pourrait y faire tenir entre douze et quinze personnes. Nous sommes trois cent vingt-cinq…

Dans la cale où des sacs de riz et des bidons d'eau ont déjà été rangés, on fait descendre les cent cinquante enfants. La petite centaine de femmes prend place, tant bien que mal, dans le pont inférieur. Les hommes, presque aussi nombreux, resteront sur le pont supérieur. Suivant le tarif qui m'a été consenti, je devrais rejoindre les enfants. Considérant mon sexe, je pourrais néanmoins demander à être avec les femmes. Aucune de ces possibilités ne me convenant, je choisis de rester en haut avec les hommes. Comme il serait étonnant que personne n'ait le mal de mer, je préfère rester à l'air libre et non pas confinée dans l'odeur des vomissures.

Nous sommes plus serrés que des grains de riz dans un bol. Je n'ose pas imaginer ce qu'est la situation dans le pont inférieur et surtout dans la cale. Un bruit de chaînes et d'eau, accompagné d'un grondement de moteur diesel, me tire de mes pensées. Ça y est, on est en train de lever l'ancre. Les premières lueurs du jour qui coloraient la cime des arbres sur le rivage tout à l'heure s'avivent et parsèment la rivière de reflets mordorés. Des gouttes de rosée perlent sur le bastingage. Le bateau démarre à petite vitesse. Je me laisse absorber par la beauté du paysage et l'ivresse du départ. Au bout d'environ deux heures, la brise qui caresse mes joues se charge d'une odeur salée que je hume avec délice. Droit devant, l'horizon devient immense. La mer !

CHAPITRE 25

Fluctuat...

Le bateau prend de la vitesse. La coque fend les flots aussi aisément que des ciseaux affûtés une soie légère. Le soleil chauffe agréablement, je crois que je vais ôter mon pull.

Nous serons bientôt sortis des eaux territoriales. Le franchissement de cette dernière et invisible frontière fera enfin de nous des êtres libres. J'imagine que, quelle que soit la contrée où nous aborderons, nous devrons passer par une espèce de centre pour réfugiés avant d'émigrer dans le pays de notre choix. Il y aura quelques formalités, de la paperasserie et un peu d'attente, c'est sûr. Des broutilles.

La situation commence à se dégrader quelques heures plus tard, quand nous nous mettons tous à avoir faim, soif et envie d'uriner. Pas facile de slalomer entre les passagers pour arriver à la poupe. Comme j'envie les hommes, dont l'anatomie leur permet de se soulager bien plus simplement qu'à moi. Au prix d'une périlleuse gymnastique, cramponnée à un cordage, je parviens à abaisser mon postérieur en dessous du niveau du plat-bord, de façon à le soustraire aux regards. Heureusement que je suis jeune et souple !

Je n'ai pris qu'un paquet de biscuits avec moi, imprévoyante que je suis. Un bidon d'eau accroché à la rambarde constitue notre seul point d'eau. J'en bois quelques gorgées, juste de quoi m'hydrater car je ne tiens pas à devoir faire mes besoins trop souvent.

À mesure que les heures passent, la fatigue rend la promiscuité, la faim et la soif plus pénibles à supporter. L'accablement remplace l'enthousiasme du matin. Il nous faut prendre notre mal en patience car il est impossible de prévoir la durée du voyage. Deux, trois, quatre, cinq ou six jours, peut-être plus si des courants font dériver le bateau, si une tempête nous ralentit ou si le navire subit une avarie.

Après que le soleil s'est couché, le vent se lève. De grosses gouttes de pluie, d'abord tièdes puis froides, s'écrasent sur ma tête. Je lève le visage et j'ouvre la bouche pour les boire et étancher un peu la soif qui me tenaille. Mes vêtements ne tardent pas à être trempés, des gifles de vent les plaquent sur mon corps. Je frissonne. La mer se creuse de méchantes crêtes sur lesquelles notre coque de noix tangue et roule. Nous nous cramponnons les uns aux autres, projetés dans un sens puis dans l'autre. Je sens l'odeur de la peur dominer les relents de la sueur. La navigation devient erratique, l'obscurité environnante en accroît l'effroi. J'entends des voix dans le noir qui disent que le pilote est trop inexpérimenté pour affronter la tempête. Je le connais car je l'ai vu une ou deux fois à Cho-Lon. C'est vrai qu'il est très jeune, à peine seize ans. Et ce n'est pas parce qu'il est fils de capitaine qu'il en possède les compétences. Mais son père a préféré le laisser partir à sa place, pour qu'il ait une chance de s'enfuir.

Nous sommes ballottés trop violemment pour dormir. Toute la nuit, la pluie nous martèle, le vent nous harcèle. Si je n'étais pas aussi serrée contre mes compagnons, je grelotterais. Le froid m'engourdit, au bout d'un moment je ne sais plus si je suis éveillée ou en train de cauchemarder. Pour me rassurer, je me dis qu'avec un temps pareil il y a peu de risques que nous tombions sur des pirates. Mais le naufrage n'est pas exclu...

Quand une aube grise se lève, je découvre les visages de mes compagnons de voyage marqués par la fatigue, la nausée et la peur. Moi, je me sens sale et laide. Les vagues, toujours aussi hargneuses, tapent le bateau par le travers. C'est encore pire que les montagnes russes d'hier soir. J'ai mal au cœur, je veux descendre ! Seule bonne nouvelle, la pluie a cessé.

Je ne saurais dire comment se passe la journée. Mon estomac vide est retourné, la faiblesse s'ajoute à l'ankylose et plombe mes membres. Le malaise de mon corps occupe tout l'espace de mon esprit. Quand je me lève pour boire ou uriner, j'ai toutes les peines du monde à tenir debout. Il me faut de plus enjamber les corps tassés et trouver un espace libre où poser le pied alors que le roulis me déséquilibre. Des mains secourables se lèvent pour me servir de béquilles jusqu'au bastingage. Je vais au plus près et me soulage sans me préoccuper de ma pudeur, devenue le cadet de mes soucis. Mes compagnons, plongés dans une torpeur morbide, ne sont plus en état de s'intéresser à une anatomie féminine.

Nous sommes désespérément seuls sur l'onde amère. Nulle terre en vue. Aucun bateau à l'horizon. Une ouate sale masque le soleil. Il ne subsiste rien pour se repérer ou accrocher le regard. Le temps s'est coagulé. Le bateau progresse péniblement entre des haies de vagues. Il se traîne, nous n'arriverons jamais, nous mourrons de faim, de soif et d'épuisement avant.

Soudain, je suis tirée de mon morose abrutissement par des cris d'épouvante qui proviennent de bâbord.

— Des requins, des requins !

Je me mets debout et j'aperçois des triangles luisants à la pointe recourbée qui fendent l'eau à quelques mètres. Des bribes de films documentaires surgissent dans ma mémoire. Des mâchoires béantes pavées de crocs acérés, la masse sombre d'un squale qui sinue dans l'eau à toute vitesse à la poursuite d'une proie, le mouvement du museau quand il arrache la chair… La terreur me fait retomber assise. Je mets ma tête entre mes genoux et je prie. Je récite des *Notre Père* et des *Je vous salue Marie* jusqu'à ce qu'un nouveau cri résonne.

— Ils sont partis !

Au soir de cette deuxième journée la pluie recommence à tomber. Plus fine, insidieuse, obstinée. Le vent a faibli, mais la mer demeure formée. De temps à autre, sous le boutoir d'une vague plus forte, la coque émet un craquement qui me fait sursauter. Puis je retombe dans une sorte de léthargie résignée.

L'aube revient. On entend des pleurs et des cris qui montent du pont inférieur. L'homme assis devant l'ouverture qui y mène s'y engouffre. Quelques minutes s'écoulent avant qu'il ne remonte, les bras chargés d'un petit paquet allongé. Il fait signe à un autre homme de descendre, lui aussi réapparaît en portant quelque chose. De là où je suis, je ne distingue pas bien de quoi il s'agit.

Un murmure court sur le pont et arrive jusqu'à moi. Deux petites filles sont mortes cette nuit, les hommes viennent de remonter leur corps. Ils vont jusqu'à la coupée avec leur macabre fardeau. Tout le monde se tasse et s'écarte pour les laisser passer. Une main détache la chaîne qui barre la coupée. Le premier cadavre puis le second glissent dans l'eau. Certains se signent. Tous baissent la tête. Pourvu qu'il n'y en ait pas d'autres.

La tristesse et la crainte hantent notre bateau qui menace de tourner au vaisseau fantôme. L'affaiblissement physique continue son travail de sape morale. Les heures s'étirent sous le soleil revenu. Ma propre odeur me soulève le cœur. Nous puons tous, une puanteur que la brise marine ne parvient pas à couvrir. Le crépuscule commence à teinter les flots d'un bleu plus sombre. Encore une nuit en perspective, n'arriverons-nous donc jamais ?

Le ciel se piquette d'étoiles mais nulle lumière ne brille à l'horizon. La faim s'est transformée en une impression de vide intérieur. Je sens la vie s'étioler en moi. Le froid m'engourdit, m'anesthésie. Je retombe dans une somnolence inconfortable, proche de l'évanouissement.

CHAPITRE 26

... nec mergitur

Des exclamations me tirent de ma torpeur létale. Les hommes à côté de moi se lèvent, me bousculant sans ménagement. À grand-peine je me remets sur mes pieds. Un choc frontal ébranle la carcasse du bateau. Je titube et tombe. Mais la signification des cris a fini par se faire jour dans mon esprit obscurci. « Terre, terre ! » Merci mon Dieu, je suis sauvée !

Mes forces reviennent en un clin d'œil. Fort opportunément car nous n'avons que quelques minutes pour débarquer. Le bateau vient de percuter un rocher, ouvrant une voie d'eau dans la coque. Nous allons sombrer sous peu. Je saute dans la mer, mon sac de voyage sur la tête. Je bois un peu la tasse mais vite je retrouve pied. Quelques mètres et je m'écroule sur le sable humide. À bord règne une panique indescriptible, ponctuée de cris d'affolement et d'appels. Il faut tirer les enfants de la cale bientôt envahie par les flots. Une chaîne s'organise. Les femmes font passer les petits à des hommes restés sur le pont qui les jettent dans les bras d'autres hommes debout dans l'eau. Je reprends mon souffle quelques instants puis je retourne vers le bateau et j'attrape ce qu'on me tend, enfants ou bagages, pour les ramener au sec. En moins d'une demi-heure les trois cents et quelques passagers se retrouvent massés sur la plage, haletants et ravis.

Nous avons à peine le temps de nous congratuler que des phares trouent l'obscurité. Deux ou trois voitures stoppent à quelques mètres de notre groupe. En descendent des hommes en uniforme, peut-être une douzaine, je n'ai pas le temps de compter. L'obscurité ne nous permet pas de bien discerner leurs visages. En revanche, les armes qu'ils pointent vers nous n'échappent pas à notre attention.

L'un d'eux, grand et massif, fait trois pas dans notre direction et balaie le groupe de sa torche. Il hurle des ordres dans une langue que je n'ai jamais entendue. Aucun de mes compagnons ne semble mieux la comprendre. Alors il s'approche d'une femme et pointe d'un doigt sa montre, ses bagues et son collier. Puis sa main fait un geste vers sa poitrine. Plus expressif que des mots ! Nous avons tous compris et commençons à nous délester de nos bijoux : deux policiers passent dans les rangs recueillir les fruits de cette quête forcée. Ils fouillent aussi les poches des hommes pour en extirper l'argent liquide. Je dois, à grand regret, abandonner la montre de mon père, la bague donnée par le Chinois et la croix qui symbolise ma foi. Me voici dépourvue de tout bien monnayable.

Je ne suis ni étonnée ni choquée que notre comité d'accueil nous rançonne ainsi. La corruption observée au Viêtnam me ferait presque croire que ces pratiques sont normales. Une chose me réjouit : ils ne nous ont pas rejetés à la mer. Vu l'état de notre bateau qui gîte sévèrement, nous aurions été dans l'impossibilité de rembarquer quoi qu'il en soit.

Pendant que les policiers opèrent, j'ai tout loisir de les voir de près. Leurs visages portent les caractéristiques de l'Asie sans que je sois pour autant capable de les identifier précisément. Indonésiens ? Malais ? Je ne saurais me prononcer. Mais patibulaires, ça oui, il n'y a aucun doute.

Les policiers examinent leur butin et se le partagent, pendant que quatre d'entre eux continuent de braquer leurs armes sur nos poitrines. Ce petit manège prend un moment. Ensuite ils discutent entre eux, probablement de ce qu'ils vont faire de nous. Combien de munitions ont-ils ? Assez pour nous exécuter tous ou pas ?

J'en suis là de mes supputations quand une autre lueur de phares troue la nuit. Une jeep s'arrête à côté des voitures des policiers. Un Occidental, vêtu d'un short et d'un tee-shirt, en descend. Après avoir salué le chef des policiers, il s'adresse à la cantonade en anglais. L'un des membres de notre groupe, un médecin, lui répond aussitôt dans la même langue. Le nouveau venu lui fait signe d'approcher. Ils discutent quelques minutes en aparté puis le médecin chinois se tourne vers nous :

— Ce monsieur est délégué par le Haut-Commissariat aux réfugiés de l'ONU pour nous prendre en charge.

Un tonnerre d'applaudissements éclate dans la nuit tiède. Les seuls qui n'arborent pas une mine réjouie sont les policiers. Je contemple le visage de notre sauveur en lui trouvant toutes les grâces. Le médecin reprend la traduction :

— Des autocars vont venir nous chercher pour nous emmener dans un centre de transit. D'ici là, vous êtes priés de rester sur cette plage et d'attendre sans bouger.

Des exclamations d'approbation fusent. Dans l'état où nous sommes, personne n'a envie de partir en promenade. D'autant plus que les autochtones ne semblent pas posséder un sens de l'hospitalité très développé...

Nous nous asseyons dans le sable, les mères bercent leurs enfants, les hommes parlent entre eux. Je m'installe un peu à l'écart et me sers de mon sac de voyage comme d'un oreiller. J'allonge mes jambes avec délice. Que c'est bon d'avoir de l'espace ! Depuis que j'ai mis pied à terre, la faim et la soif ont recommencé à me tenailler. Pour éviter d'y penser, je m'absorbe dans ma rêverie favorite, la rencontre du Prince Charmant à

Paris. La nuit commence à pâlir quand nous entendons les moteurs des autocars.

Toujours sous la menace des fusils, nous nous mettons en rang par deux et gagnons les véhicules. J'ai droit à un traitement spécial. Je monte dans la voiture du chef de la police avec mon ex-patron chinois. Ils échangent quelques phrases en mandarin, langue que je ne comprends pas, mais le Chinois me traduit leur conversation en vietnamien. C'est ainsi que j'apprends que nous nous trouvons en Malaisie. Le chef me reluque avec un sourire gourmand :

— Elle est ravissante, cette petite, c'est votre fille ?

— Oui, oui, c'est ma fille.

Heureusement qu'il est là…

Les autocars empruntent une autoroute, nous voyons au loin les lumières d'une ville. Puis nous sortons par une bretelle et roulons un moment sur une route de campagne avant de stopper devant une sorte de grand hangar aux murs de béton brut dépourvus de fenêtres et au toit de tôle ondulée. À l'extérieur, une rangée de W.-C. avec des demi-portes et une rangée de douches et de lavabos longent le bâtiment. Une troupe de gens dépenaillés en sortent et se dirigent vers les autocars dont nous venons de descendre. À n'en pas douter, des réfugiés comme nous qui nous cèdent la place. Nous nous croisons, troupeaux disciplinés, sans échanger un mot. À l'intérieur, des cloisons d'environ deux mètres de haut séparent l'espace en pièces. Des rampes de néons dispensent une lumière blafarde qui creuse nos cernes et verdit notre teint. Je n'ose pas penser à la tête que je dois avoir, je suis trop fatiguée pour m'en soucier de toute façon.

En plus de Gino, le délégué qui nous a accueillis, quatre employés du HCR s'occupent de nous, le médecin chinois continuant à jouer l'interprète. On nous invite à prendre chacun un tapis de sol en mousse et une couverture légère en guise de literie. Visiblement, tout ça a déjà été utilisé par des personnes n'ayant pas pris une douche depuis belle lurette. Peu importe ! On nous distribue aussi un paquet de nouilles accompagné d'un sachet d'épices, une orange, un paquet de biscuits et un gobelet pour pouvoir puiser de l'eau dans les grands bidons mis à notre disposition. Je n'avais jamais goûté de nouilles pas cuites, eh bien, écrasées avec les épices, je les trouve délicieuses ! Comme quoi il n'y a pas de meilleur cuisinier que la faim… Je garde les biscuits intacts, on ne sait pas ce que nous réserve l'avenir.

Puis j'étale comme je peux mon tapis de sol dans un box que je partage avec d'autres filles et garçons célibataires, je m'enroule dans la couverture malodorante et je sombre instantanément dans un sommeil bienheureux. Je crois bien que tout le monde en fait autant, puisqu'un grand silence se répand soudainement dans le hangar.

Deux ou trois heures plus tard pour autant que nous puissions en juger, car plus personne n'a de montre, on vient nous réveiller. Le chef de la police est de retour, accompagné par un autre délégué du HCR. Un passage par les W.-C., un peu d'eau sur le visage, nous rangeons les tapis de sol et les couvertures, nous ramassons les déchets de notre pique-nique et repartons à bord d'autocars.

Nous traversons une grande ville. Par la vitre, j'admire les rues propres, les passants bien habillés, les immeubles modernes. C'est si bon de retrouver la civilisation après ces jours interminables en mer, au milieu de nulle part. Les autocars s'arrêtent le long d'un quai. Deux grandes barques équipées de moteurs à l'arrière y sont amarrées. Encore ! Je fais la grimace. La navigation, j'en ai ma dose pour un moment. Où nous emmène-t-on ?

Des policiers procèdent à l'appel grâce à la liste que leur a remis mon ex-patron. Nous embarquons, une cinquantaine de personnes par bateau, ce qui signifie plusieurs allers et retours. C'est beaucoup, les coques s'enfoncent dangereusement dans l'eau qui affleure le plat-bord. Mieux vaut ne pas trop bouger si nous ne voulons pas chavirer. Il ne nous faut qu'une vingtaine de minutes pour apercevoir notre prochaine destination, et une trentaine pour y aborder.

CHAPITRE 27

L'île de la désolation

C'est une île. Petite et pelée. Au centre, une colline au sommet de laquelle je discerne progressivement la masse d'un bâtiment. Partout ailleurs, des cahutes, dressées çà et là sans le moindre ordonnancement. Aucune, même de loin, ne semble pouvoir mériter l'appellation de maison. Un bidonville en un peu plus dispersé, voilà ma première impression.

Qui se confirme au fur et à mesure que nous nous rapprochons. J'ai compris : on va nous parquer là. C'est une prison, à ceci près qu'elle est à ciel ouvert. La mer y remplace efficacement les barreaux et économise les gardiens. Combien de temps vais-je pourrir là ? Pourrai-je jamais m'en évader ? Verrai-je un jour la France ?

Nous débarquons sur un ponton en planches. Sur la plage une foule de réfugiés attend les nouveaux arrivants. Ils nous dévisagent, espérant reconnaître parents ou amis. Certains voient leur attente comblée. Il y a des cris de joie et des embrassades.

Je m'éloigne et me laisse tomber sur le sable. Moi qui n'ai pas versé une larme depuis mon coup de cafard à My Tho, voilà que je me mets à pleurer. Mon ex-patron s'approche de moi et tente de me réconforter :

— Allons, allons, il ne faut pas être triste. Nous avons réussi, nous sommes vivants et hors du Viêtnam !

— Peut-être, mais moi je suis toute seule. Je ne risque pas de retrouver qui que ce soit ici. Et si ça se trouve, je vais rester des années coincée sur cet affreux caillou.

— Viens avec nous, je vais m'occuper de toi.

— Merci, vous êtes bien gentil, vous avez déjà beaucoup fait pour moi et je vous en suis très reconnaissante mais à partir de maintenant il faut que j'apprenne à me débrouiller seule.

— Comme tu voudras... Si tu changes d'avis, tu ne devrais pas avoir trop de mal à me retrouver.

Il se détourne et va rejoindre ses compatriotes. Quant à moi, j'ai intérêt à me secouer. Je scrute le groupe dont je faisais partie. Avec qui pourrais-je faire équipe ? Huong, notre jeune capitaine, a l'air aussi isolé que moi. Il a l'âge d'être mon petit frère, ça devrait aller. Je me dirige vers lui :

— Je te propose quelque chose : toi et moi on va rester ensemble et s'entraider, d'accord ? Tu ne me quittes plus, hein ?

Il me fait un grand sourire :
— Entendu !

Nous ramassons nos sacs et nous dirigeons vers les cahutes. C'est vraiment du bricolage. Du bambou, parfois une plaque de tôle ondulée en guise de toiture, des bouts de bois flotté, des morceaux de toile, le tout assemblé avec des cordages et du câble électrique. Sur le sol devant l'une des bicoques, j'avise une casserole cabossée et noircie posée sur un assemblage de galets cendreux. Ce doit être la cuisine. De salle de bains point. Des détritus maculent le sol, une odeur fétide de crasse et de misère flotte dans l'air. Les réfugiés installés là nous regardent à peine. Ils ont l'œil éteint et l'air las. Nous continuons notre visite jusqu'à ce qu'enfin mon regard rencontre celui d'une jeune fille de mon âge. Je lui souris, elle me rend mon sourire. Nous nous approchons et entamons une conversation avec elle. Elle est arrivée deux mois plus tôt. Parfait, elle va pouvoir nous expliquer comment se passe la vie ici, à Poulo-Bidong. Tel est le nom de l'île sur laquelle nous venons d'aborder, l'un des nombreux cailloux qui émergent autour de la Malaisie, trop infimes pour figurer sur les atlas.

Ce qu'elle nous apprend ne me remonte pas vraiment le moral. Le bâtiment que j'ai aperçu au sommet de la colline est celui du HCR. Nous devons aller nous y faire enregistrer. Une fois par mois, des représentants des pays d'accueil y viennent pour examiner les dossiers des candidats à l'émigration et en recevoir un contingent. Vu le nombre de demandes, il ne faut pas espérer voir son dossier examiné avant plusieurs mois. Seule l'Australie accepte les nombreuses familles chinoises, les USA prennent ceux qui ont déjà de la famille exilée sur leur territoire ou qui ont collaboré avec eux du temps de la guerre. La France est moins demandée et donne la priorité au regroupement familial. Sinon il faut impérativement être célibataire.

Certains réfugiés trichent sur leur état civil, leur âge, leur niveau d'études ou leurs compétences professionnelles. Ça peut être un jeu dangereux, surtout avec les Américains, très bien informés. Beaucoup parlent notre langue qu'ils ont apprise pendant qu'ils combattaient le Viêtcông, et sont capables d'identifier un natif du Nord rien qu'à son accent ou à sa physionomie. Une fois démasqué, le fraudeur n'a plus aucun espoir de mettre un pied sur le territoire des USA.

En ce qui concerne notre subsistance sur l'île, le HCR distribue 4 litres d'eau, 1 kg de riz, 1 kg de farine, 250 grammes de viande et une boîte de sardines à l'huile par personne et par semaine. Un point c'est tout. Je déteste les sardines à l'huile ! Même crevant de faim, je ne pourrai jamais en avaler une bouchée. Nous aurons également droit à une boîte d'allumettes par mois.

Le logement ? Le HCR ne s'en occupe pas, à chacun de se débrouiller avec les moyens du bord. D'où la prolifération de cabanes bambou. Encore faut-il pouvoir s'approvisionner en matériaux de construction au marché noir car l'île, autrefois sauvage et probablement verdoyante, a été littéralement ratiboisée de sa végétation par l'afflux des réfugiés. Notre cicérone n'en connaît pas le nombre exact, elle a entendu des chiffres qui varient entre vingt et trente mille. Pour un aussi petit bout de terre, ça me paraît beaucoup. Sinon la douceur du climat permet de dormir sur la plage, mais évidemment on se retrouve alors à la merci de tout et tout le monde. La police malaise patrouille dans l'île, ce qui empêche les crimes et limite un peu les bagarres, mais pas les viols. Non merci, très peu pour moi !

En cas de maladie, on peut se présenter à l'infirmerie du HCR. Mais il faut être visiblement mal en point pour avoir droit à des médicaments, car ils font l'objet d'un trafic comme tout en cet endroit. Aussi l'infirmerie ne donne-t-elle les cachets qu'un par un, obligeant le malade à revenir pour chaque prise.

Pour se laver, il y a la mer. Pour faire ses besoins aussi, à moins de grimper au cimetière où l'on peut déféquer à peu près tranquille derrière les tombes. Car on meurt beaucoup ici. Les enfants en bas âge et les personnes âgées sont les plus touchés. Mais personne n'est à l'abri.

Et le savon, le HCR n'en distribue pas avec les vivres ? Non, il faut se le procurer au marché noir, comme tout. À condition d'avoir les moyens. Car la vie est chère. L'île ne produit pratiquement rien. Il y a trop d'occupants pour disposer de terres cultivables. Sauf deux ou trois parmi les plus anciens résidents qui ont réussi à préserver quelques mètres carrés où poussent d'étiques salades que l'on s'arrache à prix d'or au marché noir. L'un d'eux élève des poules aux œufs d'or, ici ce n'est pas une image.

La pauvreté est une notion toute relative, je le découvre. Même sur ce caillou misérable, où nous sommes théoriquement tous logés – si je puis dire – à l'enseigne du plus total dénuement, il subsiste encore des nantis. Pour en faire partie, il ne suffit pas d'avoir été riche, encore faut-il avoir été assez chanceux pour préserver son précieux viatique des pirates et des corrompus. Je suis loin du compte mais je suis toujours en vie. Et j'ai bien l'intention de le rester assez longtemps pour voir un jour la tour Eiffel !

CHAPITRE 28

Installation

Après cette édifiante conversation, la priorité est de nous présenter au bâtiment du HCR pour nous enregistrer et recevoir notre quota d'eau et de nourriture.

Nous faisons la queue avec nos compagnons de voyage puis remplissons un dossier de demande d'immigration avec l'aide d'interprètes. Je choisis la France en premier souhait, les USA en second. Les traducteurs nous expliquent que, quand viendra notre tour d'être reçu par le délégué du pays demandé, nous serons appelés par haut-parleurs et la liste de nos noms affichée à l'extérieur du bâtiment du HCR.

Ensuite les permanents nous distribuent nos rations. Comment cuire du riz sans casserole ? Et la farine, j'en fais quoi ? La viande nous est délivrée sous forme de gros morceaux à recouper pour se la partager, mais je n'ai même pas un canif ! Il va falloir improviser et se montrer maligne. Je pourrais toujours échanger mes sardines…

Puis nous allons faire un tour au marché noir. Un vrai souk à ciel ouvert où tout se monnaie et s'échange au terme d'âpres marchandages. Un improbable bric-à-brac est posé à même le sol. Cela va de la bouilloire en métal flambant neuve – comment diable est-elle arrivée ici ? – à l'épingle à cheveux rouillée, en passant les réchauds, les transistors, la nourriture en conserve, les vêtements et chaussures d'occasion, les savonnettes, les bouts de carton, les planches provenant visiblement d'épaves et mille autres choses qu'on jetterait à la poubelle partout ailleurs. On vocifère, on s'injurie, on fait de grands gestes. Au moins il y a de l'animation. Je me demande ce que je vais bien pouvoir vendre pour me procurer de quoi construire une cabane. Huong n'est guère plus argenté que moi. Il nous faut trouver d'autres associés si nous voulons avoir un ersatz de toit sur la tête. Nous ratissons l'île jusqu'à ce que nous dénichions deux filles et six garçons plus ou moins de notre âge et aussi esseulés que nous.

En mettant en commun nos ressources, nous parvenons à acquérir les matériaux nécessaires. Nous découvrons un espace libre pas trop éloigné de la mer et notre petite bande s'attelle à la tâche. Heureusement, deux des garçons possèdent des couteaux suisses, notre seul outillage. Quatre grands pieux de bambou délimitent les angles de la maison. Des sacs de riz usagés en plastique feront office de murs, de toiture et de porte. Il ne nous reste que des bambous de taille moyenne pour fabriquer des châlits qui n'excéderont pas 1,20 m de long. Nous dormirons donc recroquevillés. Les plus petites tiges sont posées en travers à la façon des sommiers à lattes. J'ai échangé ma brosse à cheveux, mon tube de dentifrice et un tee-shirt contre huit petits bambous, je dois m'en contenter pour ma couchette.

Le principal inconvénient du bambou, c'est qu'il est rond. Et de ce fait très inconfortable quand il s'agit de s'allonger sur des tiges espacées d'une quinzaine de centimètres. Pour atténuer la dureté du couchage, nous remplissons des sacs de farine vides de feuillages ramassés en haut de la colline où subsiste encore un peu de végétation. Ils serviront de matelas. Les garçons dormiront en bas, les filles au-dessus. Les derniers bambous restants sont utilisés dans la confection d'une échelle accédant aux couchettes superposées. Nous les assemblons à l'aide de bouts de cordes, de filins et de fil électrique. La tombée de la nuit met, faute d'éclairage, le point final à cette débauche d'activité. Nous terminerons demain, le principal, c'est que nous ayons un lieu à nous.

À force de m'activer toute la journée sous le soleil, j'ai évidemment beaucoup transpiré. À quand remonte ma dernière douche ? Quatre ou cinq jours ? Je préfère ne pas compter. Avant un repas qui sera le bienvenu parce que je crève littéralement de faim, je me dirige vers la mer dans l'espoir de décoller un peu de crasse et de me débarrasser de l'odeur aigre de la sueur. Je me baigne tout habillée. Pas question que je me dénude avec du monde à proximité ! Il y a une chose que j'ai hélas oublié d'emporter : une serviette de toilette. C'était bien la peine de faire et refaire mon sac de voyage quatre fois ! Résultat, je n'ai plus qu'à attendre que mes vêtements sèchent sur moi. Le soleil s'étant couché, cela va prendre un bon moment.

Nous ramassons ce que nous pouvons pour servir de combustible au foyer que Yen, l'une des filles, installe en juxtaposant quelques pierres. Des vieilles boîtes de conserve sont recyclées en batterie de cuisine. Huong et moi faisons cuire nos morceaux de viande avant qu'ils ne s'avarient parce qu'évidemment il ne faut pas compter trouver un réfrigérateur. Avec quoi l'alimenterait-on de toute façon ?

La dernière bouchée avalée, nous nous effondrons sur nos couchettes, terrassés par la fatigue. Je dors mal, les bambous me rentrent dans les côtes et le sentiment de devoir rester en alerte m'empêche de sombrer comme à l'habitude. Comme si ce calvaire ne suffisait pas, les moustiques se mettent de la partie.

Le lendemain, il nous reste encore pas mal de travail pour terminer notre installation. Ce n'est que le troisième jour que j'entre vraiment dans la vie de réfugié.

CHAPITRE 29

La vie de réfugié

Une existence sans foi ni loi, entièrement consacrée à la survie. On pourrait espérer que, parqués ensemble et placés dans des conditions d'extrême dénuement, des individus issus d'une même nation et l'ayant fuie pour des motifs identiques développeraient un système d'entraide et de solidarité. Il n'en est rien. Aucun esprit collectif n'unit les résidents forcés de l'île. Tout au plus se rassemble-t-on par habitants d'une même cahute comme nous, ou proches voisins, afin de se protéger du reste de la population. Nous sommes divisés en groupuscules potentiellement ennemis.

Les uns après les autres, nous retournons à l'état sauvage. Le réfugié est un loup pour le réfugié, pour paraphraser une formule célèbre. Une cuisse de poulet suffirait à déclencher une émeute si la crainte de la police malaise, dont le traitement expéditif de la délinquance fonde l'effrayante réputation, ne dissuadait pas d'utiliser la violence afin de se procurer ce qui manque, c'est-à-dire pratiquement tout. Ses patrouilles constituent le seul rempart contre l'instauration de la loi de la jungle.

En revanche le vol, une pratique courante, sévit allègrement. À chacun de prendre garde à ses affaires. La méfiance est de règle. La moindre possession oblige à la paranoïa. Par exemple, ceux qui ont pu creuser un puits en tirent une eau jaunâtre mais douce, et de ce fait fort précieuse au cours du marché noir local, qu'ils ont intérêt à surveiller comme le lait sur le feu. S'ils n'organisent pas de tour de garde la nuit, des chapardeurs viennent se servir à l'œil.

Tout ce qu'on accomplissait avant sans y penser devient un problème. Se laver, faire ses besoins, manger, chacune de ces nécessités se transforme en galère. Le papier toilette est inconnu ici. Quand j'ai de la chance, je trouve une page de journal que je découpe en petits bouts pour qu'elle me fasse plus d'usage. Sinon j'utilise des feuilles, mais elles se font rares. De même que le bois qui me sert à cuire mon riz et ma viande. Souvent le feu s'éteint, faute de combustible, avant que les aliments ne soient à point. Je ne sais pas comment utiliser ma farine, jusqu'à ce qu'on m'indique des Chinois qui ont construit un four à pain très rudimentaire. En échange d'une fraction de ma farine, ils me fournissent une sorte de galette azyme, à peine cuite elle aussi, à la limite du mangeable, qu'il convient de consommer vite sous peine de s'y casser une dent.

Mes journées se passent à fureter. J'essaie d'abord de trouver un moyen d'améliorer ma situation et ensuite d'évaluer le temps que je risque de passer ici. D'après les propos recueillis à droite et à gauche, je ne suis pas près de partir. Certains attendent depuis plus d'un an. Les meilleurs candidats à une émigration rapide sont les hommes jeunes, célibataires et pourvus de diplômes. Certes, je remplis deux de ces conditions, mais je ne possède aucune compétence susceptible de me faire sortir du lot.

Une fois par semaine, je me rends au marché noir pour voir ce qu'il y aurait à y dénicher en échange de ma boîte de sardines. Dans le meilleur des cas j'arrive à la troquer contre un fruit. Je sais que je n'ai pas intérêt à tomber malade. Les pays d'accueil veulent des gens en bonne santé, pas des porteurs de germes qui encombreraient leurs hôpitaux.

Lors de ma première visite au marché noir, je m'étais étonnée de la présence d'objets neufs. Depuis, j'ai appris leur provenance. Des bateaux les convoient depuis Singapour. Ils mouillent à distance de l'île pendant la nuit et ce sont des réfugiés qui viennent les chercher à la nage. Le paiement s'effectue en or et en bijoux. Les marchandises sont livrées emballées dans des sacs en plastique afin de supporter le transport jusqu'à la plage. Seuls les meilleurs nageurs et les plus hardis osent s'aventurer si loin du rivage où ils risquent de servir de souper aux requins.

Une fois au sec, ceux qui n'ont pas acheté la complicité des forces de l'ordre ne sont pas forcément tirés d'affaire. Il arrive que la police malaise les pince. Le châtiment est aussi sévère que spectaculaire, j'y assiste un matin où je suis allée rincer mon linge sur la plage. Une escouade encadre trois hommes enchaînés. À grands cris les policiers nous ordonnent de regarder ce qui va suivre. Les prisonniers sont positionnés face à la mer, le dos tourné vers l'intérieur des terres. Trois agents s'avancent vers eux, un fouet à la main. Les coups pleuvent en rythme, les hommes hurlent de douleur. Très vite la peau se fend et le sang coule. Je reste figée, comme le reste de l'assistance. Nul doute que c'est un moyen efficace de décourager les vocations pour la contrebande… Ou d'encourager le versement de pots-de-vin.

Le pire, ce sont les soirées et les nuits. Le soleil se couche tôt, entre cinq heures et demie et six heures, sous cette latitude. Au marché noir on vend des torches électriques et des lampes à pétrole, mais je ne possède pas de quoi en acheter. Tout au plus puis-je me rapprocher des habitants qui en allument, à condition que leur cahute ne soit pas située trop loin de la mienne. J'évite autant que possible de faire un pas seule dès que l'obscurité tombe sur l'île. Je me débrouille donc pour me faire accompagner par les filles ou l'un des garçons qui logent avec moi. Aucun ne refuse car je me montre extrêmement serviable en contrepartie.

Parfois je m'assieds sur la plage au crépuscule et je contemple la mer en pensant à ceux que j'aime restés de l'autre côté. Comme ils me manquent ! Je ne me suis jamais sentie aussi solitaire que dans cet endroit surpeuplé. Ni aussi menacée. Impossible de goûter la moindre tranquillité. Je ne dors que d'un œil, j'ai toujours peur que l'on vienne me violer ou m'étrangler durant mon sommeil, malgré la présence de mes camarades d'infortune. Il n'y a pas de véritable amitié entre nous ; nos relations, dictées par la contrainte, ne résultent pas d'un choix et nulle affinité ne les fonde. Dans un autre contexte nous ne nous serions certainement jamais rencontrés et en tout cas pas liés. Ce qui ne signifie pas pour autant que je ne les apprécie pas. Mais le contexte ne pousse guère à l'épanouissement de l'affectivité, c'est le moins qu'on puisse dire. Je suis en train de m'endurcir et de devenir aussi impitoyable que tout le monde ici. Éprouver des émotions est un luxe que je ne peux me permettre si je ne veux pas me désagréger sur pied. Je concentre mon énergie sur ce qui compte : rester en vie et quitter ce morne séjour afin de pouvoir aider les miens. Rien d'autre n'importe.

Un seul endroit m'apporte un peu de réconfort : l'église. C'est la plus belle cabane de l'île, la plus grande, construite par son curé avec l'aide d'autres réfugiés. Pas de sièges, encore moins de prie-dieu, de ciboire, de calice, de cierges. Des bouts de bois ont servi à confectionner un autel bancal. Deux tiges de bambou entrecroisées figurent la croix.

C'est une église vide d'ornements, juste un lieu consacré par son pasteur où se réunissent les fidèles. D'une certaine façon probablement très semblable aux églises primitives du temps de saint Pierre. Le prêtre y dit la messe tous les dimanches matin. Plus tard, quand il me sera donné d'assister à l'office à Notre-Dame, aux côtés de Mme Chirac, je n'éprouverai pas une émotion aussi forte que celle ressentie dans cette masure. La foi, l'espérance et la charité, c'est ici que j'en saisis pleinement le sens.

Le reste du temps, le curé exerce, plus que son ministère, un véritable apostolat en apportant son aide à tous ceux qui en ont besoin, quelle que soit leur confession. Car il a choisi de se consacrer à ses semblables plus qu'à la célébration des rituels. Il donne un coup de main aux nouveaux arrivants pour construire leur cabane, berce les enfants, porte les bidons d'eau, etc. Ceux qui ne l'ont pas vu officier le dimanche matin ne se doutent même pas qu'il est prêtre. En dehors de la messe, il n'est que l'un d'entre nous. Mais surtout le meilleur d'entre nous.

Au bout de deux semaines, je regrette vraiment d'être une femme. Mes règles reviennent. Je ne dispose pas de protections périodiques, encore un oubli dans mes bagages. Et pas de coton sous la main. Je ne peux rien faire d'autre que laisser couler mon sang et aller me rincer dans la mer plusieurs fois par jour, suivie par un petit nuage rouge que je dissipe en agitant l'eau avec ma main. J'en pleurerais d'humiliation. Heureusement le flux n'est pas trop abondant et dure seulement trois jours. La fois d'après, j'échange mes sardines contre une serviette hygiénique que je garde pendant le temps de mes règles faute de rechange. C'est pire que tout. Les mois suivants, je me confectionne une sorte de couche en découpant un tee-shirt en bandes. Mais à un moment ou à un autre il me faut bien aller la rincer dans la mer, sous les regards. L'intimité n'existe plus. Et, pudique comme je suis, j'ai beaucoup de mal à le supporter.

La saleté, l'indigence et la promiscuité auxquelles nous sommes tous soumis font disparaître ce qui n'est pas de l'ordre de la nécessité. Je vis dans une laideur permanente qui me fait oublier de regarder la beauté des levers et des couchers de soleil sur la mer. Sans personne pour la partager, je suis de toute façon incapable de l'apprécier. Me baigner au milieu des déjections m'empêche de profiter de la tiédeur de l'eau. Je n'aime que la pluie qui m'apporte un peu d'eau douce, mais les nuages ne s'arrêtent pas tous les jours au-dessus de nos têtes, ils préfèrent aller crever ailleurs. Je les comprends…

CHAPITRE 30

Liste d'attente

Chaque premier lundi du mois vers huit heures du matin, le grésillement des haut-parleurs du HCR fige toute l'île dans un silence religieux. Quelques secondes suffisent pour que tout s'arrête. Chacun tend l'oreille en espérant entendre son nom.

Le premier mois, le mien ne figure pas parmi les appelés. Le deuxième non plus. Il faut que je fasse quelque chose, sinon je vais passer le reste de mes jours dans ce dépotoir.

Le mois suivant, je descends à l'embarcadère guetter l'arrivée des délégués des pays d'immigration, une dizaine pour les USA, quatre pour l'Australie et un pour la France. Je repère le Français du premier coup d'œil. Même en bermuda et en chemise, on ne peut pas se tromper. Il ne se tient pas comme les Américains ni les Australiens, sa démarche est légèrement compassée, ses traits plus fins.

Je me précipite vers lui et l'interpelle en anglais car je ne connais que trois mots de français, « bonjour », « merci » et « parfum ». Ma véhémence et mon émotion l'arrêtent. Il m'écoute. Mon anglais n'est pas excellent mais je parviens à me faire comprendre. Je lui explique que je survis dans des conditions épouvantables et le supplie de m'aider à gagner la France. Puis je l'attrape par la manche, il faut qu'il vienne voir comment je vis, qu'il constate par lui-même que je n'exagère pas. Il me suit. Je lui montre la cahute, les couchettes de bambou, la boîte de conserve qui me sert à faire cuire mon riz. Je lui parle de mon amour pour la France, de mon père qui est en camp, de mon frère mort. Il m'écoute patiemment puis, quand le flot désordonné de mes paroles se calme enfin, m'assure que je serais appelée pour une audition avec lui mais pas aujourd'hui ni probablement le mois suivant. La France n'accepte que soixante candidats par mois, célibataires et possédant des compétences professionnelles. Et il y a beaucoup de demandes à traiter avant la mienne. Je lui répète quatre fois mon nom, je veux être sûre qu'il ne l'oubliera pas. Je grave le sien, Jean Platte, dans ma mémoire. Oui, promis, il va consulter mon dossier mais il doit me quitter car il a beaucoup de travail. Je le remercie, il s'en va vers le bâtiment du HCR. L'expression de bonté que je déchiffre sur son visage avenant m'a un peu rassérénée. Cet homme va m'aider, j'en suis sûre.

Cet espoir me soutient quelques jours, puis le doute revient me miner. Le temps s'étire interminablement, un morne ennui m'assombrit. Mes journées ne sont occupées que par les nécessités les plus basses. Je n'en retire aucune satisfaction, je vis dans la frustration, l'humiliation et l'angoisse. Mais chaque fois que je pense à mon père, j'ai honte de geindre ainsi sur mon sort, mille fois plus enviable que le sien.

Pour secouer cette morosité et échapper à la claustration de la cabane, je décide de tenter de dormir une nuit sur la plage. Comme il est hors de question que je m'y risque seule, je convaincs mes deux colocataires féminines et une autre fille avec laquelle j'ai sympathisé de se joindre à moi. Nos sacs de couchage sous le bras, nous nous dirigeons vers le rivage et dénichons un endroit libre. En vérité nous ne fermons pas l'œil de la nuit mais la passons à parler de nos projets et de la vie que nous mènerons une fois exilées. Enfin, nous fantasmons à voix haute sur un avenir peint en rose vif... Mes camarades s'étonnent de mon choix de la France. À quoi je leur réplique que je compte bien non seulement y rencontrer mon Prince Charmant français mais lui passer la bague au doigt. Mes propos déclenchent une salve d'éclats de rire. Entre deux hoquets, l'une d'elle me rétorque :

— Qu'est-ce que tu crois, qu'un homme de là-bas va préférer ta petite figure jaune à celle d'une belle Française ? Il ne faut pas rêver, tu épouseras un Vietnamien, dans le meilleur des cas !

Je ne me laisse pas démonter :

— Jamais de la vie ! Si c'est pour me marier avec un compatriote, je ne vois pas pourquoi je suis partie. Autant rester là-bas. Crois-le ou non, je m'en fiche, mais j'épouserai un Français.

Quelques semaines plus tard, un événement d'importance remue l'île. Un bateau battant pavillon français vient s'amarrer à l'embarcadère. Tout le monde se précipite pour voir de quoi il retourne, moi la première. Je ne regrette pas mon empressement. De la passerelle descend d'abord un sémillant trentenaire, l'œil bleu azur, la mèche blonde. Magnifique ! Je tombe amoureuse de lui instantanément. Jusqu'à ce que j'aperçoive le jeune homme qui le suit, un brun aux yeux noisette. Non, c'est de lui que je suis éprise. Ah non, il y en a encore un derrière, très séduisant dans un autre genre. Et ainsi de suite, car ils sont trente jeunes et beaux hommes, trente Princes Charmants français. Je tombe donc amoureuse trente fois de suite...

J'apprendrai un peu plus tard dans la journée que le bateau s'appelle *L'Île de lumière* et que ses passagers appartiennent à l'organisation non gouvernementale Médecins du Monde. Celui qui a le premier posé le pied sur Poulo-Bidong se nomme Bernard Kouchner.

Les *French doctors* se mettent immédiatement à l'ouvrage. Ils parcourent toute l'île et s'enquièrent de la santé de chaque réfugié. Les plus mal portants sont admis à bord du bateau-hôpital, les autres soignés sur place avec les médicaments apportés par les médecins. En quelques semaines, ils accomplissent un travail fantastique, enrayant la mortalité galopante qui décime la population. Le HCR se décharge entièrement sur eux du suivi sanitaire du camp.

Au-delà des soins prodigués, leur humanité panse aussi les plaies morales des bien portants. Ils parlent avec nous, jouent avec les enfants, contrairement aux permanents du HCR qui s'aventurent rarement dans le camp. Ces hommes ont abandonné leur vie confortable et traversé les mers pour nous aider. Nous ne sommes plus les laissés-pour-compte de la planète, miséreux accueillis au compte-gouttes et avec des pincettes. Grâce à eux, le troisième mot de la devise française, fraternité, prend tout son sens.

J'avais déjà une très haute idée de la France, mais là elle crève le plafond de mon enthousiasme. Le pays que j'ai choisi n'est pas seulement celui de l'élégance, de la gastronomie et de la culture, c'est aussi et avant tout celui de la générosité.

CHAPITRE 31

The show must go on

Si la présence des *French doctors* résout le problème sanitaire, elle n'a aucun effet sur la pénurie alimentaire et la malnutrition.

Parmi les informations que je glane sur le processus d'immigration, j'apprends qu'une fois sa demande acceptée par un pays, chaque réfugié doit subir des tests médicaux dans un autre centre, situé à Singapour, avant d'être autorisé à franchir les frontières de sa nouvelle patrie.

Autrement dit, mieux vaut être en bonne santé si on veut toucher au but. Même si j'espère que mon séjour à Poulo-Bidong ne va pas s'éterniser, je n'ai aucun élément fiable qui me permette d'en estimer la durée. Au mieux trois mois, au pire je ne sais pas. J'ai beau être jeune et solide, je vis dans un environnement malsain et des conditions pernicieuses au possible, entourée d'immondices, condamnée à la crasse, privée de vitamines et de sels minéraux. Heureusement que j'ai de bonnes dents ! Il faut que je trouve un moyen d'améliorer un peu mon alimentation si je veux tenir le coup.

Parmi les réfugiés arrivés après moi je reconnais une chanteuse autrefois célèbre au Viêtnam. Sa fille, chanteuse elle aussi, l'accompagne. Elles m'apprennent que sur le bateau qui les a amenées à Poulo-Bidong se trouvait également un chanteur, ex-membre d'un trio dont le répertoire était dédié aux chants militaires et à la célébration de l'armée. Il a construit une espèce de chalet, de l'autre côté de l'île, au bord de la mer. Il y sert des bières de contrebande au son des cassettes qu'il a emportées. Les deux femmes y chantent également et il les accompagne à la guitare. C'est bien le seul lieu de divertissement du camp ! Et le seul employeur, car les cachets tournent entre dix et vingt dollars par semaine.

Enfin une chance de gagner quelques sous ! Je me rue à l'endroit indiqué. Le tenancier se montre intéressé par mon expérience au Grand Hôtel Rex et me propose d'auditionner le lendemain. Je passe l'épreuve avec succès, mais il y a déjà les deux chanteuses, plus un autre chanteur, en poste, je ne pourrai donc pousser le refrain que quand ces messieurs-dames daigneront me laisser la scène, si l'on peut nommer ainsi l'espace libre au milieu des tabourets de bambou qui en tient lieu.

— Cinq dollars par semaine, je ne peux pas faire plus.

— D'accord, je serai là ce soir.

J'arrive à placer entre deux et trois chansons presque chaque soir. À défaut, je fais la plonge. Peu m'importe, je gagne mes dollars, c'est le principal.

Je touche ma paie le dimanche, le lundi matin je la dépense au marché noir. Et c'est vite fait car les prix sont exorbitants. Deux petits rougets, trois pommes et mes cinq dollars disparaissent dans d'autres poches. Je dévore les rougets le jour même, sans en laisser ni la tête ni les arêtes. Le reste de la semaine, je vivote sur mes rations et mes trois pommes.

De mon répertoire du Grand Rex, je semble n'avoir conservé intactes dans ma mémoire que les chansons les plus tristes. Je fais pleurer l'assemblée, qui en redemande, et souvent je mêle mes larmes aux siennes. Et pourtant je trouve ces moments délicieux. Je peux exprimer mes émotions et les partager. Je chante la nostalgie du foyer et des jours heureux, je chante la douleur de la séparation, je chante pour ceux qui sont loin et pour ceux qui sont ici, pour ceux qui sont partis et n'arriveront jamais, pour ceux qui restent et pour ceux qui ne reviendront pas. Je chante de toute mon âme et la musique m'emporte auprès des êtres chers. L'espace de quelques minutes, la poigne froide de l'angoisse qui m'étreint depuis mon arrivée au camp se desserre, cédant la place à une déchirante douceur.

Le patron du « cabaret », si on peut nommer ainsi une cabane branlante où s'entassent une vingtaine de pouilleux, est ravi de ma prestation scénique. Il m'offre chaque soir mon breuvage préféré : du café. Je m'en félicite car à un dollar la tasse, je ne risque pas d'en boire souvent... Au bout d'un mois, je parviens à lui extorquer une faramineuse augmentation. Mon cachet passe à sept dollars par semaine !

CHAPITRE 32

Mes affaires avancent

Le reste du temps, je me traîne comme une âme en peine. Qui sait si je ne vais pas devoir rester ici encore un an ou deux ? Voire plus ? Ah non, cette pensée est insupportable !

Une bonne nouvelle vient heureusement dissiper ma tristesse. Le premier lundi du mois suivant, je tends l'oreille et ô miracle, les haut-parleurs du HCR appellent enfin mon nom. Je grimpe la colline en courant pour m'assurer que je ne souffre pas d'hallucination auditive. Mais non, mon nom figure sur la liste affichée à l'extérieur du bâtiment du HCR. Le délégué français me recevra dans deux jours. Ce rendez-vous est crucial, mon avenir va s'y décider. Je n'aurai que quelques minutes pour convaincre mon interlocuteur – pourvu que ce soit toujours Jean Platte ! – d'accepter ma demande d'immigration. Cette entrevue, je la prépare dans ma tête, je la répète et l'imagine une bonne vingtaine de fois pendant les quarante-huit heures qui m'en séparent.

Le mercredi suivant, mon cœur bat la chamade pendant que je me dirige vers le bâtiment du HCR. Comme si j'avais rendez-vous avec le Prince Charmant de mes rêves. C'est bien Jean Platte qui me reçoit. Il m'interroge sur les raisons de mon choix. Je me lance alors dans un interminable panégyrique, dépeignant la France comme l'annexe du paradis sur la terre. Jean Platte, à la fois abasourdi par ma logorrhée et touché par mon enthousiasme, profite de ce que je reprends mon souffle entre deux phrases pour tenter de les endiguer :

— Mais la France n'est pas du tout telle que vous la décrivez, mon petit. Vous vous faites des illusions !

— Si, si, je vous assure, moi c'est comme ça que je la vois.

Il a un petit haussement d'épaules, suivi d'une moue dubitative :

— Enfin, vous vous rendrez compte par vous-même.

Il me faut quelques secondes pour intégrer la signification de sa dernière phrase. Me rendre compte par moi-même ? Cela veut-il dire que... que je vais y aller ? Cette pensée explose sous mon crâne comme un feu d'artifice du 14-Juillet, des étoiles bleues, blanches et rouges dansent devant mes yeux, un sourire extatique s'épanouit sur mon visage. La transformation n'échappe pas à mon interlocuteur. Il lève légèrement ses deux mains écartées devant lui, dans un geste d'apaisement :

— Ne vous attendez pas à être convoquée dès le mois prochain pour que je vous dise que votre dossier est accepté. Ça va prendre beaucoup plus longtemps, il va vous falloir être patiente.

— Je vous le promets, monsieur. En attendant, pourrais-je vous servir à table chaque fois que vous venez à Poulo-Bidong ?

— Pourquoi donc voulez-vous faire ça ?

— Parce qu'ainsi je pourrais manger les restes de vos repas et j'en serais très heureuse. Comme vous savez, je n'ai pas d'argent pour me nourrir ici.

— Bien sûr, je comprends, je vais arranger ça pour ma prochaine visite.

— Merci pour votre bonté, monsieur.

Ses manières à table m'émerveillent. Quelle distinction ! Pour moi qui ne connais que le maniement des baguettes, le voir éplucher une pomme avec un couteau et une fourchette constitue un spectacle aussi fascinant – et instructif – que celui d'un jongleur habile. Il mange peu et me laisse amplement de quoi me sustenter, y compris des fruits alors qu'il semble les apprécier tout particulièrement. Je découvre les raisins, inconnus sur les marchés vietnamiens, la sensation de la peau qui craque sous la dent et libère une pulpe juteuse et sucrée. J'adore !

Le mois suivant, je guette l'arrivée du bateau qui l'amène et je l'aborde à peine a-t-il posé un pied sur le ponton :

— Bonjour, monsieur Platte. Vous avez des nouvelles pour moi ?

— Bonjour, mon petit. Je vous avais dit : pas tout de suite. Ce ne sera pas encore pour le mois prochain, mais probablement pour celui d'après.

— Désolée, je ne vous ennuierai plus.

— Ce n'est pas grave. À tout à l'heure !

L'espoir de bientôt toucher au but monte encore un peu plus en moi. Et l'impatience avec lui. Je trépigne intérieurement. Il faut que je me calme, il faut que je me calme !

CHAPITRE 33

Les deux orphelins

Les réfugiés continuent de déferler sur l'île, au rythme d'un ou deux arrivages hebdomadaires. Plus j'entends les récits de leurs traversées, plus je réalise que j'ai eu beaucoup de chance de m'en tirer indemne.

Une jeune fille est transportée, à moitié mourante à force d'avoir été violée par les pirates qui ont abordé le bateau sur lequel elle voyageait. Elle trépasse deux jours après son débarquement. Pourquoi ne l'a-t-on pas hospitalisée en Malaisie et tenté de la sauver, au lieu de la jeter sur cette île qui devient son cimetière ? Je me le demande encore aujourd'hui, trente ans après.

Il arrive parfois que des bateaux de réfugiés abordent directement à Poulo-Bidong. Le jour, il se trouve toujours quelqu'un pour alerter le personnel du HCR qui autorise les boat people à débarquer. Mais la nuit la police malaise peut en toute impunité les rejeter à la mer et ne s'en prive pas.

Un bon mois après l'arrivée de *L'Île de Lumière*, en avril 1979, l'une de ces embarcations vient s'échouer sur la plage où je fais mes ablutions matinales. Pendant que la soixantaine de passagers descend du petit cabin-cruiser, les curieux affluent. Parmi eux, le capitaine du bateau-hôpital, un grand barbu au visage ouvert.

Il ne reste bientôt plus sur le pont déserté qu'un homme étendu, auquel s'agrippe une fillette. À côté, un tout petit garçon, presque un bébé, pleure. Des conversations s'engagent entre les nouveaux arrivants qui demandent où ils sont et les spectateurs qui les interrogent sur leur provenance et le déroulement de leur voyage. Je me suis approchée et c'est ainsi que j'apprends la triste histoire des deux enfants. L'homme qui gît sur le pont est leur père, mort pendant la traversée, probablement d'une crise cardiaque à quarante-cinq ans à peine. La mère ? Morte elle aussi, au Viêtnam avant le départ. Les deux petits, huit ans et dix-huit mois, se retrouvent sans famille, sans patrie, sans personne pour veiller sur eux. J'en ai les larmes aux yeux. Comme je voudrais pouvoir les aider !

Un délégué du HCR se rend sur la plage pour accueillir la nouvelle fournée. Le capitaine de *L'Île de Lumière* lui propose immédiatement d'adopter les orphelins et de les ramener avec lui en France. Il a déjà quatre enfants et la détresse des petits bouleverse son cœur de père. Le délégué donne son accord de principe, sous réserve qu'il n'existe pas de parents susceptibles de les recueillir. D'ici là, le capitaine installera les enfants sur le bateau et les prendra en charge.

Leur dialogue a lieu en anglais et je n'en perds pas une miette. À peine se termine-t-il que j'interpelle le capitaine :

— Si vous voulez, je peux vous aider. J'ai l'habitude des enfants et j'aimerais beaucoup pouvoir m'occuper de ces deux malheureux.

— Vous vous en sentez capable ?

— Sans problème ! J'ai deux petits frères, je sais comment m'y prendre.

— Alors je veux bien parce que mon travail ne me permettra pas d'être avec eux toute la journée et à cet âge-là on ne peut pas les laisser seuls longtemps. Venez avec moi, on va les emmener à bord.

La fillette ne veut pas lâcher son père, il faut littéralement l'arracher au cadavre. Elle hurle mais il n'y a pas moyen de faire autrement. Je prends le petit garçon, toujours en larmes, dans mes bras, il se blottit immédiatement contre moi. Je lui caresse la tête et l'embrasse :

— Je vais m'occuper de toi, ne t'en fais pas, ça va aller.

Je continue à lui parler jusqu'à ce qu'il se calme et s'endorme.

Emportée par mon émotion, je n'ai pas eu le temps de réaliser les implications de mon nouveau job de nounou. Je vais loger sur le bateau avec les enfants. Le capitaine m'attribue une cabine pour moi toute seule et me montre la salle de douche que je pourrai utiliser. C'est génial ! Je suis folle de joie. Une vraie couchette, de l'eau douce, du savon et de l'intimité. Et ces deux enfants que j'aime déjà de tout mon cœur. Enfin je vais être utile à quelque chose !

Le capitaine me laisse avec les petits. Je les installe dans leur cabine, contiguë à la mienne, et leur demande de patienter trente secondes. Je retourne dans ma cabine et m'allonge de tout mon long sur ma couchette. Quel délice ! Je me relève aussitôt et retourne auprès de mes bambins. À la douche !

Comment vais-je faire ? La petite est capable de se savonner seule, mais pas le garçon. Il faut donc que j'aille sous la douche avec lui. Mais dans l'état de crasse où je me trouve, je ne vois pas comment je peux prétendre nettoyer qui que ce soit. Je commence donc par me doucher avant de procéder au lavage des enfants. Le capitaine m'a donné une savonnette et un flacon de shampooing rien que pour moi, ainsi que du dentifrice et une brosse à dents. J'ouvre l'étui du savon comme s'il s'agissait d'un écrin de joaillier. Il s'en échappe un parfum de propre que je hume avec délectation. Je n'ai jamais rien senti d'aussi bon. Je tourne les robinets et je lève mon visage vers le pommeau. Sous la pluie tiède et douce, je frissonne de plaisir puis je fais mousser le savon et me frictionne avec vigueur. Une eau noire coule entre mes pieds, il me faut bien trois savonnages avant de commencer à me sentir débarrassée de la saleté incrustée dans mon épiderme. Autre merveille, le shampooing. Je n'ose pas en utiliser beaucoup tant le liquide mordoré me paraît précieux.

Je suis une autre femme quand je sors de la douche. Ou plutôt je suis redevenue une femme. Je n'empeste plus, ma peau a retrouvé sa douceur et mes cheveux leur brillant. Je me souris dans le miroir embué. Ah non, il y a encore quelque chose qui cloche. Je sourirai après m'être brossé les dents. Le dentifrice a un goût de bonbon, j'en mangerai ! Enfin me voici récurée de la tête aux pieds. Cela fait des mois que je ne me suis pas sentie aussi bien dans ma peau. Des années même.

Je retourne au camp prendre mes affaires et prévenir mes camarades de chambrée que je déménage, au moins momentanément. Ils se réjouissent de ma bonne fortune. Je les quitte en promettant de revenir les voir de temps à autre.

Le capitaine m'a proposé que les enfants et moi prenions nos repas avec lui. Mais, en dépit de la sympathie que j'ai immédiatement éprouvée pour lui, je m'en abstiens. Il m'intimide un peu et je crains de l'importuner. Je préfère porter un plateau dans ma cabine et y manger avec les enfants. De temps en temps nous déjeunons au mess, avant ou après les médecins et l'équipage. Je trouve tout délicieux ! Et tellement copieux que je ne finis pas toujours mon assiette. De temps en temps, le cuisinier me donne des restes que je m'empresse d'apporter à mes anciens colocataires. Je suis alors accueillie comme le Messie en personne !

Ce que je n'avais jamais osé imaginer même dans mes rêves les plus fous se produit. Je vis avec trente Princes Charmants français ! Bon, j'exagère un peu. Je loge au même endroit et j'en croise quelques-uns au hasard des coursives. Ils me saluent aimablement et me demandent si tout va bien. Je parle avec deux ou trois d'entre eux plus longuement quand j'amène les enfants à la consultation. Le plus beau, un blond aux yeux bleus, est médecin à Lyon. Le plus âgé, professeur et quarante ans à tout casser, me donne sa carte de visite. Il exerce boulevard Raspail à Paris, c'est visiblement un grand monsieur, très courtois.

Au fil des jours, le mutisme dans lequel la fillette s'est murée depuis qu'on l'a arrachée au corps de son père s'effrite un peu. Elle s'appelle Kim et son petit frère Tyen. J'essaie de jouer avec elle et de l'égayer par mes pitreries mais aucune lueur de joie ne filtre jamais dans son regard mélancolique. Parfois sa tristesse me perce tant le cœur que je la serre contre moi et que je sanglote avec elle. Le petit Tyen ne me quitte pas d'un pouce. S'il n'est pas dans mes bras, je dois rester dans son champ de vision ou bien il se met à pleurer. Quand nous allons nous promener dans l'île avec le capitaine, il lui donne la main mais se retourne fréquemment pour vérifier que je suis toujours là. Je marche derrière avec sa sœur, on dirait une petite famille en balade. Et il est vrai que j'aime ces enfants comme s'ils étaient les miens.

Cette vie dure pratiquement deux mois. Les délégués du HCR ont trouvé dans les affaires du père de Kim et Tyen l'adresse d'une grand-mère installée aux USA. C'est donc elle qui les recueillera et non le capitaine, je l'ai appris deux semaines après leur arrivée. Le jour de la séparation approche, je vais perdre mes chéris et devoir retourner dans le camp. Deux malheurs d'un seul coup. J'ai beau comprendre que les petits seront plus heureux ainsi, je ne peux m'empêcher d'éprouver un profond chagrin à l'idée de les quitter. Tyen se cramponne à moi, la personne qui l'emmène est obligée de lui ouvrir les mains pour lui faire lâcher prise. Il se met à hurler, j'éclate en sanglots incoercibles. Kim pleure aussi, un dernier baiser, elle monte dans le canot. Voilà, ils sont partis, je suis à nouveau seule.

Retour à la case départ, c'est le cas de le dire. Je ramasse mes affaires sur le bateau et je prends le chemin de ma cahute.

CHAPITRE 34

Sous les ordres

Je rentre en traînant les pieds. Adieu couchette, douche et bons repas ! J'ai l'impression de retomber plus bas que terre. Mes colocataires me voient revenir avec une joie mitigée : fini les restes de nourriture du bateau.

Encore deux semaines à patienter avant la prochaine visite de Jean Platte. Je n'ai jamais autant langui après un homme !

Je m'interdis d'aller sur le ponton guetter son arrivée. Mais je commence à grimper la colline une bonne heure avant sa pause déjeuner. C'est dire si je suis fin prête quand le délégué français fait son entrée dans le réfectoire du HCR. Il m'adresse un large sourire :

— Bonjour, mon petit. J'ai une bonne nouvelle pour vous : ça y est, vous êtes sur la liste d'attente pour partir en France.

Sa dernière phrase m'électrise :

— Donnez-moi cinq minutes avant de vous servir, il faut que j'aille crier ma joie dehors !

Je sors du bâtiment comme une fusée et je me mets à sauter en l'air en hurlant à pleins poumons :

— Ça y est, je vais aller en France, je vais aller en France !

Les réfugiés qui croisent dans les parages me regardent avec des mines ébahies, certains esquissent même une moue de désapprobation devant cette manifestation pour le moins débridée de liesse. Je n'en ai cure :

— Allez-y, regardez-moi comme une folle, vous avez raison, je suis folle de joie ! Moi je vais aller en France et c'est le paradis sur terre, tout le monde ne peut pas y aller mais moi si, moi je vais y aller !

Quelques minutes de pantomime endiablée finissent par me calmer un peu et je retourne auprès de Jean Platte. Il tient à m'avertir :

— Vous êtes sur la liste d'attente, soit, mais cela peut signifier encore un ou deux mois avant de partir.

Je lui réplique gaiement :

— Ce n'est pas grave, je peux patienter maintenant que je suis sûre de quitter cet endroit et d'aller en France.

La réponse que je viens de servir au Français n'est pas dictée par le souci de la convenance, c'est l'expression exacte de ce que je ressens. Depuis que j'ai quitté le Viêtnam, si ce n'est depuis le jour de la chute de Saigon, l'acceptation de ma demande d'immigration par la France constitue la première bonne nouvelle. Et aussi la première promesse de concrétisation de mes rêves d'enfant. Alors je veux bien patienter, le jeu en vaut la chandelle. Car je sais que je suis près de toucher au but.

Avant de poursuivre sa tournée des autres camps de réfugiés, en Malaisie et à Singapour, Jean Platte me remet un cadeau somptueux. Un pot de Nutella, qui porte la mention *Made in France*. Il m'explique qu'en France on en mange au petit déjeuner. Je ne sais pas ce que c'est mais ce ne peut être que délicieux. Décidément, cet homme est un véritable amour. Quel dommage qu'il porte une alliance, je l'aurais trouvé parfait dans le rôle de mon Prince Charmant. Il faudra que j'en trouve un autre...

Je rentre à la cabane avec mon trésor dissimulé dans une poche et je le cache ensuite dans mon sac de voyage. Pas question que je le partage ! C'est un cadeau personnel de Monsieur le Délégué de France à sa petite protégée, rien que pour elle. Je me réveille au milieu de la nuit, quand les respirations régulières de mes colocataires attestent de leur endormissement, et j'en profite pour ouvrir le pot de Nutella.

D'abord je hume la pâte brune et luisante. Quel parfum divin ! Je n'ai jamais rien senti d'aussi suave et enivrant, l'odeur du chocolat, puissante et profonde, celle du sucre toute douce et lisse, et puis d'autres que je ne peux identifier à coup sûr. On dirait qu'il y a un peu de vanille, et quoi ? Ah oui, du lait et des noisettes. Je renifle, les narines dilatées par la force de l'aspiration, j'inhale, je sens la fragrance s'écraser contre mon palais. Un flot de salive envahit ma bouche. Je n'y tiens plus, je plonge la phalangette de mon index droit recourbé en crochet dans le pot. La pâte, épaisse et souple, l'enrobe, je gobe et je suçote mon doigt. Est-il possible d'éprouver un orgasme uniquement par la stimulation des papilles gustatives ? Je crois bien que oui et que c'est ce qui m'arrive à cet instant. En tout cas, un plaisir indicible, extatique, m'envahit. Sublime ambroisie ! Voilà la saveur de la France, prometteuse d'infinis délices.

Je pourrais manger du Nutella jusqu'au bout de la nuit, mais je ne veux pas liquider tout le pot. Trop précieux pour être dilapidé ainsi. J'arrive à m'arrêter au quart, non sans un colossal effort de volonté. Je respire le parfum de mon régal une dernière fois avant de refermer le couvercle. Comme je voudrais en garder mes narines imprégnées et ainsi ne plus jamais sentir la puanteur de Poulo-Bidong…

CHAPITRE 35

Partir et surtout ne jamais revenir

Grâce à l'intercession de Jean Platte, je sers également les délégués américains lors de leurs visites au camp. Ils sont nombreux, une dizaine, et viennent deux fois par mois. Je ramasse leurs restes, copieux, et m'en sustente avec appétit. À ceux qui me regardent faire avec un étonnement mêlé de dégoût, je déclare sans gêne aucune que les Américains ne sont pas malades et que leur nourriture est très bonne, bien meilleure pour la santé que ce dont nous devons nous contenter d'ordinaire. Et il est vrai qu'ensuite je me sens requinquée et que je retrouve mes forces. Ce n'est pas le lieu pour jouer les chochottes, je me fiche bien de passer pour une sauvage. Moi, je suis du bois dont on fait les survivants.

L'afflux ininterrompu de réfugiés n'étant pas compensé par le faible nombre de départs, l'atmosphère du camp s'en ressent notablement. La promiscuité des cahutes de plus en plus serrées, le bruit et la saleté qui règnent dans ce pandémonium surpeuplé, la difficulté grandissante à trouver du bois de chauffage, l'exaspération du désespoir de ceux dont aucun pays ne veut, tout concourt à rendre la vie ici encore plus insupportable. Les bagarres se multiplient, les vols redoublent. Pour un oui ou pour un non, on brandit des machettes, on dégaine des couteaux, on assène des gourdins. S'il n'y a pas de morts, c'est uniquement en raison de la crainte qu'inspire la police malaise.

Des naissances en revanche il y en a quelques-unes, quand les mères ne font pas de fausses couches, particulièrement fréquentes sur l'île. Mais je ne vois pourtant jamais de bébés nouveau-nés. Trop fragiles sans doute pour résister aux conditions de vie. Malgré les efforts de Bernard Kouchner et de ses compagnons, c'est un bouillon de culture où seuls les germes prolifèrent...

Depuis que Jean Platte m'a annoncé que mon nom figure sur la liste d'attente pour un prochain départ en France, mon moral est bien meilleur et je supporte avec d'autant plus d'équanimité mon séjour à Poulo-Bidong que je sais qu'il touche à sa fin.

Je passe mes dernières semaines sur l'île le cœur plus léger, tout en restant extrêmement prudente. Ce serait trop bête de tomber malade ou d'attraper un mauvais coup maintenant.

J'échappe même aux poux, qui grouillent sur de nombreuses têtes.

Deux mois ou presque s'écoulent ainsi, puis mon sauveur revient. Je ne l'ai pas vu débarquer, mais un matin, alors que je suis allongée sur ma couchette de bambou, je reconnais sa voix diffusée par les haut-parleurs. Il égrène une liste de noms par ordre alphabétique. Mon cœur commence à sauter dans ma poitrine, une chaleur soudaine me monte aux joues. A, B, C, D... Oui ! ! ! Duong Anh Dao, c'est moi ! Autour de moi, mes camarades s'exclament :

— C'est ton nom !

— Oh mon Dieu, c'est formidable !

Je bondis à bas de ma couchette sans prendre le temps de descendre par l'échelle et je pique le sprint de ma vie jusqu'au bâtiment du HCR. Je veux voir mon nom inscrit sur une liste, je veux être sûre. Je traverse le camp comme une flèche en criant à ceux qui sont en travers de mon chemin de se pousser. C'est à peine si je suis essoufflée quand je pile devant le panneau d'affichage. Je joue des coudes sans ménagement pour écarter les réfugiés en train de le consulter. Plus aucun doute, mes oreilles ne m'ont pas joué de tour, mon nom figure bien sur le document. Et un aller pour le paradis, un !

Je fais des bonds, je crie, je gesticule, une vraie tribu de Sioux célébrant son départ sur le sentier de la guerre à moi toute seule. Puis je me rue à l'intérieur du bâtiment. Voilà l'homme que je cherche ! Je saute au cou de Jean Platte en lui hurlant mes remerciements aux oreilles. Il me demande de bien vouloir me calmer, et je prends soudainement conscience de l'inconvenance de ma conduite. Tout le monde nous regarde, c'est très gênant pour mon bienfaiteur. Le rouge de la honte me monte jusqu'à la racine des cheveux. Je recule de trois pas et lui présente mes excuses. Il a beau me dire que c'est le processus normal et qu'il n'a rien fait de spécial, je demeure persuadée qu'il a accéléré l'acceptation de ma demande…

Puis je retourne à la cahute confirmer l'heureuse nouvelle à mes camarades. Lesquels ne sont pas jaloux de ma bonne fortune car eux ont choisi les USA. Il faut fêter ça ! Nous nous cotisons tous et nous partons au marché noir acheter du poulet, du curry et deux canettes de Coca-Cola. Ce soir, menu de gala.

Je compte les jours jusqu'à mon départ. Plus que six, plus que cinq… Ayant depuis longtemps été délestée de ma montre par le comité d'accueil de la police malaise, je ne peux en revanche pas compter les heures. Ah non, c'est insupportable. Un Chinois possède encore la sienne – comment a-t-il fait ? –, je lui demande l'heure dix fois par jour. Je suis survoltée, dopée par la joie. La veille du grand jour, je demande à Hang, la chanteuse vietnamienne qui m'avait parlé du cabaret, de me donner de l'eau de son puits afin que je puisse me doucher et partir propre. Elle consent à me céder deux jerrycans du précieux liquide, que les garçons m'aident à porter jusqu'à notre cahute. Un ersatz de cabinet de toilette y a été aménagé à l'aide de sacs de riz qui délimitent une petite cabine à l'extérieur, appuyée sur un mur. Pas idéal pour s'y dénuder. Je préviens l'entourage :

— Que personne n'écarte le rideau ou je hurle !

Les garçons me rassurent :

— Ne t'en fais pas, princesse, on te laisse te faire belle pour demain.

De mon séjour sur *L'Île de Lumière* j'ai conservé un peu de shampooing et un bout de savon de Marseille. Tout y passe, plus besoin d'économiser. La toilette dans ce petit espace exposé à tous vents relève de l'exercice acrobatique. Je n'ose pas me déshabiller entièrement et c'est donc au prix de moult contorsions que je parviens à me savonner entièrement. Je m'essuie avec des vêtements secs car je n'ai toujours pas de serviette de toilette. Il ne me reste qu'un pyjama propre, préservé en prévision du grand jour. Le gros hic : je n'ai plus de soutien-gorge. J'en suis malade de honte à l'avance, on va voir ma poitrine libre sous le tissu léger. Tant pis, il faudra faire sans…

Après la douche, je me sens transfigurée. J'ai ramassé un morceau de miroir brisé dans lequel je scrute mon visage sous tous les angles. Bon, ça va, je ne suis pas trop défaite.

Je fais mes adieux à mes compagnons. Il y a peu de chances que nous nous revoyions jamais, nous le savons. Cependant nous n'éprouvons pas de tristesse, juste un peu d'attendrissement quand je claque des bises sur leurs joues. Pendant quelques secondes ils m'étreignent fort. Nous nous sommes entraidés, pas aimés, un point c'est tout. Ce que nous avons vécu ici, nous allons tâcher de le laisser derrière nous, à défaut de pouvoir l'effacer complètement de nos mémoires.

Cette dernière nuit, je la passe éveillée, trop excitée pour pouvoir trouver le sommeil, possédée par le bonheur de quitter Poulo-Bidong et de bientôt découvrir ma nouvelle patrie. Je guette la première lueur annonciatrice de l'aube à l'horizon, rien ne vient. J'ai l'impression que le temps s'est arrêté et que les minutes engluées dans un sablier rempli de colle extra-forte ne s'écoulent plus. Cette nuit n'en finira-t-elle donc jamais ?

Bien avant le premier rayon de soleil et l'heure fixée pour notre départ, je n'y tiens plus. Je ramasse mon sac et prends la direction du bâtiment du HCR. J'arrive bonne première et il s'écoule une demi-heure avant que les autres partants ne commencent à me rejoindre. Vers cinq heures trente, les haut-parleurs appellent nos noms. Et il est au moins six heures quand notre petite troupe, cornaquée par un délégué du HCR et un délégué français que je ne connais pas, s'ébranle en direction de l'embarcadère. Je prends la tête du convoi, et pendant tout le temps du transfert jusqu'au centre médical de Singapour je bousculerai les autres, même les enfants et les vieillards, pour être la première partout. Nous sommes surexcités, tout le monde jacasse, une volière en folie !

Nous embarquons sur deux bateaux, identiques à ceux qui nous ont amenés et moins chargés aujourd'hui. Il fait un temps magnifique, la mer est calme. Je laisse traîner ma main dans l'eau tiède, sans me retourner une seule fois sur l'île derrière moi.

Thanh et Thi Lai, mes parents,
beaux comme des jeunes premiers.

Ce bébé potelé, c'est moi à l'âge de six mois.

Pas encore deux ans mais déjà très concentrée.

À l'école primaire, mes vêtements et ma coupe de cheveux à l'européenne me valent d'être assise au premier rang.

Émilie, ma sœur, et moi, les inséparables.

Regard rêveur au camp de réfugiés de Poulo-Bidong :
je pense à mon futur Prince Charmant français.

Automne 1979 dans l'appartement privé de l'Hôtel de Ville.

Entourée par mes bienfaiteurs.

Nous fêtons le quatrième anniversaire de mon fils Bernard, en famille, avec Madame Chirac et mes beaux-parents.

Ma fille Laurence dans les bras de Papy au nouvel an 1989.

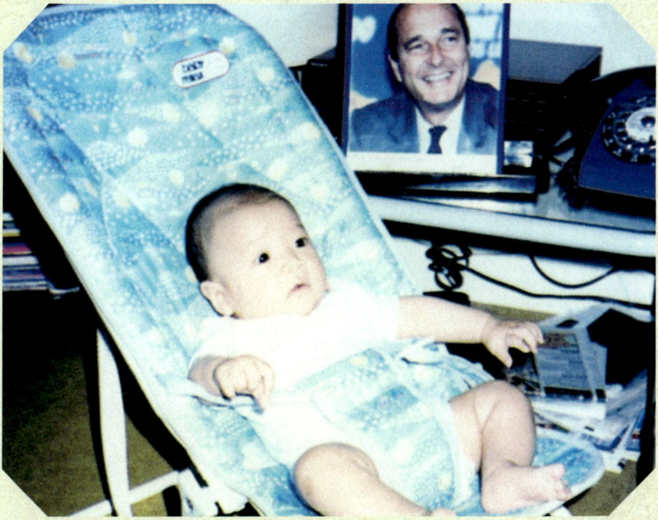

Le petit Jacquot, un mois, et le grand Jacques.

Noël 1994 à l'Hôtel de Ville : mes trois enfants,
Mamy, la fille d'une collègue et moi.

Cassandre, la fille d'Emmanuel, ma fille de cœur à moi.

Septembre 2004 : mon rêve de jeune fille se réalise,
j'épouse mon Prince Charmant français, Emmanuel.

CHAPITRE 36

À table !

Quand nous débarquons, un autocar nous attend déjà. Il roule pendant deux bonnes heures au cours desquelles nous traversons Singapour. Huit mois que je n'ai pas vu un pareil spectacle ! C'est beau une ville le jour. Je trouve celle-ci superbe, avec ses trottoirs impeccables, ses immeubles aux vitres étincelantes sous le soleil, ses passants bien habillés à la mine prospère, ses vitrines garnies d'objets du désir. Rien ne réconcilie mieux avec la civilisation qu'un séjour dans un camp de réfugiés... Les passagers du car, frappés de la même admiration que moi, poussent des exclamations enthousiastes.

Nous arrivons enfin au centre médical, juché sur une colline isolée de la lointaine banlieue singapourienne. On dirait vraiment un hôpital, de construction visiblement récente et à la modernité évidente. Nous y pénétrons en rang par deux, comme des écoliers disciplinés. Après l'appel, on nous affecte nos chambres situées à l'étage, en nous recommandant de nous y reposer jusqu'à la cloche du déjeuner. Je partage la mienne avec Lan, une jeune femme plus âgée que moi, environ trente ans. Ce qui ne m'empêche pas de prendre le commandement d'office. Je m'installe sur le lit du bas et lui désigne celui du haut :

— Tu dors là.

Elle obtempère sans discuter. Il faut dire que mon ton comminatoire n'y invite guère.

La chambre est aussi exiguë que spartiate mais après ma cabane à Poulo-Bidong tout me paraît luxueux. Il y a même une grande bouteille d'eau minérale de marque française posée sur la table de nuit. Le cabinet de toilette attenant comporte un lavabo et un W.-C. – avec du papier toilette ! – il nous faudra juste descendre au rez-de-chaussée pour prendre notre douche. Moi, du moment que je peux me laver, je suis contente. On nous a distribué des serviettes de toilette, du savon et du shampooing. Et une sorte de petit sac en éponge appelé gant de toilette. Je n'en ai jamais vu, aucune idée de la façon de m'en servir.

Sans même prendre la peine de déballer mes affaires, je m'étends tout habillée sur mon lit et je sombre instantanément dans un sommeil de plomb, après avoir demandé à ma compagne de me réveiller pour le déjeuner. Pas question que je manque mon premier repas français !

Cela fait des mois que je ne dors que d'un œil par peur d'être agressée, et mes dernières nuits dans le camp furent blanches à cause de l'énervement du départ proche. Ici je me sens en sécurité, un sentiment dont j'avais oublié la douceur cotonneuse et dans lequel je m'enfouis avec délectation.

Le signal du repas me tire des limbes. J'ai une faim de loup ! Je descends au réfectoire et je prends place à l'une des tables pour dix. Les serveuses posent les plats au centre, et chacun se sert. Les choses se compliquent quand il s'agit d'utiliser les couverts. Ces trucs-là ne marchent pas du tout comme les baguettes, c'est déroutant. Et salissant. Nombreux sont ceux qui étoilent leurs vêtements de taches diverses à cause de leur maladresse. Transporter du riz de l'assiette jusqu'à la bouche avec une fourchette, quelle galère ! On en perd la moitié en route. Je résous vite le problème à ma façon, en m'emparant d'une cuillère de service.

Ai-je jamais autant mangé de ma vie que ce jour-là ? Assurément non, et c'est tant mieux pour ma ligne. Je dévaste les plats, je me sers des assiettées himalayennes et j'engloutis tout, sauf la moutarde que je ne connais pas et à laquelle je n'ose pas toucher et le camembert, trop fort à mon goût. Le steak dont mon voisin ne veut pas en prime du mien et que je tartine de beurre, la moitié du plat de haricots verts, une platée de riz, de la salade, deux œufs durs, deux yaourts, trois petits pots de confiture, deux portions de fromage fondu et une tonne de pain.

J'avais déjà goûté à la baguette au Viêtnam, mais je m'aperçois qu'il s'agissait d'une pâle copie comparée à celle que je découvre. J'y vois l'illustration du génie français qui parvient, à partir d'ingrédients basiques que l'on trouve pratiquement sur toute la planète, à produire ce savoureux petit miracle à la croûte craquante et dorée. Ma boulimie galopante en épargne néanmoins quelques morceaux, ainsi qu'une pomme et deux ou trois autres petits pots de confiture. Je les rafle et les emporte dans ma chambre, au cas où une fringale nocturne viendrait perturber mon sommeil. La peur de manquer m'obsède.

Après ces abondantes agapes, je sors de table avec un abdomen gonflé comme celui d'une femme enceinte de six mois. Je ne peux plus rien avaler, même pas le café dont pourtant je raffole.

Nous allons faire un tour dans le jardin qui entoure le centre médical pour une petite promenade digestive. Dieu sait que ce n'est pas superflu en ce qui me concerne, je me sens si lourde que j'ai du mal à marcher ! C'est un endroit très agréable, ombragé de grands arbres, pourvu d'une fontaine et de bancs. On pourrait se croire dans le parc d'un hôtel, hormis la grille gardée par des soldats. Mais aucun d'entre nous n'éprouve le sentiment d'être prisonnier. Nous sommes au contraire reconnaissants d'être aussi bien traités.

Je m'endors sur un banc, jusqu'à l'heure du goûter. À côté de la baguette, de la brioche, du beurre et des confitures, que vois-je ? Un pot de Nutella grand modèle. J'en ai la larme à l'œil. Mais je n'y touche pas car je veux garder intacte dans ma mémoire la saveur extraordinaire de celui donné par Jean Platte. Je me venge sur la brioche, une autre grande découverte. Dire que si j'étais restée au Viêtnam, je n'aurais jamais goûté à toutes ces bonnes choses. Rien que la brioche, ça valait le voyage.

Et ce n'est pas fini, ensuite il y a le dîner. Quatre repas par jour ! Je n'en sauterai aucun pendant toute la durée de mon séjour. Je ne suis plus qu'un ventre, puisque à peine sortie de table, je commence à penser au repas suivant. Après les mois d'angoisse et de privations que j'ai endurés, la nourriture constitue un extraordinaire médicament. Le sucre surtout, dont j'ai tant manqué, efface le souvenir des douleurs passées. La volupté de pouvoir me remplir à satiété et même au-delà calme un peu mes nerfs surmenés. J'en ai bien besoin car je suis d'une agressivité à la limite de la pathologie avec mes compagnons qui m'en font la remarque. Je me dresse instantanément sur mes ergots :

— Comment ça, je suis agressive ? Je ne vous ai pas frappés. Vous voulez que je vous frappe ? Hein, c'est ce que vous voulez ?

La sauvageonne de Poulo-Bidong me colle à la peau, il va falloir que je songe à m'en débarrasser.

Je passe ensuite un bon quart d'heure sous la douche que je peux enfin savourer nue dans une cabine munie d'un verrou.

J'ai emprunté un magazine féminin à la bibliothèque, je ne comprends pas ce qui est écrit mais les images me parlent. De mode, de beauté, de cuisine, bref de féminité à la française, un sujet du plus haut intérêt vu mes ambitions sentimentales. Je contemple les photos des mannequins, que je prends pour des Françaises moyennes, en me disant que je serai bientôt vêtue de la même façon.

Le soir à partir de vingt heures nous sommes cantonnés dans nos chambres. Je feuillette mon nouveau livre de chevet et m'endors la tête remplie de pots de crème, de rouge à lèvres et de robes de cocktail.

Le chant des oiseaux me réveille. Je ne sais pas quelle heure il est, toujours pas de montre. Vivement le petit déjeuner. Comment puis-je déjà avoir faim après ce que j'ai engouffré hier ? Je ne sais pas mais le fait est. L'appétit est une bonne maladie, me disait-on quand j'étais enfant. Ce doit être vrai car je me sens en pleine forme. Mon appétit de vivre est lui aussi intact, l'interminable séjour à Poulo-Bidong ne l'a pas le moins du monde écorné, au contraire.

Ah, ce premier petit déjeuner français, quel régal… Les viennoiseries sont à tomber. Croissant, pain au chocolat, pain aux raisins, c'est un vrai festival de saveurs et de textures inédites pour mon palais, que j'arrose de café et de jus d'orange. Comme j'ai bien fait de choisir la France !

CHAPITRE 37

Examens de passage

Nous sommes convoqués à la réception pour remplir des dossiers avec l'aide d'interprètes, puis nous subissons une prise de sang. Le lendemain matin à jeun nous devrons encore remplir un flacon d'urine, avant de passer une radio des poumons. La visite médicale proprement dite n'aura lieu qu'une fois le résultat de ces examens connu. C'est la dernière épreuve à franchir pour obtenir le droit de s'envoler pour la France.

Je suis très confiante car je me sens en pleine forme.

Une grosse semaine s'écoule avant que je sois convoquée pour la visite, je la passe à manger, à me promener dans le parc et à entourer d'un trait de stylo, dans le magazine pris à la bibliothèque, les articles qui suscitent ma convoitise.

Enfin mon tour arrive. Une infirmière vietnamienne me fait rentrer dans une cabine et me dit de me déshabiller complètement. Après je devrai sortir par l'autre porte qui donne accès au cabinet. Je m'exécute mais quand je pousse le battant, ô horreur, je découvre un médecin français à côté de l'infirmière. Épouvantée, je rentre dans la cabine et referme le verrou. L'infirmière vient m'en extraire. Je suis écarlate de honte, c'est la première fois que je suis nue en pleine lumière devant un homme, qui plus est un blanc. Le docteur s'adresse à moi avec un sourire un peu las, l'infirmière traduit ses paroles :

— Vous savez, je suis médecin, je vois des gens nus toute la sainte journée.

Il prend ma tension, m'ausculte puis commence à palper ma poitrine. Ma panique redouble, je m'accroche de toutes mes forces à la main de l'infirmière en répétant bêtement :

— Il touche mes seins, il touche mes seins !

Je n'ai jamais consulté de gynécologue et donc jamais subi ce genre d'examen. Heureusement, le médecin stoppe là ses investigations. L'infirmière dégage sa main rougie par la vigueur de mon étreinte et me dit :

— Vous pouvez disposer.

Ouf, c'est fini ! Je me précipite dans la cabine, soulagée de pouvoir me rhabiller. J'attends quelques minutes d'être rappelée. Le médecin délivre son verdict : « Apte » Ma gêne s'envole, laissant place à la joie. Je me tourne vers l'infirmière :

— Madame, madame, quand vais-je quitter le centre pour la France ?

— On ne sait pas encore, il faut attendre que l'avion soit plein mais c'est sûr, vous allez bientôt partir.

Je sors dans le couloir en chantant à tue-tête « Je suis apte, je suis apte » afin que tout le centre médical soit informé de mon bonheur.

Au bout de quelques minutes passées à extérioriser mes sentiments avec mon habituelle pétulance, je remonte dans ma chambre pour absorber tranquillement l'incroyable, l'énorme nouvelle. J'ai franchi tous les obstacles. Le parcours entamé des mois auparavant va bientôt toucher à sa fin. J'en reste un peu éberluée car j'ai du mal à réaliser. Étendue sur mon lit, je fais défiler dans ma tête des photos de Paris vues dans les magazines et j'essaie d'imaginer que j'y figure. Anh Dao au pied de la tour Eiffel, Anh Dao sur les Champs-Élysées, Anh Dao à la terrasse du café de Flore, Anh Dao sur le Pont-Neuf. Mais je n'arrive pas à intégrer ma silhouette aux images stockées dans ma mémoire. Ce n'est pas si facile de passer de l'autre côté du miroir, de la virtualité de l'espoir fantasmatique à la matérialité de la réalité.

Cet avion, dont j'attends le remplissage avec une telle impatience que je compte les aptes sortant de la visite médicale, est affrété par la mairie de Paris, initiatrice du projet auquel de nombreuses villes de province apportent également leur concours, qui a décidé d'accueillir cinq mille réfugiés vietnamiens. Et mes compagnons et moi allons fournir le premier contingent d'heureux bénéficiaires de la générosité parisienne.

Au soir du troisième jour, après le dîner on nous annonce que notre appareil décollera le lendemain. Une seule personne de notre groupe ne se joint pas à la liesse générale : c'est Lan, ma compagne de chambre, qui a échoué aux tests médicaux. Elle a déjà passé un an à Poulo-Bidong, ce nouveau coup du sort lui fait craindre le pire. J'essaie de la réconforter :

— Mais non, ils ne peuvent pas te renvoyer là-bas, ils vont te soigner ici et tu partiras un peu plus tard quand tu iras mieux, voilà tout.

Je n'ai presque rien sorti de mon sac, il ne me faut pas plus de cinq minutes pour le boucler. Un souci me taraude : je vais arriver à Paris en tongs, les seules chaussures qui me restent. Pour poser le pied sur le sol de la capitale de l'élégance, j'aurais aimé avoir des talons. Ce n'est pas dans cet accoutrement minable que je vais séduire mon Prince Charmant...

CHAPITRE 38

Sur le départ

Je passe cette dernière nuit asiatique à parler, chanter et gesticuler. Lan ne peut pas fermer l'œil ; je lui demande de bien vouloir me pardonner :

— C'est la dernière fois que je t'embête.

Le décollage étant prévu au soir de ce 18 juillet 1979 à 22 heures, il nous reste donc encore une journée à occuper. Ceux qui le désirent ont droit à une visite de Singapour. Bien sûr que j'ai envie d'y aller !

Un autocar nous emmène dans le centre-ville, mais avant de descendre nous devons nous coiffer de casquettes jaunes qui permettront à nos accompagnateurs de ne pas nous perdre. Au cas où l'un d'entre nous s'égarerait néanmoins, nous sommes munis de « pancartes » comme celles passées autour du cou des enfants qui voyagent non accompagnés en avion, sur lesquelles figure le numéro de téléphone du centre médical. En effet, ne parlant pas la langue du pays et n'ayant ni passeport ni visa ni argent, nous serions bien en peine de rentrer par nos propres moyens. Nous restons donc groupés sagement pendant notre balade en ville, qu'entrecoupe un pique-nique fourni par les cuisines du centre. Nos accompagnateurs nous achètent des bonbons et des chewing-gums, nous avons vraiment tout de la colonie de vacances en excursion.

Le lèche-vitrines, quand on n'a pas un sou, est une activité assez frustrante. Singapour nous nargue avec ses boutiques affriolantes et ses supermarchés regorgeant de produits impeccablement alignés. Tout me fait envie. Il me faudra encore attendre un moment avant de me livrer aux joies du shopping…

Nous rentrons au centre où nous dînons très tôt, avant de repartir à 19 heures, direction l'aéroport.

C'est la première fois que je vais prendre l'avion et cette nouveauté, loin de m'effrayer, excite ma curiosité. Pour tout avouer, la seule chose qui me terrorise vraiment, allez savoir pourquoi, ce sont les vers de terre. Pas les araignées ni les souris, non, juste les vers de terre. D'ailleurs, j'ai déjà volé en hélicoptère, que j'ai pris plusieurs fois quand j'étais adolescente pour aller chanter au spectacle du nouvel an des soldats sud-vietnamiens.

Je me comporte de façon toujours aussi égoïste et grossière. Je passe devant tout le monde en bousculant sans ménagement ceux qui traînent dans mes jambes, je manifeste mon impatience à haute voix, bref je suis intenable. Comment, sinon justifier, du moins expliquer ce comportement odieux, si éloigné des manières de la jeune fille bien élevée et un peu timide que je fus ? C'est ma façon de prendre ma revanche sur les mois passés à Poulo-Bidong. Là, j'ai constamment vécu dans la peur de la violence qui régnait à l'état endémique. Aujourd'hui rassurée, je me défoule et deviens presque violente à mon tour. Et puis, étant l'une des rares personnes seules du groupe, je jalouse ceux qui sont en couple ou en famille. Ce n'est pas glorieux, mais tristement humain…

Je monte donc la première dans l'autocar et choisis une place au milieu, à côté d'une fenêtre. Les autres passagers, qui ont eu le temps de s'habituer à ma brusquerie, me laissent faire. L'autocar démarre, et moi je crie :

— Ça y est, c'est parti !

Mes compagnons rient, je suis insupportable mais je mets de l'ambiance. Ils parlent beaucoup pendant le trajet, enthousiastes à l'idée de découvrir un nouveau pays. Personne ne semble s'inquiéter de ce qui va suivre notre arrivée ou n'évoque d'éventuelles difficultés pour s'adapter et subsister. Je dois admettre que la joie de partir oblitère également toute autre pensée en moi.

On approche de l'aéroport, je vois les avions garés sur le tarmac. De nouveau je me mets à hurler :

— On arrive, voilà l'aéroport.

Une dame me demande de baisser la voix pour ne pas réveiller son enfant, je lui réponds vertement.

C'est drôlement gros, un avion ! Je m'interroge : comment une pareille masse peut-elle tenir en l'air ? Aucune idée, mais pas question de laisser la peur m'envahir. Si l'appareil doit s'écraser, au moins je ne mourrai pas seule et c'est que le destin en aura décidé ainsi.

L'autocar s'arrête, je houspille les passagers afin qu'ils se dépêchent un peu de sortir et de ramasser leurs bagages. Ces gens sont d'un lent !

CHAPITRE 39

Entre ciel et terre

Un délégué français a fait bloquer trois comptoirs d'Air France pour notre vol. En guise de pièce d'identité je ne possède que le certificat de baptême délivré à Notre-Dame de Saigon, le dossier rempli au HCR à Poulo-Bidong et le certificat médical remis par le centre de Singapour. Tout est bien organisé, une dizaine de délégués français, dont Bernard Bled qui représente la mairie de Paris, nous accompagnent et l'embarquement se déroule sans anicroche. La première montée dans l'avion, j'en profite pour placer mes compagnons de façon à accélérer la manœuvre.

Pourvu qu'on ne soit pas trop secoués. Je me débats un peu avec ma ceinture avant d'arriver à la boucler. Le bruit des moteurs parvient jusque dans l'habitacle, pas étonnant vu leur taille. Je me cramponne aux accoudoirs, la dame assise sur le siège à côté me dit que l'avion n'ayant pas encore entamé la procédure de décollage, il est inutile que je stresse ainsi. Je me relâche un peu et j'attends.

J'ai hâte d'observer les hôtesses de près, je les trouve belles comme des mannequins. Je serais curieuse de voir le commandant, c'est sûrement un homme superbe. Ah, je sens quelque chose, l'avion bouge. Puis les moteurs grondent plus fort, la poussée me colle à mon siège. Je ferme les yeux et je parle tout haut pour me rassurer :

— Tout va bien se passer, l'avion ne va pas tomber. Je n'ai pas peur, je n'ai pas peur.

Ce n'est que ça, un décollage d'avion ? Je n'ai rien senti ! J'adore, et puis c'est beaucoup plus confortable que l'hélicoptère. Il y a plein de boutons, je vais tous les essayer pour voir à quoi ils servent.

Un bruit de roulettes suivi d'un tintement de glaçons m'annonce l'arrivée des boissons. Je ne sais dire que « I want to drink orange juice please », je serai donc abonnée au jus d'orange pendant tout le vol. Heureusement que je l'apprécie. J'ajoute « one more » quand l'hôtesse me donne un sachet de cacahuètes. Un casque pour écouter de la musique ? Ah oui, je veux bien.

Un premier repas nous est servi. Je crois que personne ne s'est jamais autant régalé avec un plateau-repas de classe économique que moi ! Je trouve tout délicieux et je n'en laisse pas une miette.

Tout de suite après je glisse dans un sommeil bienheureux. Que seul le second repas interrompt. Je mange, je dors, moi si impatiente habituellement je ne vois pas passer les 14 heures de vol.

Un tableau lumineux placé sur la cloison avant de la cabine nous permet de suivre la progression de l'avion. À mon dernier réveil je constate que nous nous ne sommes plus très loin. Après le petit déjeuner, je vais faire un brin de toilette aux lavabos. Je retourne m'asseoir et je garde les yeux fixés sur le tableau lumineux. Le commandant annonce que nous amorçons la descente vers Paris. Quelques trous d'air secouent la carlingue mais je ne m'affole pas. Nous volons au-dessus de la France, je ne risque rien, il ne peut rien m'arriver de mal ici.

La voix du commandant résonne à nouveau dans les haut-parleurs.

— Notre atterrissage à l'aéroport de Roissy-Charles-de-Gaulle est prévu dans quinze minutes, la température au sol est de 22 degrés et le ciel est dégagé sur Paris.

Je colle mon nez au hublot, enfin je vais voir la France de mes yeux. Plus le paysage en dessous se précise, plus mon cœur bat fort. Allons, ce n'est pas le moment d'avoir une crise cardiaque ! Je parle tout haut :

— On va bientôt atterrir sur le sol de France. Tout va bien se passer, c'est formidable.

Ouh là, la piste se rapproche drôlement vite, c'est le moment de dire une petite prière, je crois.

— Notre Père qui êtes aux cieux, aidez-nous à en descendre sains et saufs s'il Vous plaît. Que Votre volonté soit faite, surtout n'oubliez pas de me donner mon pain quotidien, Vous savez que j'ai bon appétit. Merci de m'avoir aidée à venir en France, continuez à veiller sur moi, amen.

Je ne sais pas si c'est l'effet de ma prière, toujours est-il que l'avion se pose sur la piste sans une secousse. Tout le monde applaudit, des cris de joie fusent.

Pendant les quelques minutes qui précèdent notre débarquement, une véritable extase m'envahit. Cela fait des années que j'attends cet instant. Mon rêve se réalise, c'est le summum de mon existence. Je suis groggy de bonheur.

CHAPITRE 40

De l'enfer au paradis

Le passage de la douane prend un temps fou, car sur les deux cent cinquante passagers dont je fais partie, très peu possèdent des passeports en bonne et due forme. J'avance dans l'aéroport en regardant de tous les côtés, les yeux écarquillés pour mieux embrasser tant de découvertes. Comme c'est grand ! Et il y a des Français partout…

Soudain je réalise que je suis devenue une étrangère. Non, pire que ça, une immigrée, une réfugiée. Seule au milieu de gens dont je ne parle pas la langue et dont je ne connais pas le mode de vie. À des milliers de kilomètres de ma famille. Sans aucun moyen de subsistance. Que vais-je devenir ?

Alors quelque chose craque et s'effondre à l'intérieur de moi. Un vertige d'angoisse m'aspire, je suis suspendue au-dessus d'une immensité vide dans laquelle je vais tomber d'une seconde à l'autre. Je ne vois rien à quoi me retenir.

Je suis en train de comprendre la signification du mot « exil », de l'éprouver au plus profond de ma chair. Une absolue solitude. Demain est un horizon inaccessible, sous un ciel menaçant. Je suis perdue, je ne sais plus rien, je ne suis plus rien. Effacés, mes vingt-deux ans ! Je redeviens une enfant, effrayée par un monde trop grand pour elle. Je me sens toute petite à l'intérieur, et si désarmée…

Je marche comme un zombie jusqu'au tapis roulant qui nous apporte nos valises. Nous sommes conduits dans une salle de transit. Les autres réfugiés parlent tous en même temps et s'inquiètent du sort qui va leur être réservé. En fait, aucun d'entre nous n'a posé la moindre question jusqu'ici, nous étions trop absorbés par la joie de partir. Et nous n'avons pas reçu d'informations sur la suite des opérations. Des représentants de la mairie de Paris et de l'OFPRA, un prêtre catholique vietnamien et un moine bouddhiste vont de groupe en groupe répondre aux interrogations.

Ce bruit, cette agitation ajoutent encore à ma détresse. Je m'écroule dans un coin et je pleure à gros sanglots.

Je reste ainsi quelques minutes, incapable de stopper le torrent de larmes qui me déborde. Puis des jambes de pantalon entrent dans mon champ de vision. Je sens une présence au-dessus, une voix prononce des phrases en français dont je ne saisis pas le sens. Je lève la tête et je vois un monsieur brun qui se penche pour me tendre un mouchoir. Je me mets debout, nous sommes face à face.

Comme il est grand ! Ses yeux cherchent les miens qui continuent à ruisseler. Nos regards se rencontrent, le contact est doux et fort à la fois. L'air ému, il me tapote l'épaule dans un geste de réconfort. J'essuie mes larmes et je me mouche dans le grand carré de batiste immaculée qui sent délicieusement bon.

Le prêtre s'est approché, le grand monsieur lui parle. J'en profite pour le détailler. C'est un bel homme d'une quarantaine d'années. Son costume d'une élégante sobriété tombe impeccablement et sa mise est très soignée, des chaussures fraîchement cirées aux cheveux lissés en arrière dont pas un ne dépasse. Je remarque son nez aquilin et son menton volontaire qui dessinent ce qu'on appelle un profil de médaille. Il bouge beaucoup les mains en parlant, tout son corps accompagne et appuie ses paroles. L'ensemble du personnage dégage un charisme incontestable.

Même si je ne comprends toujours pas ce qu'il dit, sa voix bien timbrée résonne à mes oreilles comme celle d'un homme habitué à commander et à être obéi. Je n'ai pas peur de lui pourtant, au contraire la puissance qui émane de sa stature imposante me rassure. La compassion adoucit ses traits quand il tourne son visage vers moi. Cet homme va m'aider, je ne sais pas comment, mais j'ai reconnu en lui mon sauveur. L'étau qui comprimait mon cœur il y a quelques minutes à peine se desserre.

Le prêtre, l'air estomaqué par ce qu'il vient d'entendre, me traduit ses paroles :

— Dites à la petite qu'elle cesse de pleurer, je vais l'accueillir dans ma maison.

Le grand monsieur m'adresse un dernier sourire puis tourne les talons et s'éloigne. Je reste figée sur place, hébétée, le regard fixé sur la haute silhouette qui fend la foule. Le prêtre pose la main sur mon bras pour me sortir de ma stupeur et ajoute :

— Ma petite, tu ne te rends pas compte de ta chance ! Monsieur le maire va t'accueillir chez lui.

— C'est qui, monsieur le maire ?

— C'est ce monsieur, Jacques Chirac. C'est lui qui administre Paris, la capitale de la France, et ses vingt arrondissements, c'est lui qui a décidé de vous faire venir. Un homme très puissant ! Il va te prendre dans sa famille, avec ses deux filles. Quelle chance tu as !

Une tempête d'émotions tournoie sous mon crâne, je ne suis pas sûre d'avoir bien compris ce qui vient de se passer. Mais mes larmes se sont taries, le chagrin s'est estompé et l'angoisse atténuée. Je serre le mouchoir dans ma main, c'est la preuve que je n'ai pas rêvé. Ces quelques grammes de lin fin viennent de faire basculer ma vie, mais je ne le sais pas encore...

CHAPITRE 41

En stand-by

Nous sortons de l'aéroport pour prendre place à bord d'autocars qui nous emmènent vers la capitale à travers un lacis de bretelles d'autoroute. Il y a des constructions partout, des immeubles serrés les uns contre les autres, des centaines de voitures qui roulent. La densité et la hauteur des constructions m'impressionnent. Les autocars s'engagent sur le boulevard périphérique, bordé de buildings immenses, qui surplombe les autres voies. La ville s'étend à perte de vue, j'en ai le souffle coupé.

Les autocars nous déposent devant l'entrée de l'hôpital Brousse dans le XXe arrondissement. En fait, l'ex-hôpital car il a été désaffecté peu de temps auparavant. Ce qui permet que nous y soyons hébergés et y subissions de nouveaux tests médicaux, comme nous n'allons pas tarder à l'apprendre.

Nous pénétrons dans la grande cour centrale. Bernard Bled prend la parole :

— Le grand personnage que vous avez vu tout à l'heure à l'aéroport, c'est Jacques Chirac, le maire de Paris, qui a voulu venir vous accueillir en personne. C'est grâce à lui que vous êtes ici aujourd'hui, grâce à lui que votre voyage a été pris en charge par la mairie de Paris et que nous allons vous aider à vous installer en France. Vous êtes ici sous notre protection mais quand vous sortirez, ne croyez pas que tous les Français vous veulent du bien et sont dignes de confiance. Certains tenteront de profiter de vous, alors n'acceptez pas les propositions qui vous seront faites et méfiez-vous. Vous allez rester ici quelques jours pour passer une visite médicale. Certains d'entre vous vont retrouver des membres de leur famille qui pourront les prendre en charge et bien sûr ils seront autorisés à partir avec eux. Quant aux autres, ils seront dirigés vers des familles d'accueil, à Paris mais aussi en province, qui les aideront à s'insérer. Bienvenue à Paris !

La fin de son discours est saluée comme il se doit par des applaudissements nourris ; des mercis, en français et en vietnamien, fusent de partout.

Après cette allocution, je fais la connaissance d'Alice, une dame d'origine vietnamienne qui travaille à la cellule d'aide sociale de la mairie où elle s'occupe de ses compatriotes réfugiés. Puis je discute avec une fille plus âgée que moi car j'ai besoin de parler de la rencontre que j'ai faite à l'aéroport. Je lui raconte ce que le prêtre m'a dit et j'ajoute :

— Je me demande si c'est vrai. Il ne m'a pas dit ni quand ni comment ça va se passer.

Le prêtre, dont je n'avais pas remarqué la présence derrière moi, se mêle à la conversation :

— Mais tu n'as pas entendu ce que monsieur Chirac a dit tout à l'heure ? Il revient te voir dans deux jours, avec son épouse. Deux jours !

Ma nouvelle camarade esquisse une moue sceptique. Je suis bien d'accord avec elle, ça semble trop beau pour être vrai.

À la demande de mon hypothétique bienfaiteur, un cuisinier vietnamien prépare nos repas pendant les deux premiers jours de notre séjour à l'hôpital Brousse afin que notre dépaysement ne soit pas total. Voilà, me dis-je, quelqu'un qui se soucie vraiment de notre bien-être, y compris dans ce qui pourrait apparaître comme un détail à des personnes moins attentionnées.

Encore des examens médicaux ! Je me demande à quoi ont servi ceux subis à Singapour. Il va falloir que je me montre de nouveau toute nue à un homme ? J'espère bien que non. Peut-être que je pourrai garder ma culotte cette fois-ci.

Depuis que j'ai posé le pied à Roissy, mon comportement a changé. La sauvageonne brusque et malpolie s'est évaporée à la seconde. Maintenant que je suis en France, je dois bien me conduire.

C'est la moindre des choses vis-à-vis de mes hôtes si je veux me faire accepter.

Je passe une partie de la nuit à discuter avec ma nouvelle camarade. Elle finit par me convaincre que j'ai pris mes rêves pour des réalités. C'est dommage, le grand monsieur avait l'air sympathique…

Le deuxième jour, je me présente à la visite médicale en pyjama, c'est la tenue la plus présentable qui me reste. Pendant que le médecin m'ausculte, une voix grave résonne dans le couloir. Je l'ai déjà entendue, je la reconnais. C'est lui ! Le médecin interrompt son examen et me fait comprendre de me rhabiller. Je ne me fais pas prier et je sors du cabinet le plus vite que je peux.

CHAPITRE 42

Rencontre avec une femme remarquable

— C'est toi, Anh Dao ? Je ne te reconnaissais pas en pyjama.

Un élan irrésistible m'emporte, et sans plus de retenue ni de convenance je me jette dans ses bras. Mon sauveur est revenu comme il l'avait promis ! Il m'embrasse sur les joues puis se tourne vers une dame qui se tient un peu en retrait.

— Venez Bernadette, je vous présente Anh Dao.

Mme Chirac me prend à son tour dans ses bras, elle m'embrasse. Je pleure, elle aussi, nos larmes se mêlent dans un même bouleversement. Mon cœur, fermé à double tour depuis des mois, vient de s'ouvrir en grand. Jacques et Bernadette Chirac y entrent, ils y resteront jusqu'à mon dernier souffle. Comme ce bonheur est violent ! Inattendu, imprévisible, miraculeux, après ce que j'ai vécu depuis la chute de Saigon, il y a quatre ans déjà. J'ai quitté mon pays et les miens, je me croyais seule et abandonnée, me voici secourue et entourée.

Je ne peux pas me souvenir de cet instant sans que les larmes ne me montent instantanément aux yeux. Pas à cause de celles que j'ai versées ce jour-là, non. À cause de celles de Mme Chirac. Elle, si pudique, si réservée, que je n'ai plus jamais vue pleurer. Ces larmes précieuses qu'elle ne peut retenir scellent mon acceptation.

Madame me parle, je ne comprends pas bien mais je saisis deux prénoms, Laurence et Claude, qui reviennent plusieurs fois. Je répète « Oui, madame, oui, madame ». Si, il y a quand même quelque chose que j'ai compris, malgré mon ignorance de la langue française : je vais être comme leur troisième fille.

Tant mieux parce que moi, de la même façon que j'ai vu un sauveur en son époux, je la considère d'emblée comme une mère. Une mère délicieuse, me dis-je en admirant son élégance et sa classe. Le contact est immédiat, tous deux me donnent l'impression d'être en pays de connaissance. D'ailleurs je ne suis pas intimidée, ni par Monsieur, ni par Madame. Ils m'inspirent, on s'en doute, la gratitude, mais aussi immédiatement le respect et même l'amour. Comment pourrait-il en être autrement puisqu'ils m'accueillent à bras ouverts ?

Ils demandent à voir la chambre dans laquelle je suis installée, Alice nous accompagne pour servir d'interprète. M. Chirac, dit-elle, va faire accélérer les formalités et le 1er août au matin son chauffeur viendra me chercher. Puis nous parlons un peu en anglais, Madame me regarde avec tendresse et Monsieur déglutit un peu trop souvent, comme un homme qui cherche à ravaler son émotion.

Les jours suivants, je les passe à penser à eux et à remercier le ciel de m'avoir mise sur leur route. Ils doivent habiter une grande maison, j'aurai sûrement une chambre pour moi toute seule. Je pense aussi à Laurence et à Claude, les filles dont ils m'ont parlé, j'ai hâte de les connaître. Des parents aussi remarquables ne peuvent qu'avoir des enfants formidables.

Alice s'occupe de mon dossier. La veille de mon départ, je vais faire mon shopping parmi les vêtements donnés pour les réfugiés. Je trouve un soutien-gorge – enfin ! –, un pantalon, des tee-shirts, une chemise de nuit, un pull, une veste. Je fourre le tout dans mon sac qui, du coup, refuse de fermer. J'ai également pris des chaussures à talons trop grandes, pointure 39 alors que je chausse du 36, mais ce sera toujours mieux que mes pauvres tongs qui ont beaucoup vécu et mal vieilli.

Le 1er août 1979 à 5 heures 30, le cuisinier vient me réveiller. Il me prépare mon petit déjeuner pendant que je fais ma toilette et m'habille. À 7 heures tapantes, monsieur Claude, le chauffeur, se présente :

— Bonjour, mademoiselle. On y va.

J'ai compris le ton, pas les mots. Comment vais-je faire sans interprète ? Il veut prendre mon sac et aperçoit les affaires qui l'empêchent de fermer. Il me fait signe que ce n'est pas la peine de les prendre et ajoute :

— Monsieur et Madame pas contents. Vous avoir tout là-bas. Vous laisser ça ici.

Heureusement qu'il parle bien avec les mains. Je me contente donc de prendre le petit sac qui contient mes affaires de toilette, un pyjama et mes photos de famille.

Nous sortons dans la cour, le chauffeur m'ouvre la porte d'une longue Citroën gris anthracite :

— Montez, mademoiselle.

Je m'assieds du bout des fesses sur la banquette arrière et je chuchote tout bas en vietnamien pour me rassurer : « Tout va bien, tu es dans une belle voiture et tu vas aller retrouver ton père et ta mère ».

Le chauffeur m'observe dans son rétroviseur et commente les lieux que nous traversons, en me désignant alternativement le côté où regarder. Plus nous rentrons dans le cœur de la ville, plus je la trouve belle. Ce qui m'impressionne le plus, c'est la tour Saint-Jacques.

— On approche de l'Hôtel de Ville, mademoiselle.

— Oui, monsieur, oui, monsieur.

Je ne sais pas dire grand-chose d'autre, il devra s'en contenter.

Mais c'est immense, beaucoup plus grand que tout ce que j'ai pu imaginer ! Et magnifique. On dirait un château. La voiture passe sous le porche et pénètre dans la cour centrale en forme de quadrilatère. Le chauffeur m'ouvre la portière :

— On est arrivé, vous pouvez descendre, mademoiselle.

Je pose un pied timide sur le pavage puis me décide à émerger de la voiture. La tête levée, je tourne sur moi-même pour admirer le bâtiment qui m'entoure. Je n'ai jamais rien vu d'aussi vaste ni d'aussi beau. C'est incroyable : il y a moins d'un mois j'étais encore à Poulo-Bidong, dans la misère et la saleté, et me voici aujourd'hui sur le point de m'installer dans ce qu'on appelle un des palais de la République française…

CHAPITRE 43

Le palais du maire

Le chauffeur, mon bagage à la main, passe devant pour me montrer le chemin. Je monte les marches dans un état de stupeur hallucinée. Nous atteignons le palier du premier étage, le chauffeur sonne à une haute porte à double battant. Une grande femme d'une cinquantaine d'années nous ouvre. La blouse qu'elle porte sur ses vêtements n'arrive pas à masquer son allure distinguée.

— Bonjour, mademoiselle, entrez.

Derrière elle se tiennent M. et Mme Chirac, vêtue d'un tailleur beige très chic, qui m'embrassent chaleureusement :

— Anh Dao, ma petite ! Ça s'est bien passé ?

— Oui, monsieur.

— Tu es contente d'être avec nous ?

— Oui, madame.

Contente, le mot est faible. Extatique serait plus exact. Le faste des appartements privés du maire m'éblouit. C'est un festival de moulures et de dorures sur les murs, les plafonds et les meubles anciens. Au sol, un parquet de chêne ciré entrelace ses lattes sous des tapis de la Savonnerie dont je sens parfaitement le moelleux à travers la semelle de mes chaussures trop grandes. Des tapisseries décorent les panneaux des murs. Le volume inusité des pièces et des couloirs, les plafonds qui planent à quatre ou cinq mètres du sol, les portes et les fenêtres surdimensionnées accentuent le caractère munificent du lieu. C'est un décor d'un autre siècle qui me fait entrer de plain-pied dans l'histoire de France. Et je me sens bien petite tout à coup !

M. Chirac met son bras autour de mes épaules :

— Viens, on va te montrer ta chambre.

Nous partons tous les trois à travers l'immense couloir. Un coude, et au bout une volée de marches qui descend au rez-de-chaussée côté jardins.

— Voilà, c'est chez toi. On te laisse t'installer.

Tout cet espace pour moi seule ? Je n'en reviens pas. Là aussi, moulures, dorures et meubles anciens. Les murs sont vieux rose, les rideaux et le dessus-de-lit assorti confectionnés dans un tissu à dessin cachemire dans le même ton. Chic, un grand lit ! Je m'allonge pour tester son confort et je ne suis pas déçue. Je vais dormir comme un bébé là-dessus. Sur une table, une jonchée de cadeaux m'attend : un foulard de soie, une écharpe, des parfums, des produits de beauté et de toilette.

Une table de nuit, un fauteuil tendu de tissu cachemire fixé par des clous, à tête ronde et dorée, et une commode complètent l'ameublement. Il suffit de tourner une petite clé dorée pour accéder à un grand placard encastré dans un mur.

Une autre porte lui fait face et excite ma curiosité. Je me risque à l'ouvrir. Elle donne sur une salle de douche carrelée de beige. Un grand miroir bordé de clous dorés, au-dessus du lavabo, reflète la porte coulissante qui ferme la cabine de douche et la robinetterie ancienne, dorée elle aussi. Ma salle de douche ! Rien qu'à moi. Je peine à y croire.

C'en est donc bien fini de la toilette à l'eau de mer sans savon.

Je me pince le bras pour être sûre que je ne suis pas en train de rêver. Non, le conte de fées est réel. Plantée au milieu de ma chambre, je me parle tout haut :

— Tu te rends compte comment tu vas vivre ? Comme une princesse !

Je n'ai pas le temps d'ouvrir tous mes cadeaux qu'on frappe à ma porte. C'est Lina, la gouvernante qui m'a accueillie. Elle me prévient que Mme Chirac m'attend au salon avec mon bagage.

— Ah bon, je ne reste pas ici ?

— Non, vous partez au château avec Madame. Dépêchez-vous, elle est prête.

Je fourre prestement un flacon de parfum, le foulard et une bouteille de shampooing dans mon sac. Est-ce que je vais arriver à trouver mon chemin jusqu'au salon ? Heureusement Lina m'attend pour me guider. Nous passons par l'office où elle me sert un verre d'eau.

Encore un château ?

CHAPITRE 44

Le château de ma mère et de mon père

— Tu es prête, ma petite ? On y va !

— Où ça ? Avec qui ?

— À Bity, toutes les deux avec les chiens.

Mme Chirac tape dans ses mains :

— Ussel, Jasmin !

Les deux chiens assis à ses pieds se dressent sur leurs pattes. Ussel est un épagneul caramel, Jasmin un dalmatien noir et blanc. Elle prend les laisses et les paniers à chien posés dans l'entrée et nous descendons.

Plus de chauffeur ni de longue automobile, Madame conduit elle-même sa Peugeot beige.

— Nous allons en Corrèze. Il y a environ huit heures de route.

Huit heures en voiture, autrement dit en tête à tête, avec Madame... Quelle angoisse ! Comment vais-je m'en tirer, avec mon vocabulaire français ultra-limité ? Madame parle en détachant les mots et illustre ses phrases de gestes destinés à en favoriser la compréhension. Elle me décrit le château et m'explique que ses deux filles y sont déjà et nous attendent.

Je réponds alternativement « Oui, oui » et « Je sais ». Mon pauvre subterfuge ne saurait faire illusion bien longtemps.

— Tu dis oui mais tu ne comprends pas grand-chose, n'est-ce pas ma petite ? On va essayer l'anglais.

Et Madame se met à me parler dans la langue de Shakespeare qu'elle manie nettement mieux que moi, je l'avoue. Je m'efforce de répondre en français, par respect pour elle. Elle me demande si je suis catholique, à quoi je réplique par l'affirmative.

— Parfait, alors je t'emmènerai à la messe dimanche prochain. Je suis très croyante.

Au-delà de nos différences d'origines, de culture et de milieu, voici enfin un point commun qui nous réunit sur l'essentiel, car au ton de voix de Madame j'ai bien compris que la foi occupe un rôle central dans sa vie.

Malgré mon problème de communication, le voyage est un enchantement. La gentillesse avec laquelle ma nouvelle mère s'adresse à moi, la cassette de musique classique qu'elle a glissée dans le lecteur, les paysages que nous traversons, tous ces éléments absorbent mon attention à tel point que pas une seconde je ne pense à ma vie d'avant ni même à ma famille. Sous le soleil de cette journée d'été, la France est encore plus belle que dans mes rêves, ce qui n'est pas peu dire. J'aime la palette inépuisable des couleurs de ce pays, la douceur vert tendre des vallonnements, l'ombrage vert foncé des forêts profondes, le jaune des meules de foin dans les champs moissonnés, l'ocre des tuiles qui succède à l'ardoise des toitures. Et tous ces clochers qui pointent à l'horizon, il y a des églises partout dans ce pays !

Au bout de deux ou trois heures de route, nous nous arrêtons pour permettre aux chiens de faire leurs besoins et à nous de nous restaurer dans un café. Madame commande une salade composée qu'elle arrose de thé. Moi je ne sais dire que pain, jambon et jus d'orange. C'est donc tout ce que je suis capable de demander. Ensuite Madame me propose un dessert, je n'ose accepter.

Un peu après dix-huit heures, la voiture s'engage sur une petite route et j'aperçois une grille en fer forgé dont les deux battants sont ouverts. Une allée en graviers, bordée de massifs de buis impeccablement taillés, mène au château devant lequel s'étend un jardin à la française. Au centre une fontaine, de chaque côté un petit pavillon.

Quel voyage étonnant pour une petite Vietnamienne à peine débarquée d'un camp de réfugiés ! On pourrait l'intituler *Anh Dao au pays des merveilles*...

Madame ouvre à peine la portière de la voiture que deux jeunes filles sortent de l'un des pavillons en criant :

— Maman, Maman !

Elle fait les présentations. Claude la première m'embrasse gentiment en me disant :

— Bonjour, Anh Dao, bienvenue à Bity. Papa nous a beaucoup parlé de toi, tu sais !

Ensuite Laurence me fait la bise elle aussi. Je vois tout de suite qu'elle est plus réservée que sa cadette.

Comme elles sont belles, mes nouvelles sœurs ! Claude est assez grande par rapport à moi qui culmine à 1,55 m, bien faite et dotée d'un joli visage surmonté de cheveux blond foncé. Laurence possède une silhouette plus gracile et des traits aussi harmonieux, mais plus fins. Sa chevelure châtain clair ondule naturellement. Quoique l'une et l'autre, respectivement dix-sept et vingt ans, soient plus jeunes que moi, je me sens comme une petite fille par rapport à elles. Elles sont à peine maquillées, habillées simplement – Claude d'un tee-shirt et d'un jean, Laurence d'un chemisier et d'un pantalon de toile blanche – toutes les deux chaussées de mocassins, et portent des bijoux discrets en or. Mais leur élégance naturelle et l'aisance que leur donne leur excellente éducation ne m'échappent pas.

Madame demande à Claude de me montrer ma chambre. Allons voir à quoi ressemble l'intérieur du château…

CHAPITRE 45

Jours tranquilles à Bity

L'entrée du château me réserve un autre choc. Mon court passage à l'Hôtel de Ville ne m'a pas laissé le temps de m'accoutumer à la hauteur sous plafond des demeures anciennes ni à la taille imposante des pièces de réception.

Claude m'entraîne à sa suite jusqu'au deuxième étage, où se trouvent nos chambres. Il y a des portes partout, je vais me perdre si je ne fais pas attention. Je déballe rapidement mes affaires et procède à un brin de toilette dans la petite salle de bains attenante à ma chambre avant de redescendre.

Claude me présente ses copains qui séjournent au château : Karine et son frère Jérôme, Christine, une jolie blonde aux cheveux bouclés et aux yeux bleus, Isabelle, encore plus belle, et les deux Vincent. Le plus âgé, je m'en apercevrai au cours des jours suivants, est le petit ami de Claude. L'autre, pas très grand mais très drôle et plein de charme, deviendra célèbre dans quelques années. Il s'appelle Vincent Lindon et ne fait pas encore de cinéma. Les jeunes gens m'accueillent le plus gentiment du monde.

Nous allons nous promener dans le parc avant le dîner. C'est un jardin à la française situé devant le château auquel son ordonnancement géométrique confère une harmonie apaisante.

Je découvre ensuite le salon, orné d'une cheminée. L'atmosphère est très différente de celle de l'Hôtel de Ville. Ce n'est pas seulement une question d'époque de construction et d'architecture. Il y a quelque chose de compassé dans les appartements privés du maire qu'on ne trouve pas en ces lieux. La décoration, égayée par les bouquets de fleurs composés selon les directives de Madame dont partout ici on sent la main, compose un cadre moins raide quoique d'un classicisme raffiné. Les hautes fenêtres ouvertes sur la verdure du parc laissent entrer un parfum d'herbe et le chant des oiseaux. C'est un lieu dédié à la famille et aux amis, très loin de la vie parisienne et de son rythme survolté. Je m'y sens tout de suite bien. Mais j'ai du mal à m'y repérer. Trop de portes semblables ! En allant me coucher, j'ai même failli entrer sans frapper dans la chambre de Monsieur et Madame, m'étant trompée d'un étage...

Le lendemain matin, je me réveille de bonne heure. J'ouvre les persiennes pour admirer le jardin qui s'éveille puis je descends m'y promener. Après le petit déjeuner, je lis quelques pages du livre de grammaire française qui me suit depuis mon départ du Viêtnam, en attendant que la bande des jeunes soit prête.

Nous allons faire un tour à Sarran pour acheter des cigarettes, ce qui me donne l'occasion de découvrir ce village typique de la Corrèze.

Nous passons ensuite une partie de l'après-midi dans l'un des pavillons, installés dans les grands canapés Chesterfield de cuir vert bronze. Les jeunes gens discutent, plaisantent, écoutent des disques d'Elton John, du groupe Taï Phong et de Plastic Bertrand. Ils essaient de me faire participer à la conversation mais je ne sais toujours prononcer que quelques mots et ne comprends qu'une infime partie de leurs propos. Néanmoins je passe un très bon moment, même s'ils m'intimident encore un peu, car j'ai ainsi tout loisir de les observer. Ils me fascinent à vrai dire, les filles comme les garçons. J'admire l'aisance avec laquelle ils bougent en me promettant de tenter de m'en inspirer. Et je ressens leur gaieté et la camaraderie qui les unit. L'ambiance est détendue, légère comme une robe d'été.

À propos de vêtements, Mme Chirac pourvoit au renouvellement de ma garde-robe qui en a bien besoin. C'est Claude qui m'accompagne en ville pour faire des emplettes. J'adopte le même style vestimentaire qu'elle et Laurence, mocassins, tee-shirts, chemisiers, jeans et pantalons de toile. Cette transformation m'aide à entrer dans ma nouvelle peau et à me sentir mieux intégrée.

M. Chirac nous rejoint le surlendemain. En plus de la bande de copains de Claude, il y a tout le temps des invités qui se succèdent dans un va-et-vient incessant. Nous sommes nombreux à nous asseoir autour de la longue table Louis XIII, entre douze et vingt convives à chaque repas. Mme Chirac veille à équilibrer les menus. Pas trop de sauces ni de pâtisseries, une recherche de la qualité plutôt que de la quantité. Elle fait attention à sa ligne, ne s'accordant, pour accompagner le fromage, qu'un verre de bordeaux. J'ai le droit d'y goûter, c'est une délicieuse découverte. J'essaie de calquer mon comportement sur celui de Madame, désormais mon modèle. À table, je me tiens bien droite et je regarde quels couverts elle prend avant de saisir les miens, ce qui m'évite nombre d'impairs. Je m'applique à mémoriser les bonnes manières dont elle me donne l'exemple car j'en comprends immédiatement l'importance dans un tel milieu.

Parfois, les jeunes sont dispensés de déjeuner à la grande table. Nous préparons alors un pique-nique que nous mangeons dans l'un des pavillons.

Martine, une amie de Laurence, vient aussi se joindre à la jeune classe. À l'attitude particulièrement affectueuse de M. Chirac à son égard, je vois bien qu'elle aussi fait partie de la famille, d'ailleurs elle l'appelle Papy.

Un matin, je m'étonne de ne pas voir Laurence descendre. À l'heure du déjeuner elle ne se montre pas non plus. Le repas se passe dans une atmosphère inhabituelle, peu bavarde. Monsieur n'a pas sa belle humeur coutumière, des rides que je ne lui connaissais pas barrent son front et abaissent les coins de sa bouche. Quant à Madame, elle a les yeux rouges et le teint pâle sous son léger bronzage. Ses traits sont tirés et par moments ses lèvres tremblent un peu. Je n'ose pas demander ce qui se passe mais je sens bien qu'il y a quelque chose d'anormal.

Un peu plus tard dans l'après-midi, je profite d'un moment où Martine est seule dans le jardin pour l'interroger sur la raison de l'invisibilité soudaine de Laurence. Elle me révèle que Laurence a absorbé trop de médicaments hier soir, et que ce n'est pas la première fois que ça arrive. Heureusement qu'elle partage sa chambre et a ainsi pu alerter Monsieur et Madame rapidement. Un médecin est venu dans la nuit pratiquer un lavage d'estomac. Maintenant tout va bien, Laurence a juste besoin de se reposer pendant deux ou trois jours.

Cette nouvelle m'attriste beaucoup, à la fois pour Laurence et pour ses parents, et en même temps me sidère. C'est la première éraflure dans un tableau jusque-là enchanteur. Le pouvoir et l'argent me paraissent tout à coup bien dérisoires.

Puis Catherine, la petite sœur de Mme Chirac, Bruno son mari et leurs trois enfants viennent passer quelques jours. Ils se montrent très chaleureux avec moi et me demandent, à ma grande joie, de les considérer comme ma tante et mon oncle. Leur séjour coïncide avec la date de mon anniversaire, le 22 août, qui se trouve aussi être celui de Karine. Nous les fêtons très gaiement au château avec plein d'invités. L'événement est couvert par le journal local, ce qui me vaut le plaisir d'y découvrir le lendemain ma photo aux côtés de M. Chirac. Catherine et son mari tiennent à m'offrir un cadeau, ils m'emmènent le choisir avec eux. Je me décide pour un sac à main, auquel Catherine insiste pour ajouter le porte-monnaie assorti. Je trouve que c'est trop, mais il n'y a rien à faire pour dissuader ma tante. Je suis vraiment gâtée !

Je rencontrerai un peu plus tard dans l'été Jérôme, le frère cadet de Mme Chirac, et à la rentrée à Paris M. et Mme Chodron de Courcel, leurs parents. À chaque fois, je serai traitée comme un membre à part entière de la famille. C'est un honneur d'y entrer et une chance de rencontrer des gens d'une telle qualité.

Entre autres invités, Danièle Gilbert séjourne à Bity. Elle plaisante avec Madame, qu'elle fait beaucoup rire, et parle en anglais avec moi.

Hervé Vilard passe également quelques jours au château. Un soir nous allons tous le voir chanter à Sarran. Ensuite il distribue des autographes, ainsi que M. Chirac, très sollicité par les habitants du village et les touristes en villégiature dans la région qui sont venus assister au spectacle. J'apprécie le talent d'Hervé Vilard, mais c'est à M. Chirac et à lui seul que je demande un autographe. Je veux garder un souvenir tangible de ces incroyables vacances qu'il m'offre.

Le grand plaisir de M. Chirac, c'est d'aller à pied à la ferme voisine chaque matin chercher du lait fraîchement trait. Simplement vêtu d'une chemise et d'un jean, il part avec son bidon de fer-blanc à la main. Mme Chirac va chercher le pain au village, et nous les jeunes allons de temps en temps faire un tour au marché, entassés dans la voiture.

Ni mes sœurs ni leurs amis ne me posent de questions sur ma vie au Viêtnam et ce qui a précédé mon arrivée en France. Plutôt que de risquer de réveiller des souvenirs douloureux, ils me demandent si je me sens bien, si je m'adapte ou si j'ai besoin de quelque chose. Leur délicatesse est bienvenue, je n'ai effectivement pas envie de me replonger dans le passé, je préfère vivre pleinement ce présent enchanteur.

Les jours de grosse chaleur, nous nous aspergeons mutuellement avec l'eau de la fontaine qui orne le parc, dans un brouhaha de cris et de rires.

Nous enchaînons avec une partie de cache-cache dans le jardin. Vincent Lindon trouve que ce n'est pas juste que je doive me cacher seule alors que les autres y vont par deux, il me prend par la main et nous allons nous aplatir derrière une haie. Le soir, nous écumons les bals de la région et sortons en discothèque. Je retrouve la vie des jeunes gens de mon âge et je n'ai pas besoin d'ajouter du whisky dans mon Coca pour en savourer la gaieté insouciante. C'est un été en pente douce, à l'odeur de foin coupé et de tarte aux abricots, qui déroule ses jours tranquilles à Bity.

Mais les meilleures choses ont une fin, la rentrée approche et à la fin du mois d'août nous retournons à Paris en avion.

CHAPITRE 46

Débuts parisiens

Nous réintégrons l'Hôtel de Ville le 1er septembre. Claude, en attendant sa rentrée en classe de terminale, va passer quelques jours chez des amis. Laurence fait de même de son côté, elle a tout son temps car la fac de médecine ne reprend les cours qu'en octobre.

Je me retrouve donc seule avec Madame et Monsieur, ce qui me ravit, pour m'initier à mon nouveau mode de vie. J'ai quitté Bity à regret, il est vrai, néanmoins je prends plaisir à m'installer dans ma belle chambre rose. Le séjour en Corrèze a en quelque sorte relégué le souvenir des mois précédents dans les tréfonds de ma mémoire, laissant le champ libre au présent. Et il y a beaucoup d'occupations pour le remplir.

D'abord la régularisation de mes papiers, pour laquelle un adjoint du cabinet du maire, m'apporte son aide, car je n'ai pas encore de carte de séjour.

Il faut aussi que j'apprenne le français. En attendant que je sois capable de prendre le bus seule, le chauffeur m'emmène à l'association France-Asie, située non loin du Palais-Bourbon, où des cours de français sont dispensés aux personnes originaires du Viêtnam. J'y retrouve donc des compatriotes. Le problème, c'est qu'après un mois d'immersion totale dans un milieu francophone où j'avais les plus grandes difficultés à m'exprimer, j'ai une boulimie de conversations dans ma langue natale. Je passe le plus clair de mon temps à bavarder en vietnamien au lieu de me concentrer sur l'apprentissage du français. Le résultat prévisible de cette conduite inconséquente, c'est que je ne fais aucun progrès. Un passage par l'Alliance française ne produit pas non plus d'amélioration, ce qui n'échappe pas à la vigilance de Mme Chirac. Un soir à table, elle dit à son mari :

— Jacques, ça n'avance pas, la petite ne parle toujours pas trois mots de français. Je vais prendre les choses en main.

— Faites à votre idée, Bernadette. Vous avez raison, on ne peut pas la laisser comme ça.

Le lendemain, elle m'emmène à l'école Berlitz, à côté de l'Opéra, où nous sommes reçues par le directeur en personne.

— Voilà ma fille, elle ne parle pas du tout français. Je voudrais qu'elle prenne des cours, matin et après-midi, pendant six mois. Faites tout ce qu'il faudra, je veux qu'elle parle français dans six mois.

— Mais bien sûr, madame, nous allons bien nous occuper d'elle, vous pouvez compter sur nous.

Puis Mme Chirac se tourne vers moi :

— Et toi, il faudra que tu travailles, ma petite.

— Oui, madame.

Le directeur établit un planning, comportant plusieurs heures de cours par jour, dont le début est fixé au lundi de la semaine suivante. Nous ressortons de l'école Berlitz avec un sac rempli de livres et de cassettes. Si avec tout ça je ne parle pas français, c'est à désespérer !

Le dimanche soir, nous dînons en famille dans la salle à manger des appartements privés. Mme Chirac informe son mari du programme qui m'attend. Il approuve, puis se tourne vers moi :

— C'est très bien, mais dis-moi, il faut préparer ton cartable pour demain matin, c'est ta première rentrée des classes française. Après le dîner, je vais m'en occuper personnellement.

Il s'adresse ensuite à Laurence et à Claude :

— Les filles, vous avez bien des affaires à donner à Anh Dao ?

— Oui, Papa, on a tout ce qu'il faut, répondent-elles en chœur.

Le dessert à peine avalé, M. Chirac nous entraîne toutes les trois à sa suite dans le couloir qui mène aux chambres. Claude fouille dans ses placards et brandit triomphalement une grande besace en cuir munie d'une bandoulière :

— Plus chic qu'un cartable, non ?

Elle trouve aussi deux cahiers neufs, des crayons, un double décimètre et une gomme. Pendant ce temps, Laurence est partie dans sa chambre, dont elle revient avec un classeur, des feuilles perforées et une poignée de stylos à bille de différentes couleurs. Elle les pose sur la table en disant :

— Il faudrait une trousse, je n'en ai pas trouvé. Claude, regarde si tu n'en as pas une.

— Pas de problème, il n'y a qu'à demander.

M. Chirac range les affaires de classe dans la besace, ferme le rabat et me la tend :

— Voilà, ma petite chérie, tu es prête pour tes cours. Tu vas bien travailler, hein, je compte sur toi.

— Oh oui, je vous le promets ! Merci Laurence, merci Claude.

Je les embrasse tous les trois, avant d'aller me coucher tôt afin d'être en forme pour attaquer ma première journée d'école.

Il est vrai que je me sens comme une petite fille depuis mon arrivée en France, et que je me comporte comme telle. J'ai tout un apprentissage à faire, pas seulement celui de la langue française. Mme Chirac l'a parfaitement compris, c'est pourquoi elle va, au fil des mois, me transmettre les bases qui me manquent, à la fois par la parole et par l'exemple, afin que je puisse progressivement devenir autonome. Elle est mon modèle et mon mentor.

Ce n'est pas évident, à vingt-deux ans et quatre ans après avoir arrêté mes études, de reprendre le chemin de l'école. D'autant plus que je n'ai qu'une matière, le français, et que je démarre pratiquement de zéro. Je peine et parfois je peste. Maudite langue, si belle, si subtile et si difficile. Mon larynx, éduqué à émettre les phonèmes vietnamiens, se refuse à prononcer correctement les diphtongues françaises et certains sons. Je n'arrive pas à contrôler cet organe rebelle, malgré des heures et des heures d'exercice. La grammaire n'a rien à voir avec celle de ma langue natale, c'est mon pire cauchemar. Il n'y a vraiment qu'en France, patrie à la fois du cartésianisme et du paradoxe, qu'on a pu forger cette phrase magnifique : « l'exception confirme la règle ». Le problème, c'est qu'il n'y a pas qu'une exception ni qu'une règle...

Néanmoins j'ai une chance dans mon malheur. La langue vietnamienne a été romanisée, c'est-à-dire que les idéogrammes ont été abandonnés au profit de l'alphabet occidental à partir du XVIIe siècle par des missionnaires européens. Qu'ils en soient remerciés ici !

Ce qui me plaît le moins toutefois, ce sont les devoirs à faire à la maison. Parce qu'ils occupent la plupart de mes soirées et me privent donc de l'un de mes plus grands plaisirs : regarder un western à la télévision avec M. Chirac. Non pas que les chevauchées ponctuées de coups de revolver et d'attaques de diligences ou de hululements sioux me passionnent, mais mon père, grand fan de John Wayne, en est friand. Madame ne reste jamais devant la télévision après le dîner, elle vaque à d'autres occupations ; Claude et Laurence préfèrent, elles, visionner un programme différent sur le récepteur de leurs chambres. Je reste donc seule avec Monsieur dans la salle à manger. Il me fait un clin d'œil et me dit :

— Viens, ma chérie, on va regarder ça tous les deux.

Il s'installe dans un fauteuil devant le poste, je tire ma chaise à côté de lui. De temps en temps il me prend la main et s'enquiert :

— Tu comprends l'histoire ?

Peu m'importe, ces instants d'intimité passés en sa compagnie me remplissent d'un bonheur indicible.

CHAPITRE 47

Laurence

M. Chirac, quoique absorbé par son travail de maire et ses responsabilités politiques au RPR récemment fondé, se montre néanmoins un père vigilant pour ses trois filles. Lors de chacun des repas qu'il prend avec nous dans la salle à manger de l'appartement, il nous pose des questions sur notre emploi du temps. En général il commence par moi. Comme je suis assise à côté de lui, il me tapote la main et me demande :

— Tout va bien ma petite ? Qu'est-ce que tu as fait de beau aujourd'hui ?

Ensuite il passe à Claude et à Laurence, il veut tout savoir. C'est un véritable papa poule, attentif et affectueux. Le soir, il vient même nous border pour la nuit et déposer un baiser sur chacune de nos paupières.

C'est au cours de ces repas que la maladie qui ronge insidieusement Laurence me devient perceptible. Depuis l'incident de Bity, je sais qu'elle n'est pas la jeune fille sans histoire qu'elle s'efforce de paraître. Il est vrai que rien d'autre que sa minceur un peu trop accentuée ne le laisse soupçonner à première vue ; il faut la côtoyer souvent pour remarquer que ses mains sont froides été comme hiver et qu'elle se couvre toujours beaucoup, comme une personne exagérément frileuse. Certes, elle est plus réservée que Claude et ne possède pas son allant, mais il s'agit avant tout d'une différence de tempérament. Et puis Claude est plus jeune, encore lycéenne, alors que Laurence poursuit, avec succès, des études difficiles et prenantes. Elle va à la fac, a des amis, sort et conduit sa voiture, une Austin rouge. En apparence tout va bien. Elle excelle à dissimuler sa fragilité sous une surface lisse.

En dehors de l'Hôtel de Ville, quand par exemple elle m'emmène déjeuner chez son amie Martine, Laurence, quoique dotée d'un petit appétit, mange à peu près normalement. Sans doute par politesse. En revanche, à la table familiale elle se sert des portions réduites et ne les finit pas toujours. Ce n'est pas le seul signe de ses difficultés intérieures. La façon dont elle regarde son père et quête son attention me déchire parfois le cœur. Pourtant il l'adore, mais c'est un homme très occupé qui peut rarement s'attarder. Ce qu'il donne à ses filles en qualité et dont Claude semble se satisfaire ne suffit pas à Laurence. Je sens chez elle une demande jamais comblée. Mme Chirac, loin d'avoir la froideur que des journalistes qui ne la connaissent pas se sont permis de lui attribuer en se fiant à son abord réservé, est au contraire très maternelle et tendre. Quand Laurence est malade, c'est elle qui descend à la pharmacie chercher les médicaments prescrits par le médecin et veille à ce qu'elle les absorbe. Mais sa fille ne semble pas avoir conscience de tout ce que sa mère fait pour elle et de l'immensité de l'amour qu'elle lui porte. Elle n'a d'yeux que pour ce père beau et brillant, aspiré par la spirale du pouvoir.

Alors la table familiale devient le champ d'une lutte feutrée. Laurence se fait souvent prier pour venir s'y asseoir, jusqu'à ce que son père en personne parte la chercher dans sa chambre. J'observe les coups d'œil que jettent ses parents au contenu de son assiette, jamais remplie, rarement vidée. L'inquiétude qu'ils taisent est néanmoins évidente. La seule fois où je vois M. Chirac se mettre en colère, lui d'humeur si égale habituellement, c'est lors d'un déjeuner où Laurence n'a pratiquement rien absorbé. Mme Chirac lui a plusieurs fois demandé de manger, sans résultat. M. Chirac lui fait les gros yeux, toujours rien. Il se contient pendant un moment encore puis le sang lui monte au visage et il explose :

— Mais tu vas manger, à la fin ? Mange, te diton !

Quand les parents sont absents, Laurence ne se joint pas à Claude et à moi pour les repas. Elle reste dans sa chambre où Lina lui porte un plateau. Je doute qu'elle y touche beaucoup.

Ni Monsieur ni Madame ne parlent jamais de la maladie de Laurence, que ce soit en sa présence ou en dehors. Le sujet est trop douloureux, c'est leur malheur et leur secret, ils le portent ensemble. Le reste de la maisonnée respecte ce silence, quelque pesant qu'il soit pour tous. Parfois quand nous sommes toutes les deux, Claude me dit :

— Elle est comme elle est, on n'y peut rien.

Et la conversation s'arrête là. C'est ainsi que Claude affronte une situation qui ne l'épargne pas non plus.

J'aime beaucoup Laurence, mais moi non plus je n'oserai jamais aborder le sujet ni avec elle ni avec M. ou Mme Chirac. Je sais qu'ils font tout ce qu'ils peuvent, que Laurence est suivie par les meilleurs médecins. De temps en temps, elle disparaît quelques semaines, aucune explication n'est donnée sur le motif de son absence. On ne prononce pas les mots cure, traitement, clinique, non, on ne dit rien. Nommer les choses, ce serait leur permettre de prendre corps.

Puis Laurence revient, comme si de rien n'était, à part ses joues moins creuses, et la vie reprend son cours. Jusqu'à la prochaine fois...

CHAPITRE 48

Premières nouvelles

À Bity déjà, M. Chirac avait commencé à me donner de l'argent de poche. Je n'ai eu aucune occasion de le dépenser et j'attends notre retour à Paris pour en faire bon usage.

Les premiers temps, je suis incapable de me déplacer par mes propres moyens et c'est le chauffeur qui me conduit. Mais dès que je baragouine quelques mots de français, Mme Chirac m'achète une carte orange et m'explique comment prendre le bus. En revanche, elle ne veut pas que je m'aventure dans le métro, qu'elle juge trop compliqué et trop dangereux pour une jeune fille seule qui ne connaît pas la capitale et ne parle pas le français.

Je profite de ce début d'autonomie pour me rendre, sur les conseils de Lina, à Barbès. J'y achète des sous-vêtements, des produits de toilette et des coupons de tissu, grâce à mon argent de poche.

Je rentre à l'Hôtel de Ville chargée de deux grands sacs marqués Tati et Marché Saint-Pierre. Comme ce n'est pas assez chic à mon avis pour passer par l'entrée principale, je me faufile par la petite porte de derrière qui me permet d'accéder directement au rez-de-chaussée où se trouve ma chambre.

Lina me trouve un grand carton et m'aide à confectionner un paquet assez solide pour voyager jusqu'au Viêtnam. J'étiquette chaque article avec le nom de son destinataire : les coupons et la crème de jour pour Maman, les tee-shirts pour mes frères, les sous-vêtements et les shampooings pour mes sœurs. Je glisse aussi dedans un petit mot expliquant ma nouvelle situation.

C'est malin, ça ! J'ai dépensé tout ce que M. Chirac m'avait donné, résultat je n'ai plus de quoi payer l'affranchissement. Comment faire ? Je n'ose pas demander à Madame, je ne sais pas pourquoi, car je suis persuadée qu'elle n'y verrait aucun problème. Mais quand il s'agit de questions d'argent, je préfère m'adresser à Monsieur. Un tour au deuxième étage s'impose donc, direction le bureau du maire. Il appelle une secrétaire afin qu'elle m'accompagne à la poste et règle l'affranchissement. Parfait !

Trois semaines s'écoulent avant que l'huissier qui remet le courrier ne me tende, un matin d'octobre 1979, son plateau argenté. Dessus, une enveloppe avion. Je reconnais tout de suite l'écriture. C'est celle de ma mère. Mon cœur fait un bond dans ma poitrine, avant d'entamer une gigue effrénée. Je saisis l'enveloppe d'une main tremblante puis la retourne pour m'assurer que je ne me suis pas trompée. Non, l'adresse et le nom de l'expéditeur confirment la provenance de la missive. Je demande à l'huissier de m'excuser et je cours vers ma chambre, manquant de tomber dans l'escalier que je ne vois pas car mes yeux ne peuvent se détacher de la lettre. Je déchiquette l'enveloppe sans même penser à utiliser le coupe-papier posé sur ma table. Je pleure tellement que j'ai du mal à lire ; les larmes déforment l'écriture qui court sur plusieurs pages.

Ce n'est plus celle de ma mère, mais celle de ma sœur Hoang Mai qui a écrit sous sa dictée. Ma mère me remercie de mon colis et me donne des nouvelles de mes frères et sœurs. Tout le monde va bien, je suis soulagée de l'apprendre, et mon père est toujours emprisonné, mais vivant. Mon frère Viet Phuong est parti très loin, la lettre ne dit pas où. La vie est encore plus dure qu'avant mon départ, et ma mère me fait comprendre qu'elle a besoin d'aide et compte sur moi. Je lis et relis la lettre, un peu rassurée sur le sort de ma famille en même temps que honteuse de ma chance. Moi je vis comme une princesse pendant qu'eux crèvent de faim et de misère. Vivement que je puisse leur envoyer un autre colis !

Quelques jours après, M. Chirac me prend à part :

— Je vais te donner de l'argent pour expédier à ta famille, elle doit en avoir bien besoin. Tiens, prends ça, un membre de mon cabinet t'accompagnera à l'association France-Asie pour organiser le transfert afin que nous soyons sûrs que l'argent parviendra effectivement à ta maman.

Pendant qu'il parle, il glisse une liasse de billets dans ma main, qu'il referme en posant la sienne dessus. Les mots me manquent pour exprimer ma gratitude, je me hisse sur la pointe des pieds pour claquer un gros baiser sur sa joue.

— Ce n'est rien, c'est normal. Je te redonnerai la même somme le mois prochain, dit-il en ébouriffant mes cheveux d'un geste affectueux avant de regagner son bureau à grandes enjambées.

Je n'ai pas pu refuser. Il a l'art de donner à sa bonté l'apparence du plus parfait naturel. Et je sais à quel point cet argent va soulager ma mère.

Moins d'un mois après, je trouve une autre lettre en provenance du Viêtnam. Cette fois-ci, ma mère l'a écrite entièrement de sa main. Elle a bien reçu l'argent et me prie de transmettre ses remerciements les plus chaleureux à M. Chirac. Cette manne inespérée lui redonne espoir, je le sens. Elle m'informe que mon frère Viet Phuong a émigré au Canada. Le reste de la famille est toujours au Viêtnam.

Dès que je serai en mesure de gagner de l'argent, c'est moi qui en enverrai. Mais ce n'est pas pour demain.

CHAPITRE 49

Neige et conséquences

Une grande nouvelle tombe en décembre : nous partons à la montagne. Génial ! J'espère qu'il y aura de la neige, je n'en ai vu qu'au cinéma, jamais pour de vrai.

Dix jours avant Noël toute la famille prend le train, direction la Haute-Savoie. Mon souhait est comblé au-delà de toutes mes espérances. Des tonnes de neige recouvrent les montagnes, à perte de vue.

Nous disposons de deux chalets situés à proximité. L'un pour les parents, l'autre pour les enfants, rejoints par la bande de copains de Claude. Nous nous retrouvons tous ensemble pour les repas. Je passe une partie de la première nuit à la fenêtre de ma chambre, en contemplation extatique devant un spectacle magique : la valse des flocons au clair de lune. Demain, j'y goûte ! Ma nuit est courte, j'ai hâte de sortir pour me rouler dans la neige et la pétrir en boules. Je ne sens même pas le froid qui fait virer mes mains au violet tant cette nouvelle sensation me plaît.

Tout le monde fait du ski, excepté Mme Chirac et moi. Je l'accompagne en promenade, avec un regard d'envie pour les silhouettes qui virevoltent sur les pentes. Mais les balades ne suffisent pas à remplir mes journées. M. Chirac remarque vite que je m'ennuie et le deuxième jour, après le déjeuner, il m'emmène prendre les œufs qui descendent au centre de la station. Nous commençons par l'école de ski où un moniteur nous accueille :

— Bonjour, monsieur Chirac, que puis-je faire pour vous ?

— Pour moi rien merci, mais pour la petite jeune fille si, il lui faudrait huit jours de leçons particulières.

Ensuite, direction un magasin d'articles de sport. M. Chirac me dit de sélectionner plusieurs combinaisons de ski et d'aller les essayer. Pendant ce temps-là, il complète mon équipement avec un bonnet, des gants, une paire de lunettes adaptées, une écharpe, auxquels il ajoute un anorak et des pulls à col roulé. La combinaison de ski que j'ai choisie est trop longue, il demande si l'ourlet peut être fait immédiatement car mes cours commencent le lendemain matin. Nous nous dirigeons ensuite vers la partie du magasin consacrée à la location de matériel. J'en ressors munie de chaussures, skis et bâtons à ma taille. M. Chirac me prend la main :

— Voilà, ma petite, tu vas pouvoir faire du ski comme tout le monde ! Tu es contente ?

— Ah oui alors ! réponds-je avec enthousiasme.

Nous rentrons au chalet.

— Bernadette, c'est réglé, Anh Dao commence le ski demain.

— Vous croyez que c'est bien prudent, Jacques ? J'ai peur qu'elle se fasse mal.

— Mais non, Bernadette, ne vous inquiétez pas. Elle tombera un peu au début comme tout le monde, ce n'est pas grave, elle est jeune et souple.

Effectivement, après des débuts hésitants, je commence à me débrouiller et à apprécier ce sport nouveau pour moi. Quelques jours suffisent pour que je me sente assez assurée pour partir seule sur les pistes après mes leçons. J'ai même la chance de rencontrer une dame vietnamienne. Je lui demande si je peux skier avec elle. Elle accepte en me recommandant de faire bien attention car il neige et on distingue mal le relief.

Nous voici en haut d'une piste bleue. Je descends en chasse-neige comme mon moniteur me l'a appris, suivant à distance ma nouvelle connaissance, plus aguerrie et plus rapide que moi. À propos de vitesse, j'ai l'impression de ne plus contrôler la mienne, j'accélère sans le vouloir et je n'arrive pas à prendre assez de carres pour freiner. Dans ces cas-là, une seule solution, car je ne sais pas m'arrêter d'un coup : me laisser tomber sur le côté. Seulement je m'emberlificote dans mes bâtons et au moment où je chois sur le derrière, j'entends un craquement de mauvais augure. Aïe, mon coude !

Impossible de me relever. Des skieurs, me voyant en difficulté, s'arrêtent pour me proposer de l'aide. Oui, je crains qu'il ne faille appeler les secours. Je tends le petit carton sur lequel figure le numéro du chalet, précédé du nom Jacques Chirac. Ce qui produit son petit effet ; comme toujours j'ai droit à des regards incrédules. Quelle relation peut-il bien y avoir entre cette jeune Asiatique et le tout-puissant maire de Paris ? Expliquer qu'il s'agit de mon père n'arrange rien...

Et ma mère, que va-t-elle dire ? Elle va me gronder de m'être blessée aussi bêtement, et elle aura raison. Quelle idée de partir skier seule alors que c'est à peine si je sais faire un virage !

CHAPITRE 50

Noël blanc

Les pistards arrivent, ils m'allongent sur une civière. Cette descente en position horizontale me fait tout drôle, je pense moins à la douleur qui pulse dans mon bras à chaque cahot. M. Chirac est déjà au poste de secours quand nous y arrivons car c'est lui qui a répondu au téléphone.

— Vous avez prévenu Madame ? Elle n'est pas trop fâchée ?

— Mais non, ma petite chérie, ce sont des choses qui arrivent, ce n'est pas grave.

Il m'accompagne à la clinique de la station pour que je sois radiographiée et examinée par un médecin. Le praticien veut m'opérer dès le lendemain. M. Chirac ne l'entend pas de cette oreille :

— Pas question, elle rentre à Paris et elle sera opérée à Cochin par le chirurgien qui m'a soigné après mon accident de voiture.

Au chalet, Mme Chirac nous attend ; elle a l'air anxieuse. Elle regarde mon bras en écharpe en faisant la grimace :

— Ma pauvre chérie, ce doit être horriblement douloureux.

M. Chirac lui expose sa décision, puis il se tourne vers moi :

— Ne t'inquiète pas, tu vas rentrer ce soir par le train, demain matin tu seras admise à Cochin pour y être opérée tout de suite. Nous rentrerons demain soir, après-demain nous serons auprès de toi.

Mon retour est organisé séance tenante, en une heure tout est arrangé et l'hôpital prévenu. Mme Chirac a même eu l'idée d'appeler une religieuse qu'elle connaît dans la région pour qu'elle voyage avec moi jusqu'à Paris où Mme Esnous, la secrétaire de M. Chirac, prendra le relais.

Malgré les calmants prescrits par le médecin de la station, mon coude me fait si mal que c'est à peine si j'arrive à somnoler par bribes dans le train. La religieuse me parle presque toute la nuit pour me distraire de ma douleur.

Enfin le train fait son entrée dans la gare de Lyon. Mme Esnous m'attend sur le quai. Moins d'une demi-heure plus tard, nous franchissons le seuil de l'hôpital Cochin. Une équipe médicale en tenue de combat guette mon arrivée, on m'allonge sur un brancard et en route pour le bloc !

Mon bras a gonflé, il faut découper la jolie chemise en flanelle bleue offerte par Mme Chirac pour l'en dégager.

Je me réveille dans une chambre inconnue, la tête dans le brouillard. Le plâtre qui orne désormais mon bras me fait comprendre que l'opération a eu lieu. Le lendemain, comme promis, M. et Mme Chirac viennent me voir. Pour une fois, c'est elle qui prend la parole en premier :

— Ça va, ma petite, tu te sens mieux ? Tiens, je t'ai apporté ton cadeau de Noël.

Une radiocassette ! Exactement ce que je voulais. Eh oui, je n'avais même pas réalisé que nous sommes le 23 décembre. Zut, à cause de ce stupide coude je vais louper mon premier Noël français ! Tant pis, je me rattraperai à la Saint-Sylvestre.

Ce soir de Noël, je le passe donc à Cochin avec les infirmières. J'assiste à la messe de minuit célébrée dans une salle de l'hôpital. Trois jours plus tard, le médecin m'autorise à partir. C'est Mme Esnous qui, une fois de plus, vient me chercher pour me conduire à l'Hôtel de Ville.

Je me repose un peu dans ma chambre puis nous partons déjeuner chez M. et Mme Chodron de Courcel, les parents de Mme Chirac, boulevard Raspail. Sous le grand sapin, il y a des cadeaux pour toute la famille, y compris pour moi. J'avais déjà trouvé des parents et des sœurs, me voici maintenant pourvue de grands-parents. Quel bonheur de retrouver une atmosphère familiale, certes bien différente du Viêtnam à maints égards, mais tout aussi chaleureuse.

Six semaines de plâtre, c'est horriblement long. Et pas pratique du tout. Je suis incapable de couper ma viande, par exemple. J'ai beau affirmer que je peux très bien me passer de bifteck, Monsieur, Madame, Claude et Laurence jouent du couteau pour moi, chacun leur tour. Quant au shampooing, c'est Madame qui me le fait elle-même dans le lavabo de ma salle de bain. Elle me prête une aiguille à tricoter pour me gratter, après m'avoir recommandé d'y aller doucement pour ne pas accrocher les vis qui, sous ma peau, fixent mon coude démantibulé. Lina et Jacqueline, la lingère, m'aident aussi. Tout le monde dans cette maison est aux petits soins pour moi. Enfin Mme Esnous me ramène à Cochin pour enlever la gangue qui me handicape. Suivent les indispensables séances de rééducation pour lesquelles je retourne à l'hôpital toute seule, comme une grande, en autobus.

Nous passons le réveillon du jour de l'an à l'Hôtel de Ville, avec toute la famille. M. Chirac s'entend très bien avec sa belle-mère, toujours assise à sa droite, c'est un plaisir de voir leur connivence. Les traditions sont respectées, champagne, foie gras et embrassade générale lorsque sonnent les douze coups de minuit. Rien à voir avec mon dernier réveillon, à base de riz à moitié cuit à l'eau de mer, à Poulo-Bidong ! Comme il me semble loin, c'était dans une autre vie…

CHAPITRE 51

Une éducation exemplaire

Une des choses que j'admire le plus chez Mme Chirac, c'est la façon dont elle mène sa vie en accord avec ses convictions. Son élégance, sa courtoisie, sa culture, tout ça pourrait n'être, en fin de compte, qu'un vernis superficiel posé par l'éducation. De même, son action charitable pourrait être uniquement dictée par le souci de soutenir la carrière de son mari et d'occuper ses journées. Il n'en est rien, elle me le prouve chaque jour. Sans phrase, par ses actes.

Au début du mois de septembre 1979, alors que Claude et Laurence sont encore absentes de Paris, Mme Chirac m'emmène à une cérémonie à Notre-Dame. Le chauffeur nous conduit et nous dépose sur le parvis où se presse une foule élégante. Mme Chirac me recommande :

— Tu restes à côté de moi.

J'entre à sa suite dans la cathédrale. Encore un rêve sur le point de se réaliser : entendre la messe ici. Elle me guide vers les places marquées qui lui sont réservées. Elle s'assied et avant que j'aie eu le temps de m'installer à côté d'elle, une dame très chic me souffle la chaise. Mme Chirac se tourne vers elle :

— Ah non, désolée, madame, vous ne pouvez pas vous asseoir ici, c'est la place de ma fille.

L'aristocrate me toise, la mine effarée, du haut de ses quarante quartiers de noblesse. Moi, la fille de Mme Chirac, avec ma face jaune, la seule dans un océan de visages blancs ? Il y a de quoi en perdre son latin de messe…

Claude rentre à Paris et, quelques semaines plus tard, me propose de l'accompagner à la soirée d'anniversaire de son amie Christine, ce que j'accepte avec joie. Mme Chirac, en mère vigilante, ne plaisante pas avec les horaires : nous avons la permission de minuit. Encore faut-il qu'elle sache où nous nous rendons, et que Claude lui laisse l'adresse et le numéro de téléphone. La soirée est très réussie, et malgré mes coups d'œil appuyés vers mon bracelet-montre – encore un cadeau des Chirac – Claude ne se décide pas à partir. Elle me fait signe que ce n'est pas grave, d'un geste désinvolte qui envoie promener la perspective de la férule maternelle. Bon, elle doit savoir ce qu'elle fait.

Minuit et demi, une heure, une heure et demie… Enfin, Claude se lève et va chercher sa veste. Nous rentrons sur la pointe des pieds dans l'entrée obscure. Tout semble endormi, aucun rai de lumière ne filtre sous les portes. Nous nous dirigeons vers le couloir qui mène à nos chambres, quand nous entendons une porte s'ouvrir dans notre dos. Une voix s'élève :

— C'est à cette heure-ci que vous rentrez, les filles ? Vous savez qu'il est deux heures du matin ? Hein, Claude, tu me réponds ?

Aïe aïe aïe ! Mme Chirac nous attendait dans le salon dont elle n'avait pas allumé le lustre pour mieux nous surprendre.

— Oui, d'accord, on a compris. On peut aller dormir maintenant ?

Le ton sur lequel Claude prononce ces mots mêle l'indifférence à la lassitude, à la lisière de l'insolence pure et simple.

— Et toi, Anh Dao, tu as compris ?

Si je pouvais disparaître sous le tapis, je le ferais volontiers…

Madame ne se plaint jamais et offre au monde un visage perpétuellement serein. Le couple qu'elle forme avec son mari présente toutes les apparences d'une union sans nuage. Y compris pour moi qui les observe quotidiennement.

Mme Chirac s'implique concrètement dans les activités de la cellule d'action sociale de la mairie. Elle visite régulièrement, entre autres, les centres pour handicapés et les foyers pour personnes âgées de la ville. Le sort de ces deux catégories la préoccupe tout particulièrement et elle leur consacre une grande partie de son temps. Les week-ends où elle ne part pas pour la Corrèze, elle va chercher elle-même, au volant de sa voiture, une personne âgée ou handicapée, qu'elle ramène déjeuner à l'Hôtel de Ville et avec laquelle elle passe une partie de l'après-midi, avant de la reconduire. Aux méchantes langues qui seraient tentées de m'accuser de sombrer dans l'hagiographie, je répondrais simplement que je me contente de rapporter des faits dont j'ai été le témoin.

Quand mes cours m'en laissent le temps, elle m'emmène avec elle. Ce que je préfère, ce sont les visites aux personnes âgées. Le respect des anciens est l'un des fondements de la culture asiatique, j'en ai été imprégnée dès l'enfance. La traversée de la vie leur a enseigné mille choses que j'ignore encore, et les traces qu'en portent leurs visages m'émeuvent. Il y a aussi chez eux une fragilité qui me donne envie de les aider. Chaque fois que mon regard s'attarde sur une tête blanchie, je pense à mes parents. L'opportunité me sera-t-elle donnée d'adoucir leurs vieux jours ? Les reverrai-je avant qu'ils ne quittent ce monde ?

Il arrive aussi que Madame me remette une liste de personnes d'origine vietnamienne en me demandant d'aller les visiter à sa place. Je suis très fière qu'elle me juge apte à la seconder. Au retour, je lui fais mon rapport.

À l'issue de mon stage intensif chez Berlitz, Mme Chirac me propose de me trouver un travail dans un foyer de personnes âgées qui se trouve tout près de l'Hôtel de Ville, rue de l'Ave-Maria dans le IVe arrondissement. Ce serait une bonne façon pour moi de pratiquer le français au quotidien et en situation réelle. Je trouve que c'est une excellente idée, je brûle de me rendre utile.

Cerise sur le gâteau, je serai rémunérée au SMIC. Mme Chirac veut que je mette cet argent de côté pour plus tard, tant que je vivrai avec eux je n'en aurai pas besoin, me dit-elle. Il est vrai que l'argent de poche que continue à me dispenser M. Chirac suffit amplement à mes besoins, et Mme Chirac donne à Claude l'argent nécessaire pour m'habiller de pied en cap. Nous descendons au bureau de poste situé au rez-de-chaussée de l'Hôtel de Ville. Le receveur, qui est un ami personnel du maire, nous reçoit. Mme Chirac choisit de m'ouvrir un livret A et décline l'offre de chéquier. Cet argent doit faire des petits, pas question que je le dilapide en fanfreluches.

CHAPITRE 52

Le prince charmant et le chevalier servant

C'est ainsi que le 1er mars 1980 je fais mes débuts dans le monde du travail. Je commence à sept heures du matin, ce qui ne pose aucun problème car je suis matinale, et termine à quinze heures. Lina vient me réveiller avec un plateau de petit déjeuner à six heures. Ensuite, c'est moi qui sers les pensionnaires du foyer. Ce renversement de situation me paraît un juste retour des choses. Même si Lina s'en inquiète : « Ce doit être dur pour vous, Mademoiselle ! ». Je la rassure : au contraire j'en suis ravie. Il est vrai que les premières semaines ne sont pas faciles, je ne comprends pas la moitié de ce qu'on me demande et je ne suis donc pas toujours capable d'y répondre comme il faudrait. Mais je trouve un truc pour m'aider : un petit carnet sur lequel je note les goûts et les manies de chacun des pensionnaires.

J'apprends à les connaître, ils apprennent à m'apprécier. À la différence de certains autres employés du foyer, j'aime mon travail car il me permet de me rendre utile auprès de personnes pour lesquelles j'éprouve respect et affection. Je vois bien à quel point un sourire, un mot aimable adoucissent leurs vieux jours et je ne me prive pas de leur en distribuer.

Au début, seul le directeur du foyer sait que je vis chez les Chirac, information qu'il se garde d'ébruiter auprès du reste du personnel. Mais moi je n'observe pas la même prudence car il y a des moments où je ne résiste pas au plaisir d'étaler ma bonne fortune. Mal m'en prend. Mes dires suscitent soit le scepticisme, soit la raillerie. Ou même la méfiance de ce sous-directeur, apparenté à l'UDF, qui refuse que je le serve à table de peur que je n'aille répéter ses propos à M. Chirac, fondateur du RPR. Comme si ses billevesées de petit fonctionnaire entiché de politique pouvaient intéresser qui que ce soit...

Le 30 mai, le parvis de l'Hôtel de Ville revêt des atours de fête pour recevoir un hôte de marque, le pape Jean-Paul II. Un grand velum blanc drape la façade du bâtiment, une estrade a été dressée et un tapis rouge attend la mule papale. En cette fin d'après-midi, une foule nombreuse est rassemblée pour accueillir le Saint-Père qui arrivera de Notre-Dame. M. Chirac est au premier rang des officiels massés sur l'estrade. Je me suis glissée à quelques rangs derrière lui, le cœur battant à la pensée de voir en chair et en os l'un des personnages que j'admire le plus au monde, non seulement en tant que chef de l'église catholique, mais aussi et surtout en tant qu'homme de paix.

Quand le pape sort de sa voiture, la foule se rue vers lui, le service d'ordre peine à contenir son enthousiasme. Ma timidité s'envole, j'oublie le protocole et les bonnes manières. C'est une chance qui ne se représentera peut-être jamais, et à mon avis je dois en profiter coûte que coûte. Pendant que tous les regards sont tournés vers l'hôte de marque du maire, je me faufile à côté de M. Chirac, et je lui demande :

— S'il vous plaît, présentez-moi au pape !

Bon prince, il accède à ma requête en ces termes :

— Ma troisième fille, Anh Dao.

Je baise l'anneau papal, tellement impressionnée que je n'ose pas lever les yeux vers Jean-Paul II.

Mes horaires de travail me laissant libre de mes mouvements en pleine après-midi, j'en profite pour arpenter le Quartier latin, tout proche. C'est ainsi que je me fais une amie, Vietnamienne comme moi mais en France depuis beaucoup plus longtemps. Elle s'appelle Josiane et travaille avec ses parents, dans leur boutique de traiteur asiatique. Il n'y a rien à faire, il faut toujours que je trouve un moyen de renouer avec ma langue maternelle. C'est tout ce qu'il me reste de mon histoire.

Josiane me présente l'un de ses amis nommé Michel Pham, un très gentil garçon lui aussi d'origine vietnamienne, arrivé en France voilà déjà plusieurs années. Il me manifeste rapidement un intérêt certain, dont je me doute bientôt qu'il n'est pas purement amical. Or, quand je viens voir Josiane, ce n'est pas lui qui retient mon attention mais l'un de ses habitués, un avocat aux beaux yeux verts, prénommé Pierre.

Il doit avoir une bonne dizaine d'années de plus que moi. Dès qu'il passe la porte de la boutique, je demande à Josiane la faveur de me laisser le servir. Au fil du temps, nous commençons à parler ensemble. Pierre s'amuse de mon manège, comprenant vite que je suis un peu amoureuse de lui. Je ne lui déplais pas, cependant il ne veut pas que je me fasse d'illusions. Alors il m'explique sa conception des relations amoureuses :

— On est en France, ici on couche ensemble.

— Pas question ! me récrié-je.

Pierre a le profil du Prince Charmant de mes rêves et ce n'est pas d'une passade dont j'ai envie. Je veux du sérieux, du tulle et la bague au doigt. Mais lui me voit comme une charmante poupée exotique, uniquement susceptible de le divertir durant quelques semaines.

Pendant que je fais des grâces au bel avocat, Michel s'assied dans un coin et attend patiemment qu'il s'en aille. Puis il s'approche et me propose de me raccompagner à l'Hôtel de Ville. Chemin faisant nous discutons et j'apprends à apprécier sa gentillesse et son dévouement à mon égard. Ce n'est pas désagréable d'avoir un chevalier servant qui me regarde comme si j'étais la septième merveille du monde, je l'avoue…

Au bout de quelques semaines, il s'enhardit jusqu'à me prendre la main lors de nos balades. Ce n'est guère compromettant et il semble en être très heureux ; je le laisse donc faire.

CHAPITRE 53

From Canada with love

Je ne sais pas exactement quelle heure il est car cela fait un moment que j'ai éteint la lumière. Je suis dans cet entre-deux brumeux qui sépare la veille du sommeil quand j'entends une voix masculine crier mon nom. Je me redresse, pas de doute, c'est M. Chirac qui m'appelle. Que peut-il bien se passer ? Je bondis jusqu'à la porte de ma chambre qui donne sur le couloir et sa voix me parvient distinctement :

— Anh Dao, dépêche-toi de venir, c'est ton frère au téléphone. Vite, il appelle du Canada !

— J'arrive, j'arrive !

Sans perdre une seconde, je pique un sprint jusqu'au premier étage. M. Chirac me fait signe de le suivre. Les pans de sa robe de chambre se soulèvent, il est jambes nues en dessous. Il me fait entrer dans l'antichambre et me désigne l'appareil téléphonique décroché sur le bureau.

— Prends la communication ici.

— Mais je vais réveiller Madame.

— Ce n'est pas grave, vas-y.

Comme c'est bon, cette voix familière à mon oreille. Viet Phuong commence par me demander de l'excuser à nouveau auprès de M. Chirac, il s'est trompé en calculant le décalage horaire avec la France et ne pensait pas appeler si tard. Ensuite il me raconte comment il a quitté le Viêtnam, quelques mois après moi.

Sa traversée a été bien pire que la mienne car quand son bateau a atteint la côte malaise, les policiers l'ont rejeté à la mer, par dépit de n'avoir pu rançonner ses passagers qui ne possédaient ni argent ni bijoux. En tout il lui a fallu trois semaines avant de pouvoir débarquer, en Indonésie cette fois. En revanche il a séjourné en camp moins longtemps que moi, quatre mois seulement. Cela fait maintenant un bon semestre qu'il a émigré au Canada, à Edmondtown, capitale de la province d'Alberta. Un froid terrifiant y règne l'hiver, auquel il a eu quelques difficultés à s'adapter. Au début il n'a pu trouver qu'un job d'homme de ménage, travaillant de nuit. Parallèlement il a repris des études d'informatique. Il vient cependant de décrocher un emploi un peu mieux rémunéré dans une entreprise de climatisation et partage une maison en colocation.

— Demande à M. Chirac qu'il te laisse venir me voir cet été.

Le lendemain, après que j'ai renouvelé les excuses de mon frère auprès de M. Chirac, ce dernier me dit :

— Veux-tu que ton frère vienne te voir en France ?

— C'est-à-dire qu'il m'a proposé d'aller chez lui au Canada pendant les vacances.

— Pas de problème, je vais arranger ça. Tu pourrais partir là-bas un mois, qu'est-ce que tu en penses ?

— Oh, ce serait vraiment formidable !

— Alors c'est entendu.

— Merci, merci, vous ne pouvez pas savoir comme ça me fait plaisir !

— Oh je m'en doute, ma petite chérie.

L'été arrive vite. M. Chirac a intercédé auprès du directeur du foyer pour que je puisse partir plus longtemps, six semaines en tout. Je prends plein de photographies à l'Hôtel de Ville, je veux montrer à mon frère où et avec qui je vis. M. et Mme Chirac, Claude, Laurence, Lina, Jacqueline la lingère, Luis le maître d'hôtel, Jacques le cuisinier, je mitraille tout le monde. J'emporte du vin, du champagne et des cadeaux pour mon frère.

À Montréal, je dois non seulement changer d'avion mais aussi d'aéroport, ce qui m'angoisse un peu à l'avance. J'ai peur de ne pas savoir me débrouiller, de ne pas trouver la navette, de me tromper de bus, de manquer la correspondance.

Pourtant mon précédent voyage était autrement plus risqué et je m'y suis aventurée sans me faire autant de souci.

J'arrive finalement sans encombre à Edmondtown, vers minuit heure locale. Mon frère est venu me chercher à l'aéroport. Il éclate en gros sanglots en m'embrassant et me tient serrée contre lui pendant de longues minutes en hoquetant. Je trouve qu'un homme qui pleure est encore plus bouleversant qu'une femme en larmes. Il faut qu'une émotion violente le submerge pour qu'il échappe à la proscription prononcée depuis l'enfance : un garçon ne pleure pas. C'est moi qui dois secouer mon frère pour qu'il se reprenne :

— Allez, viens, on ne va pas passer la nuit là.

Nous essuyons nos larmes en riant et sortons enfin de l'aéroport.

Il partage sa maison avec trois garçons et trois filles, tous d'origine vietnamienne. Quand il m'explique qu'il était à une soirée avant de venir me chercher, j'insiste pour qu'il y retourne et surtout m'y emmène. Je ne suis pas là pour dormir ! Et je meurs d'envie de rencontrer de nouvelles têtes. Résultat, nous faisons la fête jusqu'à six heures du matin.

Mon frère me trouve changée. Je le sens à la façon dont il me regarde. Il n'a pas tort : je joue la Parisienne affranchie, je fume et je me comporte avec beaucoup d'assurance. Trop à son goût, mais au lieu de me le dire en face, il écrit à notre mère pour se plaindre de mon émancipation.

L'un de ses amis vietnamiens me drague, mon frère n'apprécie pas et va même jusqu'à se lancer à notre poursuite lorsque j'accepte de faire un tour dans la voiture de sport de ce soupirant. Il m'oblige à en descendre et à rentrer avec lui. L'émigration ne lui a pas ôté ses réflexes ancestraux : il me surveille comme si nous étions encore au Viêtnam. En plus, il me fait la tête pendant plusieurs jours, sans que j'arrive à le convaincre que je ne faisais rien de mal. Quoique cette démonstration de machisme m'agace, je décide de passer l'éponge afin de ne pas gâcher la fin de mon séjour.

Le 22 août, jour de mon anniversaire, mon frère organise une *party* dans le sous-sol de la maison, le *basement* comme on l'appelle ici, dévolu à cet usage. Je flirte un peu mais sans plus, je sais que je vais bientôt repartir et je n'ai aucune envie de faire ma vie ici. Évidemment il ne voit pas d'un très bon œil que je me laisse embrasser. Aussi, une fois la fête terminée, je tiens à le rassurer :

— Je veux vivre en France et épouser un Français.

— Avec ton fichu caractère, ça m'étonnerait que tu en trouves un qui accepte !, me rétorque-t-il.

CHAPITRE 54

Retour au bercail

J'ai été très contente de revoir mon frère et de découvrir le Canada, mais j'ai hâte de retrouver Paris, ma chambre à l'Hôtel de Ville et ma deuxième famille. Je n'ai pas donné la date exacte de mon retour, donc personne ne vient me chercher à Roissy. Désormais je me sens capable de me débrouiller seule, la période de régression qui a suivi mon arrivée en France est terminée et je suis redevenue une grande fille.

Je monte dans un taxi et je dis au chauffeur :

— À l'Hôtel de Ville ! C'est ma maison.

Dans le rétroviseur, il me jette un coup d'œil sceptique. J'ai l'habitude. Personne ne me croit quand je dis que je vis dans la famille de Jacques Chirac et que lui et son épouse se comportent vis-à-vis de moi comme de véritables parents. On me prend pour une mythomane. Même le vépéciste auquel je commande des produits de beauté vérifie mon adresse…

Je ne rentre pas les mains vides, j'ai des cadeaux pour tout le monde. Des sweat-shirts pour Claude et Laurence. Des cigares de Cuba pour M. Chirac, qui aime en fumer de temps en temps après un bon repas.

— Mais il ne fallait pas, ma petite. Ça coûte trop cher !, dit-il.

Pour Mme Chirac, j'ai longtemps cherché. Elle a tout, ce n'est pas facile de trouver ce qui pourrait lui faire plaisir. Jusqu'à ce que je tombe en arrêt devant un joli cadre. En fait, c'est le poème inscrit à l'intérieur qui m'a plu parce qu'il exprime l'amour d'une fille pour sa mère. Bien mieux que je ne saurais le faire.

À l'expression émue de Madame quand elle le lit, je vois que j'ai touché juste.

— Regardez, Jacques, comme elle a bien choisi le texte.

Puis son regard cherche le mien et j'y lis la tendresse et l'acceptation, comme au premier jour. Que c'est bon de retrouver sa famille !

Après cette escapade canadienne, je reprends mon travail au foyer de l'Ave Maria. Un événement majeur que j'attends depuis un an se produit en octobre 1980 et me procure l'une des plus grandes joies de mon existence : j'obtiens la nationalité française. Le pays qui m'a recueillie m'adopte. Maintenant je suis assurée de pouvoir faire ma vie ici.

Et si j'en profitais pour franciser mon prénom ? Ou alors carrément en changer ? Tiens, pourquoi pas Brigitte, en souvenir du culte que vouait mon père à Brigitte Bardot ? J'évoque cette idée devant M. Chirac, qui s'empresse de m'en dissuader.

— Ton prénom vietnamien est très beau et facile à prononcer pour des Français. Et la première syllabe sonne comme Anne, tu n'as donc pas de raison d'abandonner cette partie de ton identité.

Vingt-cinq ans plus tard, je me réjouis encore d'avoir suivi son conseil avisé. Brigitte, quelle idée stupide ! Ça m'irait comme un kilt à un Sénégalais...

L'octroi de la nationalité française me permet également d'entamer la procédure de regroupement familial. Je sais déjà que ce sera long, je n'imagine pas encore à quel point. Je voudrais surtout pouvoir faire venir ma mère, et mon père quand il sera libéré. Évidemment, si mes frères et sœurs pouvaient les accompagner, mon bonheur serait complet. Mais peut-être ne faut-il pas trop espérer.

Je continue à aller voir mon amie Josiane. Son copain Michel se montre plus empressé que jamais. De mon côté, l'histoire avortée avec Pierre m'amène à considérer mon avenir de façon un peu plus réaliste. Si je ne range pas le Prince Charmant dans le coffre à jouets de mon enfance révolue, je risque fort de finir vieille fille. Et ça, c'est hors de question. J'ai envie de vivre en couple et d'avoir des enfants, tout bêtement.

Je sais que Michel m'aime profondément. Les sentiments que j'éprouve pour lui sont hélas d'une autre nature. De l'attachement, de l'affection, de la tendresse, du respect, de l'estime, oui. De l'amour, pas exactement. D'ailleurs je me montre franche à ce sujet avec lui car je me refuse à le mener en bateau.

J'apprécie sa gentillesse et son sérieux, je me sens bien avec lui, je lui fais confiance, je suis contente de le voir, mais mon cœur ne se met à pas battre la chamade dès que je l'aperçois et le quitter ne constitue en rien un arrachement. En outre je ne le trouve pas beau. Est-ce indispensable pour fonder une union solide ? Pas forcément. Peut-être aussi ne suis-je pas destinée à me consumer dans les embrasements de la passion. En revanche je me sens prête pour les joies de la vie de couple et surtout de famille.

Oui, mais à vingt-trois ans révolus, je n'ai fait l'amour qu'une seule fois et le moins qu'on en puisse dire, c'est que cette étreinte ne m'a pas laissé un souvenir ébloui…

Michel ne se contente plus de me tenir la main et pousse un peu plus loin son avantage. Ce flirt finit par me donner envie d'effectuer une nouvelle tentative. Finalement, ce n'est pas si mal… Et même de mieux en mieux.

Nous allons dans un petit hôtel de Montparnasse, je ne veux surtout pas risquer de croiser quelqu'un qui pourrait révéler à Mme Chirac que je suis sortie du droit chemin ! En accord avec son éducation et ses convictions chrétiennes, elle ne badine pas avec l'amour. Une jeune fille doit préserver sa virginité jusqu'au soir de ses noces, et tutti quanti. Quand Laurence ou Claude et moi nous apprêtons à sortir et qu'elle nous recommande d'être sages, je n'ai pas le cœur de lui avouer qu'il est trop tard en ce qui me concerne.

Je rentre avant 20 heures, pour le repas du soir ; jamais je n'oserai découcher. Quand je sors, je préviens Madame et lui indique l'heure, raisonnable, à laquelle je rentrerai. Cela me paraît relever du respect élémentaire que de me soumettre de moi-même aux règles en vigueur dans la famille. D'ailleurs je sais qu'elle s'enquiert de l'heure de mon retour et qu'elle regarde si la lumière est allumée dans ma chambre. Peu à peu elle autorise Michel à venir me voir à l'Hôtel de Ville. Au salon, mais évidemment pas dans ma chambre. Et comme il se montre extrêmement respectueux et poli envers elle, elle ne voit pas d'un mauvais œil cette fréquentation dont elle est très loin de suspecter la teneur exacte…

CHAPITRE 55

Première campagne

Aussi surprenant que cela puisse paraître au sein de ma nouvelle famille, Madame ne veut pas que la politique contamine trop la vie des siens. Mais la campagne des élections présidentielles, où M. Chirac se présente pour la première fois, va un peu changer la donne. Le sacro-saint rituel du journal télévisé absorbe encore plus l'attention de Monsieur. Quand il entend les déclarations et les promesses des autres candidats, ses adversaires, il lui arrive souvent de réagir vivement :

— Enfin, il raconte n'importe quoi, celui-là ! Vous avez entendu ça, Bernadette ? Non, on ne peut pas laisser dire des choses pareilles, n'est-ce pas ?

Mme Chirac, pour préserver la sérénité de la table familiale, ne renvoie pas trop la balle. Alors Monsieur se lève et dit :

— Je vais éteindre la télé, on ne peut pas écouter ça plus longtemps. Mangeons, ça nous changera les idées !

C'est pendant cette période, quelques jours avant le premier tour, que me parvient enfin une nouvelle que j'attends depuis des années. L'enveloppe porte les cachets de la poste vietnamienne. Mais l'écriture, je le vois au premier coup d'œil, n'est pas celle de ma mère. La façon de rédiger l'adresse diffère aussi. Ce *To : Duong Anh Dao*, je ne connais qu'une seule personne qui l'utilise. Mon père. Je n'ai même pas encore saisi la lettre que j'éclate en sanglots. L'huissier s'inquiète :

— Mademoiselle, qu'est-ce qui vous arrive ? Vous pensez que c'est une mauvaise nouvelle ?

— Oh non, au contraire, une excellente nouvelle, la meilleure possible !

Si je reçois cette lettre de la main de mon père, cela signifie qu'il est sorti du camp de rééducation. Il est libre, enfin, et vivant !

Je cours jusqu'à ma chambre, je veux être seule pour découvrir le contenu de la missive. C'est extrêmement difficile de décacheter une lettre avec les mains qui tremblent et les yeux brouillés de larmes. Je termine avec les dents.

Mon père ne raconte pratiquement rien sur sa captivité. Il a payé, c'est fini. Il me donne des nouvelles de ma mère et de mes frères et sœurs. Puis il me dit sa joie de me savoir tirée d'affaire et si bien entourée. Et sa reconnaissance envers M. Chirac pour tout ce qu'il fait pour sa fille chérie. Surtout, que je lui transmette bien ses remerciements. Mes larmes redoublent, au bonheur de le savoir sain et sauf se mêle la douleur de ne pouvoir le voir, le toucher, l'embrasser.

Retourner au Viêtnam ? L'idée me traverse mais je la repousse immédiatement. Non, c'est inenvisageable. J'ai trop peur de ne pouvoir en ressortir. La solution, c'est de faire venir mes parents en France. Combien d'années me faudra-t-il pour y parvenir ? Le pouvoir en place à Hanoi laissera-t-il son ancien prisonnier franchir les frontières ? Rien n'est moins sûr. Et quand bien même, mon père survivra-t-il assez longtemps pour me rejoindre ici ? Cinq ans de camp, de travail forcé, de famine et de harcèlement moral, c'est plus qu'il n'en faut pour user un homme et raccourcir sa vie, si ça ne le tue pas.

Au fur et à mesure que le scrutin approche, M. Chirac vient plus rarement s'asseoir à la table familiale. Il déjeune dans son bureau avec son équipe et le soir court les réunions politiques et les meetings, à Paris comme en province. Il travaillait déjà beaucoup avant, arrivant souvent avant ses secrétaires, remontant dans son bureau pour traiter ses dossiers après le dîner et pendant le week-end, mais là il disparaît. L'importance de l'enjeu le mobilise entièrement et c'est à peine si nous l'entrevoyons un soir par semaine dans les derniers temps de la campagne.

Si Madame s'abstient de parler politique devant nous, elle y joue un rôle bien réel, en coulisses. Monsieur l'appelle souvent ou descend la voir et elle se rend dans son bureau, non sans s'être fait annoncer par sa secrétaire, plusieurs fois par jour. Elle écoute chacun de ses discours, chacune de ses déclarations, avec la plus grande attention et livre ensuite ses commentaires. Monsieur l'écoute et tient peut-être plus compte de ses avis qu'il ne veut bien l'avouer.

Cette élection, ils savent l'un et l'autre que Monsieur ne peut pas la gagner. Ni même raisonnablement espérer être encore en lice au second tour. C'est un galop d'essai, une première tentative afin de se positionner pour plus tard.

Le soir du premier tour, il attend les résultats dans son bureau, avec son équipe. Vers cinq heures et demie ou six heures, une première estimation officieuse lui a appris sa défaite. De mon côté je ne suis pas déçue, j'ai foi en lui. Un jour il y arrivera. Peut-être pas encore lors du prochain scrutin, mais celui d'après.

L'annonce de l'élection de François Mitterrand, quinze jours plus tard, jette un voile de tristesse dans la salle à manger où nous sommes tous réunis devant la télévision. M. Chirac commente la nouvelle à sa façon :

— Ce sera dur de reprendre le pouvoir après la gauche. Et sept ans déjà, c'est long. Enfin, c'est comme ça, il va falloir faire avec.

CHAPITRE 56

Le père et maire de la mariée

Je déteste mentir à Madame. Je finis donc par dire à Michel que notre liaison ne peut pas durer, que nous devons nous marier, sous réserve que j'obtienne le consentement de M. et Mme Chirac. Je leur dois respect et obéissance ; je ne veux rien faire qui puisse susciter leur mécontentement ou leur désapprobation.

Michel lui-même m'explique qu'il n'osait pas me le demander, car il m'avait vue plus d'une fois lorgner de beaux Français et s'était dit qu'il n'avait aucune chance, que je le repousserai à coup sûr. Il ne se fait donc pas prier pour acquiescer à ma proposition. À quoi bon courir après un rêve que je ne rattraperai jamais, alors qu'il y a, tout près de moi, un homme qui m'aime sincèrement ?

J'annonce la nouvelle à Madame, qui commence par se récrier :

— Mais cela ne fait même pas un an que vous vous fréquentez ! Est-ce que cette décision n'est pas un peu précipitée, est-ce que vous ne pourriez pas d'abord vous fiancer ? Il n'est pas question que d'ici deux ou trois ans tu me dises que tu ne veux plus de Michel, ma petite fille. Lorsqu'on se marie, c'est pour la vie.

— Je vous assure, madame, ça ne se produira pas. Mais il faut que je me marie.

— Bon, si c'est vraiment ce que tu veux et si tu es sûre de toi… Note bien que je n'ai rien contre Michel, au contraire il m'a fait très bonne impression. Ah, il va falloir que nous rencontrions ses parents. Nous allons arranger ça avec Mme Esnous pour trouver un moment libre dans l'agenda de mon mari.

— Et aussi pour arrêter la date du mariage, je voudrais tellement qu'il le célèbre !

— Bien sûr, ma petite fille, crois-moi il en sera très heureux.

Au jour fixé par Mme Esnous, Michel et ses parents se présentent à l'appartement de l'Hôtel de Ville, sur leur trente et un et pétrifiés par la perspective de rencontrer un personnage aussi important que le maire de Paris.

Heureusement que M. Chirac a l'art de mettre les gens à l'aise ! Quant à Madame, elle déploie son habituelle courtoisie, en y ajoutant une touche plus chaleureuse. L'entrevue se passe bien, les parents de Michel sont extrêmement honorés que leur fils épouse la protégée des Chirac. Ma future belle-mère offre un médaillon vietnamien à Mme Chirac, que celle-ci pensera à porter le jour du mariage.

La date de nos épousailles est arrêtée au samedi 27 juin 1981, en fonction des disponibilités de M. Chirac. Madame aurait voulu que je me marie en robe blanche à Notre-Dame, mais Michel étant bouddhiste, elle ne trouverait pas juste de lui demander de renoncer à sa foi. En hommage à nos origines vietnamiennes, Michel et moi optons même pour les tenues traditionnelles de notre ancienne patrie. Je me marie donc en tunique orange brodée d'un dragon et pantalon blanc. Seules concessions aux coutumes occidentales, le ravissant bouquet de fleurs d'un blanc virginal que Madame m'a fait confectionner, et le manteau de dentelle blanche que je porte sur ma tunique. Pas de voile pour moi mais une coiffe à l'ancienne. Madame empêche Claude de me maquiller, ce qui à son sens ne convient pas à une jeune mariée, je n'ai droit qu'à du rouge à lèvres. Michel est en bleu roi, lui aussi chapeauté.

La mairie du IVe arrondissement se trouve juste derrière l'Hôtel de Ville, néanmoins j'y suis conduite en voiture, aux côtés de Monsieur et Madame. Monsieur a demandé au maire du IVe de bien vouloir l'autoriser à officier à sa place pour ce mariage, ce à quoi il a évidemment consenti de bonne grâce. De plus, ce n'est que la sixième fois que le maire de Paris officie, alors qu'il occupe cette fonction depuis 1977.

Il est ému, presque autant que moi, quand il entame son discours par ces mots qui font sourire toute l'assemblée :

— En tant que père et maire…

Je dois avouer que le fait de le voir, ceint de l'écharpe tricolore, célébrer mon union me bouleverse plus que le mariage en lui-même. J'aurais tellement aimé que mes parents y assistent… Mme Chirac a eu la délicatesse de faire figurer leurs noms sur le faire-part, et le sien sur le carton d'invitation. Je me sens écartelée entre la mélancolie suscitée par leur absence et la fierté d'être mariée par mon père adoptif.

Ensuite, un vin d'honneur est servi à côté de la salle des mariages, puis nous rentrons à l'Hôtel de Ville en voiture, afin d'arriver les premiers pour accueillir les invités sur le parvis.

Après quoi je me change et abandonne mes habits vietnamiens au profit d'une tenue très parisienne, une robe en soie pastel signée Ted Lapidus, avec les chaussures assorties et une couronne de fleurs en soie elles aussi dans les mêmes tons, le tout offert par Mme Chirac. Pendant ce temps-là, Michel passe un costume bleu nuit et noue une cravate gris perle sur sa chemise blanche.

Le déjeuner se déroule dans l'appartement privé. Le buffet sacrifie aux deux gastronomies, française grâce à M. et Mme Chirac, et vietnamienne grâce à mes beaux-parents. Les invités, une centaine de personnes réparties par petites tables ornées de fleurs blanches, sont en majorité des Vietnamiens, au milieu desquels M. Chirac évolue avec une parfaite aisance. La famille de Madame met un peu de blanc dans tout ce jaune.

Selon le rituel vietnamien, Michel et moi nous inclinons à trois reprises devant nos parents pour les remercier de nous autoriser à nous marier.

Le père de Michel, très honoré de parler devant M. Chirac, a préparé pendant trois jours et trois nuits le discours qu'il prononce lors du repas. Quant à Michel, il éprouve une jubilation rare à pouvoir appeler « beau-père » M. Chirac, qui lui rend la politesse avec « mon gendre ». Puis nous procédons à la photographie rituelle, Michel et moi nous tenant entre ses parents et M. et Mme Chirac.

Mon mari et moi emménageons dans un trois pièces qui donne sur la fontaine des Innocents. L'appartement est situé au sixième étage, ce qui nous permet d'avoir une vue très agréable. L'absence d'ascenseur ne pose pas de problème, nous sommes jeunes et en pleine forme.

Madame veut toutefois le visiter avant l'emménagement. Ni elle ni moi n'ayant pensé à nous munir d'un mètre, elle avise un balai qui traîne et s'en sert pour mesurer les pièces. Ensuite nous partons faire la tournée des magasins d'ameublement, et Mme Chirac garde le balai à la main, ce qui cause une certaine sensation. Aucun des lits que nous voyons ne lui convient. Direction le Trocadéro, où se trouve le magasin de literie le plus chic et le plus cher de France. Voilà qui lui plaît mieux. Sauf que le lit qui retient son attention est capitonné de cuir, un revêtement qu'elle juge inconvenant pour une couche conjugale.

— Serait-il possible d'enlever le cuir et de le remplacer par un piqué blanc, par exemple ?

— Bien sûr, madame.

Dans la foulée, elle achète aussi une parure blanche brodée, un couvre-lit en soie saumon façon quilt et une grande couverture. Pas de couette, non, « ça ne se fait pas ». À cette innovation récemment importée des pays nordiques, elle préfère la tradition française.

Ce n'est évidemment pas sans un pincement au cœur que je quitte l'appartement de l'Hôtel de Ville où j'ai été si heureuse et où je me suis reconstruite. Mais il est temps que je vive mon existence de femme et que je prouve à mes parents adoptifs que, grâce à leurs bons soins, je suis maintenant capable de voler de mes propres ailes.

CHAPITRE 57

Où Mamy remplace Madame

Je ne me doute pas que je suis enceinte, car je n'ai pas de nausées et mes règles continuent de survenir chaque mois. C'est mon généraliste, auquel je me plains, début septembre 1981, d'avoir un appétit d'ogre et d'être somnolente, qui me conseille de faire un test de grossesse. Effectivement, son diagnostic se révèle exact. Je suis enceinte et aux anges ! La première personne à laquelle j'ai envie d'annoncer la bonne nouvelle n'est autre que Mme Chirac.

Elle a une réaction typiquement maternelle, à la fois ravie et anxieuse.

— Tu te sens bien ? Tu n'as pas de nausées ? Tu dors bien ?

— Oh, ne vous inquiétez pas, je me sens parfaitement bien.

— Peut-être, et c'est tant mieux, mais il faut que tu voies le plus vite possible un obstétricien compétent. Je m'en occupe tout de suite.

Elle joint le geste à la parole et empoigne immédiatement son téléphone.

— Allô, l'hôpital Baudelocque, ici Bernadette Chirac, je voudrais parler au professeur Dominique Cabrol. Eh bien, trouvez-le-moi, voulez-vous ? Ah, il est en train de faire sa visite ? Oui, c'est urgent, qu'il me rappelle au plus vite, merci.

Un quart d'heure plus tard, la sonnerie retentit.

— Merci de me rappeler. Je vais vous envoyer ma petite Anh Dao, elle est enceinte, pouvez-vous lui donner un rendez-vous rapidement et vous occuper personnellement d'elle ? Parfait, je vous remercie.

Puis elle se tourne vers moi :

— Tu as rendez-vous lundi prochain à 10 h 15. Tu verras, tu seras entre de bonnes mains.

Heureusement que Mme Chirac m'a adressée au professeur Cabrol, car ma grossesse ne se déroule pas sans quelques problèmes. Il faut rapidement procéder à un cerclage pour éviter que je ne perde mon bébé, puis je dois rester couchée plusieurs semaines. Mme Chirac grimpe alors vaillamment mes six étages sans ascenseur pour me rendre visite. Je n'atteins pas le terme. Les premières contractions surviennent huit semaines avant la date prévue, en novembre 1981, et je pars en urgence à Baudelocque.

Michel va aussitôt prévenir Mme Chirac que je viens de rentrer en salle de travail. Elle s'inquiète :

— Mais vous n'avez pas tout ce qu'il faut pour accueillir ce bébé qui arrive en avance ! Michel, vous venez avec moi, on va y remédier tout de suite !

Et pendant que je pousse, Mme Chirac pousse la porte des magasins de puériculture afin de compléter la layette, acheter un berceau, une table à langer, une armoire, des biberons, un stérilisateur, des langes et des couches, un nounours, une girafe en caoutchouc pour se faire les dents et un mobile pour s'endormir, bref tout le nécessaire et même plus qu'il n'en faut. L'affaire est rondement menée !

La mienne avance moins aisément. Il me faut deux heures, si douloureuses qu'elles me paraissent durer une éternité, pour donner naissance, le 14 novembre 1981, à un petit garçon de 2,7 kg, aussitôt placé en couveuse. J'ai quand même pu vérifier qu'il a bien cinq doigts à chaque main et que ses oreilles ne sont pas décollées. Ouf, tout est normal ! Sauf qu'il est encore plus jaune que ses ascendances vietnamiennes ne le laissaient présager, à cause d'une hépatite. Quant à son prénom, il est tout trouvé : mon fils s'appellera Bernard-Jacques, en hommage à mes bienfaiteurs. Michel approuve, et il fait bien car jamais ni lui ni qui que ce soit n'aurait pu me faire changer d'idée.

Le lendemain, Monsieur et Madame viennent voir le nouvel arrivant et sa maman, accompagnés de Bernard, le photographe de l'Hôtel de Ville, aussi grand que son patron et maire. Le cadeau de naissance : un ensemble Jacadi.

On sort Bernard-Jacques du service des prématurés pour que M. Chirac n'ait pas à revêtir la tenue aseptique. Le lendemain, la presse annonce qu'il est grand-père. Je profite de l'opportunité pour troquer l'appellation un peu cérémonieuse de Monsieur et Madame contre une plus familière et familiale : Papy et Mamy. Monsieur m'a pourtant plus d'une fois priée de l'appeler Jacques, mais je n'ai pas pu m'y résoudre. Et je n'aurais jamais osé appeler Madame par son prénom. Quant à Papa et Maman, d'une part il me semblait normal de les laisser à Laurence et à Claude, d'autre part j'aurais eu l'impression de trahir mes parents en donnant ce nom à d'autres. Dernière possibilité : Père et Mère. Mais à l'époque où j'arrive en France, je ne parle pas un mot de français et je ne sais pas que je pourrais les utiliser à la place de Papa et Maman.

Après la photo, mon bébé réintègre sa couveuse. Je pleure pendant quatre jours de ne pas l'avoir avec moi. Je sors sans lui de la maternité, ce qui est toujours difficile à vivre. Je l'allaite néanmoins, grâce à des visites quotidiennes et au recours à une tireuse de lait. Heureusement, on m'autorise à le récupérer trois semaines plus tard.

Mamy me demande de venir régulièrement à l'Hôtel de Ville lui montrer son petit-fils. Elle veut s'assurer que je prends bien soin de lui et ne manque pas de me dispenser ses conseils. Son anxiété n'entame en rien ma décontraction. Je me suis beaucoup occupée de mes petits frères, j'ai l'habitude des bébés. Papy fait lui aussi l'ascension du sixième étage, quatre à quatre, pour venir voir son petit-fils.

CHAPITRE 58

Père et patron

Mon congé maternité se termine et je reprends mon travail au foyer de l'Ave Maria. Quelques mois plus tard, courant 1982, je passe un test d'aptitude qui me permet de devenir agent de bureau à l'Hôtel de Ville, où je suis affectée au service du courrier du maire. Aussi curieux que cela puisse paraître, le maire de Paris reçoit du courrier de toute la France, et du monde entier. Jacques Chirac a constitué une cellule internationale très active qui lui permet d'entretenir des relations avec les maires des autres grandes capitales et de recevoir les délégations étrangères en visite à Paris. Le travail de mon service consiste à dispatcher les lettres aux rédacteurs compétents et aux services concernés, afin qu'il soit répondu à toutes les demandes.

Je suis ravie de reprendre le chemin de cette maison qui fut la mienne. De plus, j'y rencontre parfois Claude et Papy. Il m'arrive aussi de descendre voir ce dernier dans son bureau.

Ici non plus, personne ne veut croire que Papy est mon second père. L'incrédulité de mon chef de bureau, M. T, m'agace particulièrement. Je déteste qu'on me prenne pour une menteuse. Et si désireuse de lui faire ravaler ses commentaires aussi sarcastiques que sceptiques que je lui propose un pari. Je m'engage à faire venir le maire en personne dans son bureau pour attester la véracité de mes dires. L'enjeu est matériellement modeste : un repas. Mais moralement énorme : mon honneur.

M. T tope là. J'attends la pause du déjeuner pour descendre au deuxième étage. Je toque à la porte du grand bureau et Papy m'ouvre la porte :

— Bonjour, ma petite, comment vas-tu ? Tu as besoin de quelque chose ?

— Bonjour, Papy. Oui, j'ai besoin de votre aide pour gagner un pari. Je vous en supplie, venez avec moi au quatrième étage, ne serait-ce que trente secondes. Ce n'est pas la question du repas que j'ai parié, mais je déteste perdre.

Il éclate de rire :

— Il n'y a vraiment que toi pour faire ce genre de choses ! Tu as raison, moi non plus je n'aime pas perdre. Allons-y, je te suis.

M. T déjeune d'un sandwich dans son bureau. Je fais signe à Papy de ne pas faire de bruit, puis je frappe à la porte et j'entends une voix maugréer :

— Oui, qu'est-ce que c'est ?

— Il y a là quelqu'un qui voudrait vous parler, monsieur T.

La poignée tourne, le battant s'entrebâille et M. T passe la tête. Laquelle pâlit avant de virer au rouge carmin.

— Coucou, je suis le maire.

— Euh, euh…

— Est-ce que ma petite Anh Dao vous écoute ? Est-ce qu'elle travaille bien ?

— Euh, oui, oui, monsieur le maire, très bien, rien à dire.

— Bon, parfait, alors je vais vous laisser travailler.

Je raccompagne un Papy hilare à l'ascenseur. Je le remercie, il me répond avec un clin d'œil :

— Tu crois que j'allais te laisser perdre face à un type comme ça ?

M. T, penaud, m'invite à déjeuner le lendemain. La victoire me donne de l'appétit : entrée, plat, dessert et fromage. Je me régale !

En octobre 1982, les journaux annoncent la visite à Paris du dalaï-lama. Une rencontre privée est prévue avec le maire de Paris, au temple bouddhiste de Joinville-le-Pont. Après le pape, je trouve que ce serait une bonne idée que d'aller saluer cet autre dignitaire religieux, auquel je voue presque autant d'admiration pour son humanisme et sa bonté. Je prends dans mes bras le petit Bernard, qui n'a pas encore fêté son premier anniversaire, et je me mets en chemin. Il y a foule dans la pagode, nous sommes nombreux à avoir eu la même idée. Quand le maire de Paris fait son entrée, c'est la ruée, je n'ai aucune chance de l'approcher. Je lève le bras qui ne tient pas Bernard en criant :

— Papy, Papy, je suis là !

Il me voit et me fait signe de le rejoindre. Je monte avec lui au premier étage, où le dalaï-lama l'attend dans un bureau. Papy parle en anglais avec son hôte, puis me désigne de la main en disant :

— Anh Dao, my third daughter.

Je serre la main du dalaï-lama en m'inclinant respectueusement. Il me fait signe de lui tendre Bernard, qu'il prend dans ses bras. Pendant ce temps, Papy lui raconte les grandes lignes de mon histoire, toujours en anglais. Le dalaï-lama répond qu'il me trouve très jolie et mon fils très mignon. Il émane de lui une énergie chaleureuse et joyeuse, d'une intensité que je n'ai jamais sentie auprès de quiconque. Au bout de quelques minutes, je m'éclipse et laisse les deux grands hommes à leur discussion.

Il manque cependant quelque chose à mon bonheur : ma famille vietnamienne. Je continue à arpenter les couloirs des administrations, à passer de l'OFPRA à la préfecture, de la préfecture au ministère des Affaires étrangères, du ministère à la mairie d'arrondissement, de la mairie à l'antenne de police. Comme si je n'avais pas assez à faire avec mes parents, mes frères et mes sœurs, mes neveux et nièces, je m'occupe aussi des sœurs de Michel.

Je rédige des courriers, je constitue des dossiers, je photocopie des pièces, je prends des tickets, je fais la queue, j'attends mon tour, j'explique mon cas à une personne que je ne revois jamais, je le réexplique à celle d'après, j'écris et je relance, je téléphone et je retéléphone, et ainsi de suite. Jusqu'à épuisement.

Ce qui est terrible avec ces démarches, en dehors du fait que j'y passe le plus clair de mes heures de déjeuner pendant des années, c'est qu'il est impossible de savoir si elles aboutiront un jour. Tout ne dépend pas de l'administration française. Il faut aussi que les autorités vietnamiennes agréent les demandes qui leur sont transmises. C'est bien ce qui m'inquiète le plus.

CHAPITRE 59

Le choix du roi

Normalement, le Noël de l'Hôtel de Ville est réservé aux enfants âgés de quatre ans des employés municipaux. Exception est faite pour Bernard qui vient de fêter son premier anniversaire et marche à peine. Il est encore bien petit pour apprécier le spectacle, mais le goûter et le cadeau font sa joie.

L'année suivante, Papy et Mamy appellent pour dire qu'ils viendront fêter le deuxième anniversaire de Bernard chez nous. Nous venons de quitter l'appartement à côté de la fontaine des Innocents pour un plus grand, situé dans le même quartier.

Claude et Laurence accompagnent Papy et Mamy, à ma grande joie. Ils arrivent les bras chargés de cadeaux. L'un est particulièrement volumineux. Il s'agit d'un saint-bernard en peluche, taille réelle. Mamy explique à Bernard :

— Ce chien porte le nom de ton saint patron. Il secourt les gens perdus en montagne, c'est pour ça qu'il porte un petit tonneau accroché à son cou, là, tu vois, sous le collier.

Il y a au moins une chose que Bernard a comprise : le chien est assez grand pour qu'il puisse le chevaucher, ce qui lui fait pousser des hurlements de joie. Papy prend lui aussi Bernard sur ses genoux et nous faisons des photos.

Mamy me glisse :

— Ma petite, il ne faut pas en rester là, tu dois faire un autre enfant. Crois-moi, on ne sait jamais ce que le destin peut nous réserver...

Elle regarde Laurence en prononçant ces derniers mots.

Si Mamy le dit ! Elle se réjouit quand je lui annonce ma deuxième grossesse :

— J'espère que ce sera une fille, après un garçon c'est ce qu'on appelle le choix du roi.

Laurence naît le 24 décembre 1985. Elle non plus, je ne parviens pas à la porter jusqu'au terme. Mamy, qui tient au respect des traditions, lui offre une layette entièrement rose.

Mes enfants sont gâtés par des grands-parents qui n'oublient jamais un anniversaire ni un Noël, même pendant la période de cohabitation de 1986 à 1988. Papy est alors Premier ministre, et son emploi du temps surchargé ne lui laisse pas beaucoup de temps libre pour nous voir.

Chaque cadeau est choisi avec amour et pertinence par Mamy en personne. Elle sait exactement ce qui leur fait plaisir. Comme cette maisonnette en plastique, livrée par un grand magasin parisien, assez grande pour que Bernard et Laurence y tiennent. Ils passent des heures dedans, à jouer et même à dormir !

Dans l'album de photos familial, je colle les clichés de l'arbre de Noël de l'Hôtel de Ville, Laurence en robe et collants roses dans les bras de Papy, le troisième anniversaire de Laurence, Papy, Mamy et mes beaux-parents, Bernard sur sa petite voiture dans les jardins de l'Hôtel de Ville, etc.

À l'occasion du nouvel an chinois de 1989, une grande réception est organisée à l'Hôtel de Ville pour les représentants de la communauté asiatique à Paris. Quatre mille personnes évoluent dans les magnifiques salons du premier étage. Un océan de visages jaunes sous les dorures…

Michel, les enfants et moi prenons place sur l'estrade, aux côtés de Papy, Mamy, des vingt maires d'arrondissement et des directeurs de cabinet. C'est un moment extraordinaire pour moi que de voir réunis, dans ce lieu prestigieux, les symboles les plus significatifs de mon destin. J'éprouve un rare sentiment de plénitude. *Fluctuat nec mergitur*… La devise de la capitale française résume bien le parcours qui, après m'avoir ballottée sur les flots déchaînés du golfe du Tonkin, m'a déposée, saine et sauve, sur les rives de la Seine pour y être secourue par le capitaine de la nef parisienne.

Les applaudissements qui saluent le discours de Papy me tirent de ces pensées. Ensuite, les invités font honneur au buffet composé par les frères Tang, restaurateurs et commerçants emblématiques de notre communauté.

L'ancienne impératrice du Viêtnam exilée en France s'approche du maire de Paris, en désignant Bernard qui le suit comme son ombre :

— Pourquoi appelez-vous cet enfant votre petit-fils ? Il est vietnamien pourtant ?

— Parce que ma fille Anh Dao est vietnamienne, donc son fils est mon petit-fils.

Papy, très sollicité, se multiplie auprès de ses invités, distribue les poignées de main et se laisse mitrailler auprès des uns et des autres. Je remporte moi aussi un succès certain, qui m'enivre de fierté.

Puis je me livre, en compagnie de Papy, à ma première séance d'autographes. Entre deux paraphes, il me glisse :

— On est fatigués mais ce n'est pas grave, on est les vedettes.

CHAPITRE 60

Dix ans après

Mes patientes démarches commencent à produire des résultats en 1987, année où les sœurs de Michel sont enfin autorisées à quitter le Viêtnam pour émigrer en France.

Je reçois régulièrement des nouvelles de ma famille, à laquelle je continue d'envoyer de l'argent chaque mois. Malgré mon aide, la vie là-bas est toujours aussi difficile, à cause de la pénurie endémique sur laquelle prospèrent plus que jamais le marché noir et la corruption. J'ai obtenu les visas français mais mes parents, toujours domiciliés à Long An, attendent depuis des années le visa qui dépend du bon vouloir de Hanoi.

Jusqu'à ce jour du début 1989 où mon téléphone sonne. Un fonctionnaire du ministère des Affaires étrangères m'informe que les autorisations vietnamiennes ont enfin été délivrées, l'arrivée de mes parents, de ma sœur Hélène et de mes deux petits frères n'est plus qu'une question de semaines.

Dix ans que j'attends cet événement ! D'abord je n'en crois pas mes oreilles, je reste quelques secondes comme assommée, sans voix. Puis l'émotion me submerge d'un torrent de larmes. La douleur de l'absence, l'anxiété, la culpabilité, la violence de l'espoir, le désespoir de l'attente, tout ce que j'enferme en moi depuis si longtemps déferle, enfin libéré.

Il fait encore nuit, par ce frais matin de mars 1989 où Michel et moi déposons Bernard et Laurence sur la banquette arrière de notre voiture. Je prends le volant, direction Roissy.

Les premiers passagers font leur apparition. Mon cœur cogne dans ma poitrine à m'en faire mal. Mon regard va d'un visage à l'autre, scrutant les plus âgés. Et puis j'entends une voix masculine crier :

— Anh Dao, Anh Dao !

C'est mon frère Pascal. J'avais quitté un adolescent, je vois un homme se précipiter vers moi. Il pleure à chaudes larmes et m'étreint. Derrière lui, ce monsieur à l'accoutrement bizarre, manteau blanc et fuchsia et chapeau de moine bouddhiste, qui donne le bras à une petite dame, oui, c'est Papa. Je repousse Pascal et je cours vers lui, je me jette dans ses bras en sanglotant :

— Papa, Papa, tu te souviens de moi ?

— Mais oui, Anh Dao, ma fille chérie.

Je pleure, mon père pleure, ma mère, ma sœur, mes frères pleurent. Si les grandes eaux continuent à ce rythme, la famille Duong va provoquer une inondation à l'aéroport de Roissy. Mon père se reprend le premier et me demande de me calmer. Je me tourne vers ma mère, je l'avais presque oubliée tant la joie de revoir ce père pour lequel je me suis tellement inquiétée a dissous toute autre pensée dans mon esprit. Elle me serre contre elle en disant :

— Comme je suis contente de te retrouver, ma fille ! Tu nous as tellement aidés. Et M. Chirac aussi, sans lui nous ne serions pas là aujourd'hui.

— Oui, Maman, M. Chirac est notre sauveur. Sans lui, je n'aurais jamais pu vous faire venir. Ce grand bonheur, c'est à lui que nous le devons.

Je les regarde tous, Papa, Maman, Hélène, Pascal et Jean-Paul. Ils ont tellement changé, et moi aussi. Dix ans ont passé, qui ont fait d'Hélène une femme, de mes frères des hommes et de mes parents des vieillards.

Ils s'extasient devant Laurence et Bernard, le contact s'établit immédiatement entre mes enfants et leurs grands-parents, tante et oncles.

À peine les ai-je retrouvés qu'il me faut déjà les abandonner. Je dois les amener dans le centre d'accueil aux réfugiés de Créteil, où, comme moi lors de mon arrivée, ils vont subir des examens médicaux pendant trois jours.

Un vertige me prend en pensant à toutes les formalités administratives qu'il va me falloir entreprendre pour obtenir des cartes de séjour pour cinq personnes. Décidément, ça ne finira jamais !

Nous allons les rechercher à Créteil et les ramenons dans notre quatre pièces du quartier des Halles. Nous voici à neuf dans quatre-vingt-dix mètres carrés. On organise le camping. Michel et moi prenons Bernard et Laurence dans notre chambre qui est la plus grande. Les garçons démontent leurs lits superposés afin de les réunir côte à côte pour mes parents qui occuperont la chambre des enfants. Hélène dormira dans le canapé du salon, mes frères se contenteront de matelas posés à même le sol de chaque côté de la table basse.

Nous n'avons pas l'impression de vivre les uns sur les autres, au contraire nous sommes contents d'être réunis, dans une ambiance familiale resserrée qui nous rappelle les jours heureux du Viêtnam. Mon père reprend tout naturellement son rôle de patriarche.

Chaque soir, nous parlons pendant des heures. Nous avons tant de choses à nous raconter sur ces dix ans passés séparément. Excepté mon père, qui ne dit pratiquement rien sur sa captivité. J'ai compris pourquoi bien des années après, en faisant des recherches pour écrire ce livre. J'ai trouvé des témoignages d'autres prisonniers, décrivant la famine incessante qui les poussait à manger de l'herbe et des insectes, la dureté du labeur, la saleté, les humiliations incessantes, les coups et les punitions. Des conditions de détention pas très éloignées de celles des camps de travail nazis pendant la Deuxième Guerre mondiale.

CHAPITRE 61

Réunion de famille(s)

Papy et Mamy désirent faire la connaissance de mes parents, ce qui nous vaut d'être reçus dans l'appartement privé de l'Hôtel de Ville. Ma mère pleure d'émotion à la vue des bienfaiteurs de sa fille. Papy penche sa haute taille vers elle et pose la main sur son bras :

— Madame Duong, vous n'êtes plus seule, vous êtes en France sous ma protection.

Puis il se tourne vers mon père :

— Monsieur Duong, bien sûr vous êtes le père d'Anh Dao, mais acceptez-vous que je me considère comme son second père ?

— J'en serai aussi reconnaissant qu'honoré, monsieur Chirac.

Pour sceller cet accord, mon père me prend en photo, assise sur les genoux de Papy. Celui-ci s'adresse ensuite à moi :

— On ne peut pas vous laisser tous entassés comme ça chez toi, ma petite. Je vous propose deux appartements, un pour tes parents, un pour ta sœur et tes frères.

— Je vous remercie beaucoup, mais un seul suffira. Chez nous, ça se passe comme ça, les enfants s'occupent des parents, on doit rester ensemble.

— Tu es sûre ?

— Oui, oui, ce sera parfait.

En octobre 1989, mes parents, Hélène, Jean-Paul et Pascal emménagent dans un appartement situé dans le XIIIe arrondissement. Les six mois passés chez nous leur ont permis de s'acclimater à la vie parisienne. Michel s'est comporté avec une gentillesse exemplaire à leur égard, je pense néanmoins qu'il ne faut pas en abuser et que six mois ça suffit.

Mes innombrables démarches m'ont permis d'obtenir une allocation vieillesse pour mes parents. Le problème, c'est Hélène qui ne parle pas un mot de français, comme moi au départ. J'arrive pourtant à lui trouver un travail de femme de service au foyer de l'Ave Maria, où je fis naguère mes débuts. Lorsqu'elle se plaint que c'est trop dur, qu'elle ne comprend rien à ce qu'on lui dit, je la houspille vertement :

— Fais comme moi, prends un carnet avec toi et note les exigences de chacun. Je suis passée par là, il ne faut pas exagérer, ça n'a rien de terrible.

Pour mettre le pied de mes frères à l'étrier, je leur déniche des petits jobs de gardien de nuit et d'agent de sécurité. Ils sont motivés et confiants, rapidement ils trouveront par eux-mêmes des emplois mieux rémunérés.

Le soulagement de les savoir bien installés et en mesure de gagner leur vie est également financier pour Michel et moi. Car entre les billets d'avion pour la France et l'ameublement de leur appartement, toutes nos économies y sont passées.

Mes parents éprouvent une immense reconnaissance pour la France qui les accueille. Ils sont enfin délivrés de l'angoisse du quotidien qui les tenaillait depuis 1975. Ma mère me le dit à sa façon :

— Que veux-tu qu'on demande de plus à notre âge ? Nous avons un logement, de quoi manger et nos enfants avec nous. La France, c'est le paradis.

Est-ce une tentative inconsciente pour effacer la séparation ? Je n'en sais rien, toujours est-il que, bien que sous contraception orale, je tombe enceinte peu après l'arrivée de ma famille. Ce n'est vraiment pas le moment et deux enfants suffisent à mon bonheur, mais mes convictions religieuses m'interdisent d'avorter. Je retourne voir le professeur Cabrol à Baudelocque pour un cerclage sans lequel je risquerais de perdre le bébé. J'accouche avant terme, comme d'habitude, et beaucoup plus facilement que les deux fois précédentes.

La naissance, le 11 février 1990, de ce bébé imprévu est finalement un cadeau du ciel. Je me sens comme rajeunie et surtout le petit, prénommé Jacques, donne à mes parents la joie inespérée de devenir grands-parents à part entière. À vrai dire, j'ai même très vite l'impression qu'ils se l'approprient. Mon frère Pascal, son parrain, n'est pas en reste. Il est indéniable que j'ai déjà beaucoup à faire entre mon travail, les démarches administratives pour ma famille, mes deux autres enfants, ma maison et mon mari. Ma mère insiste pour le garder, Pascal joue avec lui et le promène.

Jacquot, ainsi que nous le surnommons, sera le dernier rayon de soleil dans la vie de mon père, dont l'état de santé commence à se dégrader. Sa mémoire donne des signes de défaillance, il passe des heures prostré sans bouger, son élocution se brouille par moments. Le vieillissement seul n'explique pas les troubles qu'il manifeste. Inquiète, je décide de l'emmener consulter un spécialiste.

CHAPITRE 62

Une fête, un mariage et deux enterrements

À l'automne 1990, le médecin diagnostique la maladie d'Alzheimer. Mon père n'a que soixante-douze ans, mais les années de camp l'ont prématurément vieilli. Là-bas il a également servi de cobaye pour des essais de produits dont nous ne saurons jamais la nature. Il en a gardé des taches blanches sur la peau, et peut-être d'autres séquelles indécelables. Quoi qu'il en soit, la maladie progresse vite. À partir de 1991, Papa devient dépendant et nécessite des soins constants, pour lesquels ma mère, ma sœur, mes frères et moi nous relayons en permanence.

Pendant ce temps je poursuis mon marathon administratif afin de faire venir, à la demande de ma mère, Émilie et mes deux sœurs aînées. Leurs dossiers me donnent encore plus de fil à retordre que les précédents, ce qui n'est pas peu dire, car elles ont maris et enfants. Contrairement à ce qu'on pourrait croire, le soutien de mon illustre bienfaiteur et maire de Paris n'accélère en rien les choses. Tout au plus ses interventions me permettent-elles de connaître, de loin en loin, l'état d'avancement des dossiers. Ceci mis à part, je ne bénéficie d'aucun passe-droit.

En mars 1992, toute la famille est enfin réunie, mon frère fait le voyage du Canada pour se joindre à nous, ainsi que ma sœur Bich Hoa, installée aux USA. Je trouve Émilie, dont j'étais si proche autrefois, bien changée. La difficulté que j'éprouve à renouer le contact avec elle n'est pas uniquement due aux années de séparation. Alors que je me suis épanouie sur une terre de liberté, son caractère a pâti de l'atmosphère polluée par la pénurie et la corruption dans lesquelles elle a vécu. Je regrette amèrement de ne pas avoir pu l'en extraire plus tôt.

Nous organisons une grande fête à cette occasion, probablement la dernière en compagnie de notre père. Nous le savons tous et cette pensée donne au bonheur des retrouvailles une acuité déchirante.

La reconstitution de notre tribu, à laquelle s'ajoutent les sœurs et beaux-frères de Michel, tisse autour de moi un cocon à la fois douillet et un peu étouffant. Tous les week-ends, vingt à vingt-cinq personnes s'asseyent à ma table et plusieurs d'entre elles préfèrent dormir dans mon salon plutôt que de regagner leurs pénates. Le dimanche matin après mon jogging, j'achète les croissants et je prépare le petit déjeuner pour tout le monde. Nous sortons ensemble, nous ne fréquentons personne d'autre, bref je vis en vase clos, à la vietnamienne, excepté pour aller travailler et faire les courses. Et encore ! Nous avons quitté l'appartement des Halles pour emménager dans le XIIIe arrondissement, où la densité de population asiatique est la plus forte de Paris et où la plupart des commerces sont tenus par des membres de notre communauté.

Ce mode de vie comporte des aspects agréables, certes, toutefois il implique aussi des contraintes lourdes. Je passe mon temps à courir pour m'occuper des uns et des autres. J'ai l'impression de n'avoir pas une minute à moi, mais quand cette pensée me vient à l'esprit je culpabilise. Lorsque les miens organisent une soirée en mon honneur, pour me remercier des efforts que j'ai déployés afin de les faire venir en France et de les aider à s'y intégrer, je me sens très gênée et je ne veux pas accepter leurs cadeaux. Je n'ai fait que mon devoir, un point c'est tout.

Un peu avant l'été 1992, je me réjouis d'apprendre que Claude va se marier à la rentrée avec Philippe Habert, un journaliste du *Figaro*. Quelques jours plus tard, je rencontre Papy dans l'ascenseur. Après l'avoir félicité, je lui demande si je serai invitée. Il me rassure :

— Mais bien sûr, ma petite ! Tu fais partie de la famille, tu le sais bien.

C'est ainsi que par une belle journée de septembre 1992, je retrouve la salle des mariages de la mairie du IVe arrondissement, celle-là même où je me suis unie onze ans plus tôt. De nouveau, Papy a revêtu l'écharpe tricolore pour officier. Il est encore plus ému, je vois distinctement des larmes briller dans ses yeux quand il prononce les mots qui scellent l'union de sa fille. Madame se tamponne discrètement le coin des yeux avec un mouchoir. Claude, dans l'éclat de ses trente ans, rayonne de bonheur au bras de son époux avec lequel elle forme un couple merveilleusement assorti. Ils sont tous les deux jeunes, beaux, brillants et passionnés de politique. La liste des invités rassemble la fine fleur du RPR, dont Nicolas Sarkozy, témoin de la mariée, et Édouard Balladur, ami de longue date de M. Chirac, que je n'ai jamais vu aussi souriant. Il n'y a qu'une absente, Laurence.

Un déjeuner suit, organisé dans les salons de réception de l'Hôtel de Ville. Je suis assise à la table de Catherine, la sœur cadette de Madame. Malheureusement je ne pourrai pas assister au mariage religieux qui se déroulera quelques jours plus tard en Corrèze.

Début avril 1993, je croise Claude dans les couloirs de la mairie. Elle me confie qu'elle travaille énormément. La préparation de la campagne présidentielle de 95 est déjà en chantier, avec des déplacements en province, des réunions fleuves et des horaires de fou. C'est à peine si elle a vu son mari ces dernières semaines, aussi elle compte prendre quelques jours de repos.

— Enfin on va avoir un peu de temps à nous pour se retrouver, conclut-elle avec un sourire.

Quatre jours après cette conversation, j'ai un choc en écoutant les informations matinales à la radio. Le présentateur annonce la mort de Philippe Habert. Mes pensées vont tout de suite vers Claude : je revois son sourire radieux le jour de son mariage, son regard amoureux levé vers son mari. C'était il y a sept mois seulement...

Le chagrin de ma sœur en pleurs, assise au premier rang dans l'église où est célébrée la messe de funérailles, fait peine à voir. Madame cache le sien derrière de grosses lunettes noires, qu'elle ne soulève que pour éponger ses larmes. Monsieur a les mâchoires crispées, le visage douloureux. Une profonde affliction se lit sur tous les visages des personnalités des médias et de la politique présentes. C'est une mort incompréhensible, inexplicable, qui vient d'emporter un homme jeune auquel la vie semblait avoir tout donné.

Au fil des mois, Papa en arrive au stade où il ne nous reconnaît plus. Ne surnagent, dans sa mémoire anéantie par la maladie, que d'infimes bribes de lointains souvenirs d'enfance qui occultent la réalité présente. Il appelle son épouse Maman et à moi il demande :

— Qui êtes-vous, madame ?

Parfois aussi son apathie se mue en agressivité. Nous y avons tous droit, sauf Jacquot envers lequel il se montre toujours d'une extraordinaire douceur.

C'est un crève-cœur de voir cet homme autrefois si brillant dépossédé de sa personnalité, de son identité. Un fantôme qui s'éloigne jour après jour de nous, égaré dans des limbes impénétrables. Souffre-t-il ? Nous ne le savons même pas et nous sommes impuissants à le soulager. J'ai l'impression de le voir mourir par petits bouts.

De dépendant il devient grabataire. Différents maux physiques s'ajoutent à la dégénérescence qui ronge son cerveau. Il est admis à l'hôpital de l'Hôtel-Dieu, puis revient dans l'appartement du XIIIe arrondissement. C'est là qu'il s'éteindra, dans les bras de ma mère, le 17 avril 1994. Au moins aurais-je pu adoucir ses dernières années...

Ma mère refuse que l'urne contenant ses cendres demeure au Père-Lachaise. Elle la rapporte chez elle. Elle ne consent pas non plus à ce que l'on enlève de sa chambre le lit jumeau du sien dans lequel dormait son mari. Au-delà de la mort, il garde sa place à ses côtés.

CHAPITRE 63

Chronique d'une victoire annoncée

Au chagrin causé par la disparition de mon père va succéder une joie immense.

L'année 1995 marque la troisième entrée en lice de Jacques Chirac pour l'élection présidentielle. En 1988, il m'avait paru inéluctable que François Mitterrand décroche un second mandat. Mais cette fois va être la bonne, j'en suis sûre.

Je me passionne pour la campagne, dont les rebondissements sont dignes d'un film à suspense. Quand Édouard Balladur décide, en dépit de ses déclarations antérieures, de se présenter et que Nicolas Sarkozy rallie son camp, des souvenirs me reviennent. Entre autres, je les revois tous les deux au mariage de Claude, Nicolas Sarkozy comme témoin de la mariée, Édouard Balladur en ami du père de la mariée. Puis c'est Mme Esnous, la secrétaire dévouée, qui elle aussi s'en va pour rejoindre l'ami de trente ans. Dur métier que la politique, où les coups les plus douloureux ne sont pas ceux qui partent du plus loin…

De temps en temps, Papy et Mamy m'invitent à déjeuner le dimanche à l'Hôtel de Ville, seule avec eux. Si Papy s'amuse quand les « Guignols » de Canal + le brocardent, il voit rouge quand ils s'en prennent à son épouse. Elle-même s'en offusque et prend son mari à témoin :

— Mais enfin, Jacques, je ne suis pas comme ça !

Quinze ans déjà se sont écoulés depuis que M. Chirac m'a tendu son mouchoir à l'aéroport de Roissy. Quinze ans que je le côtoie, si ce n'est quotidiennement, du moins régulièrement. Il a changé, c'est indéniable. Les épreuves subies, à la fois dans sa vie personnelle et dans sa carrière politique, l'ont rendu plus fort que jamais. Il est fin prêt.

L'un de mes plus grands plaisirs est d'aller l'admirer dans les meetings. Quand il fait son entrée au son de la musique du film *Rocky* et sous un tonnerre d'applaudissements, je vibre de tout mon être. Plus chiraquienne que moi, tu meurs !

Le dernier de ces rassemblements se tient à Bagatelle. J'y fais la connaissance de Thierry Rey dont la gaieté et la prévenance ont redonné le sourire à Claude. Quarante mille personnes, venues de toute la France, pataugent dans la boue. Mais les averses ne douchent en aucune façon l'enthousiasme des participants. Je le sens, je le sais, Papy va gagner.

Malgré cette certitude, j'attends le premier tour avec impatience. J'arrive avec Michel avenue d'Iéna, où se trouve le QG de campagne, vers 18 heures. Des tentes sont dressées sur le trottoir, une foule d'invités, parmi lesquels je reconnais de nombreuses personnes employées de l'Hôtel de Ville, s'y presse déjà. Je fais un tour parmi eux pour entendre ce qui se dit. « Balladur est trop sûr de lui, il va prendre une claque. » « Chirac va passer de peu, ça sera serré mais il sera au second tour. » Ces propos résument la teneur générale des conversations que je capte. Ensuite je me dirige vers l'immeuble, dont l'entrée est réservée aux porteurs de badge. Vers 19 heures, une rumeur court : le score de Balladur serait inférieur à celui de Chirac. Trois quarts d'heure plus tard, la rumeur se mue en scoop : Chirac est en finale. « C'est bien fait pour Balladur ! » entends-je de toutes parts.

De grands écrans de télévision sont disposés dans tout le rez-de-chaussée de l'immeuble. L'assistance les fixe en attendant l'heure fatidique, 20 heures, à laquelle les premières estimations officielles seront annoncées. La nouvelle espérée tombe, saluée par les bouchons de champagne qui sautent, les applaudissements et les cris qui scandent : « Jacques Chirac président, Jacques Chirac président ! »

L'atmosphère bascule en quelques secondes de l'attente anxieuse à la gaieté débridée. On s'agite, on se bouscule, on trinque, on parle, on crie. Les téléphones portables sonnent à tout-va au milieu d'un brouhaha indescriptible. L'apparition d'Édouard Balladur à la télévision déchaîne les sifflets et les huées, qui se transforment en applaudissements quand il appelle à voter pour Jacques Chirac. Puis c'est au tour de l'heureux rival de faire une déclaration depuis son bureau de l'Hôtel de Ville. Je lui trouve une belle tête de vainqueur.

Autour de moi, les paris vont bon train sur le pourcentage de votes chiraquiens au second tour. Pour tous, la victoire ne fait plus de doute.

Papy vient d'arriver avenue d'Iéna, je le vois de loin, pris dans la bousculade des supporters qui veulent le toucher et lui exprimer leur joie. Je joue des coudes mais la foule est trop dense pour que je puisse l'approcher. Je lui fais signe et je crie :

— Tenez bon, Papy, vous l'aurez au prochain tour !

Michel rentre, moi je reste pour faire la fête ! Il y a là beaucoup de gens que je connais, je discute avec les uns et les autres. Nous sommes tous euphoriques et j'apprécie de pouvoir donner libre cours à mon enthousiasme au milieu de partisans du même camp.

Dès le lendemain matin, l'atmosphère de l'Hôtel de Ville change. La surexcitation est générale. Et augmente au fur et à mesure que le second tour se rapproche. Tout le monde espère que le maire va devenir président et le déplore à la fois. C'est un patron respecté et aimé, du bas en haut de la hiérarchie, qui sait avoir un mot pour chacun. Après lui, qui pourra impulser autant d'énergie à cette énorme machine ?

L'un des plus heureux est sans nul doute Jean Tibéri…

Je chapitre les membres de ma famille :

— Il faut aller voter Chirac. Je veux voir vos cartes d'électeur tamponnées !

CHAPITRE 64

Le jour de gloire arrive

Ce fameux dimanche de mai 1995, Michel et moi faisons pratiquement l'ouverture du bureau de vote dont nous dépendons. Je sens que cette journée va être longue ! Je suis comme une pile électrique depuis mon réveil à l'aube. Pour m'occuper, je prépare un pique-nique et nous partons en famille au bois de Vincennes. Nous déjeunons tôt et rentrons chez nous en tout début d'après-midi. À trois heures je suis déjà pomponnée et je n'y tiens plus. Nous déposons les enfants chez ma mère puis Michel et moi partons pour l'avenue d'Iéna.

Tout le quartier est bouclé, il nous faut faire la queue pour montrer patte blanche à plusieurs contrôles de police. Les invités commencent déjà à affluer alors qu'il est à peine quatre heures. Je rencontre Pierre Lellouche, sa ravissante épouse, et Jacques Toubon qui me dit :

— On va faire la fête ce soir !

Comme le dimanche du premier tour, des tentes sont dressées sur le trottoir de l'avenue d'Iéna. Je papillonne dans tous les sens pour saluer ceux que je connais, et ils sont nombreux. Il fait beau, l'air est tiède, un joli temps pour une victoire.

Je ne suis pas la seule à trouver cette journée interminable et à regarder ma montre toutes les cinq minutes en soupirant d'impatience. Nous sommes tous dans le même état de fébrilité joyeuse. On commence même à déboucher le champagne et l'on entend les toasts fuser : « À la victoire ! » « Vive Chirac ! » « À la santé du futur président ! »

Quelques minutes après la demie de six heures, les têtes se tournent en direction du balcon du premier étage de l'immeuble qui abrite le QG de campagne. J'en fais autant et je vois Lucette Michaux-Chevry, député des Dom-Tom, qui lève le pouce en se trémoussant sur un air de biguine imaginaire. Des chuchotements courent dans la foule, les sourires s'élargissent sur les visages.

Vers sept heures et quart, je rentre dans l'immeuble. On se bouscule pour se poster devant les écrans de télévision disposés au rez-de-chaussée, les places sont chères ! À partir de sept heures et demie, plus personne ne bouge. Nous sommes figés dans l'attente du grand moment.

L'assemblée égrène à haute voix le compte à rebours des dernières secondes. Il est vingt heures, enfin ! Le présentateur du journal télévisé prononce les mots fatidiques : « Jacques Chirac est élu président ». Un tonnerre de hurlements victorieux, d'applaudissements, de martèlements de pieds, de pétarade de bouchons de champagne explose. À côté de moi, une chargée de mission vient de s'évanouir. On s'empresse autour d'elle, on lui tapote les joues, on la relève. Elle me prend dans ses bras et pleure de joie :

— Anh Dao, vous avez entendu ? Ça y est ! C'est magnifique.

C'est la folie ! Tout ce beau monde se déchaîne. On boit, on chante, on saute en l'air, on tape des pieds, si on n'était pas aussi serrés, on danserait. « Jacques Chirac président ! Jacques Chirac président ! » C'est le tube de la soirée, entonné à pleins poumons, qui nous vaudra à tous une extinction de voix le lendemain. Mais pour l'instant, personne ne se soucie de rien d'autre que de cette formidable nouvelle : il a réussi.

Le délire culmine quand Jacques Chirac arrive avenue d'Iéna. Malgré les gardes du corps qui tentent de le protéger de la bousculade, il est écrasé, assailli de toutes parts. Les gens veulent l'approcher, le toucher, l'embrasser. Madame est derrière lui, elle se faufile tant bien que mal jusqu'à l'endroit où je me trouve. Elle rayonne. Embrassade, congratulations, émotion. Je pleure et je crie :

— Papy, on a gagné, vous êtes président !

Il me voit et me fait signe, mais la foule est trop dense pour que j'aie la moindre chance de l'approcher.

Les gardes du corps lui ouvrent le chemin vers l'escalier. Derrière lui, son état-major, Alain Juppé, Jacques Toubon, François Baroin, Claude accompagnée par le comédien Christophe Lambert, suit le mouvement. Après une dernière pression de la main sur mon bras, Madame, tout sourire, leur emboîte le pas, malgré la bousculade qui l'effraie.

Je patiente un moment puis je n'y tiens plus. Il faut absolument que j'aille embrasser le président, mon président à moi. Cela ne va pas être de la tarte d'accéder au premier étage où il se trouve, l'escalier est littéralement bondé de gens assis sur les marches, il n'y a pas un endroit où poser le pied. J'enlève mes chaussures à hauts talons et je les garde à la main avant de me lancer à l'assaut. Quand je parviens, au prix de multiples contorsions, sur le palier du premier étage, je tombe nez à nez avec M. Morin, le garde du corps attitré de Papy, qui évidemment me reconnaît. Il me fait passer jusqu'à la porte du bureau.

Ils ont tous tombé la veste et desserré leur nœud de cravate, assis comme ils le peuvent car il n'y a pas assez de chaises pour tout le monde. Madame, dans un coin de la pièce, se fait toute petite sur la sienne.

— Papy, ça y est c'est fait !

— Oui, ma petite, c'est fait ! Que veux-tu de plus ?

Il est en pleine forme, mon président. Il plaisante et fait rire tout le monde. À ceux qui ne me connaissent pas, il me présente ainsi :

— Anh Dao, ma troisième fille.

Je discute avec Charles Millon qui a adopté un petit garçon cambodgien, puis avec Alain Juppé nous parlons du dernier meeting à Bagatelle :

— Vous voyez, Anh Dao, on a bien assuré.

Je veux garder une trace de ce moment mémorable et une preuve que j'y étais. Je finis par trouver un bout de papier et je demande un stylo à la ronde. Papy en déniche un rouge dans un tiroir du bureau et inscrit la dédicace suivante : « Pour ta Maman, pour Michel et pour toi Anh Dao, le 7 mai 1995, Jacques Chirac. » J'embrasse Papy et Mamy, j'embrasse mon bout de papier et je m'éclipse. Au passage, François Baroin, le benjamin de l'équipe et chouchou de Mamy, me glisse avec un sourire amical :

— J'espère qu'on se reverra.

Et maintenant, direction le deuxième étage. Je veux aussi embrasser Claude, qui a si bien œuvré aux côtés de son père. Elle est aussi cool que d'habitude, en train de discuter tranquillement avec Christophe Lambert.

— Tu vois tout ce qu'on a fait, eh bien voilà, ça y est, Papa est là-haut.

Ensuite je rencontre le chauffeur d'une personnalité importante, lui-même président d'une association d'Asiatiques qui a soutenu la candidature de Chirac. Moi qui bois très peu, j'en suis au moins à ma troisième coupe de champagne. À vrai dire je ne sais pas bien, dans l'euphorie ambiante j'ai vidé les verres qu'on me tendait sans les compter. Aussi quand mon interlocuteur me dit :

— Chirac va bientôt aller au balcon saluer la foule. On pourrait ouvrir une bouteille de champagne et l'arroser, comme on fait pour les vainqueurs de grands prix de Formule 1.

Je réponds du tac au tac :

— Oh oui, quelle bonne idée !

À jeun, je me serais récriée. Enfin, je crois...

Toujours est-il que ce soir-là j'ai quelques coupes dans le nez. Nous sortons sur le balcon du deuxième étage qui surplombe la fenêtre du bureau où le président fraîchement élu discute avec son staff. Mon compagnon retire le papier doré qui recouvre le bouchon d'une bouteille de champagne et se tient prêt à ôter le fil de fer torsadé qui libérera le champignon de liège. Nous attendons un bon moment, puis j'entends une voix familière dire :

— Approchez, Bernadette, approchez.

Mon complice fait sauter le bouchon et nous nous penchons en avant pour arroser le président qui s'est hissé sur l'appui de la fenêtre pour répondre à l'ovation. Cette fois-ci, je reconnais la voix de Mamy :

— Mais Jacques, qu'est-ce qui se passe, vous êtes tout mouillé !

Le brouhaha qui monte de la rue couvre nos éclats de rire. Nous avons réussi ! Pour fêter ça, nous descendons danser au rez-de-chaussée. Puis je retrouve Michel auquel je raconte le coup de l'arrosage au champagne. Il me réprimande, la mine scandalisée :

— Mais tu es complètement folle d'avoir fait ça à monsieur le président, ça va pas la tête !

— Pourquoi tu l'appelles monsieur le président ? C'est toujours Papy.

— Ah non, à partir de maintenant, c'est monsieur le président.

— Eh bien, pour moi, ça ne change rien. Président ou pas, c'est Papy et ce sera toujours Papy.

— J'espère qu'il ne t'a pas vue au moins.

— Non, impossible, il était en dessous du balcon sur lequel je me trouvais.

— Encore heureux ! Bon, que comptes-tu faire ? Tu vas retourner à l'Hôtel de Ville ?

— Oui, et si possible je vais essayer d'y être avant lui, pour le voir arriver.

— Je suis crevé, on ne pourrait pas rentrer ?

— Ah non, je ne veux rien manquer de cette nuit unique.

— Très bien, alors en route pour l'Hôtel de Ville.

Il n'est pas loin de deux heures du matin quand Papy quitte l'avenue d'Iéna où une foule considérable se presse toujours. Sa voiture se dirige vers l'Étoile, Michel et moi prenons la direction des quais.

CHAPITRE 65

Le grand départ

Quand j'arrive à l'Hôtel de Ville, je constate qu'il y a autant de monde sur le parvis qu'au QG que je viens de quitter. Ils attendent le président, j'ai donc été plus rapide.

Je monte quatre à quatre l'escalier qui mène au deuxième étage où se trouve le bureau du maire. La première connaissance que je rencontre est Jean-François Vilotte, le directeur de l'emploi à l'Hôtel de Ville. Lui qui d'habitude m'appelle madame Pham me salue d'un sonore : « Bonsoir, Anh Dao ! On a gagné, c'est génial ! » qu'il ponctue d'un baiser sur la bouche avant de m'entraîner dans une gigue endiablée. Nous chantons « Jacques Chirac président, Jacques Chirac président » sur l'air des lampions, sous le regard ahuri des quelques personnes présentes à cette heure tardive.

Pendant cette démonstration chorégraphique, Papy est arrivé lui aussi. Il débouche dans le couloir après que Jean-François Villotte est parti.

Nous sommes seuls. Enfin je peux faire la bise à mon président qui me serre sur son cœur.

— Vous vous rendez compte ? Moi, j'ai du mal à réaliser. Depuis 81 que vous attendez ça, ce n'est pas trop tôt ! Vous avez écrasé Jospin et vous allez être président pendant au moins sept ans.

— Ceux qui ne sont pas contents, tant pis pour eux, c'est Jacques Chirac le président de la République. Le pouvoir suprême, ma chérie ! Bon, il est presque trois heures avec tout ça, j'ai encore des gens à saluer et après il faut quand même que j'aille me reposer.

— Bonne nuit, Papy président. Et ne vous en faites pas, demain tout le monde sera au travail, même si on a fait la fête ce soir et si on est crevé.

Effectivement, en ce lundi matin le personnel de la mairie arrive tôt. Nous avons hâte de nous retrouver pour parler de l'événement et spéculer sur ses conséquences. Nous allons perdre notre patron, mais nous sommes si contents de l'avoir pour chef de l'État et de savoir qu'il a atteint son but.

Je me doute bien que je ne le verrai plus beaucoup, il aura tant à faire. Je ne suis pas inquiète pour mon avenir, je vais rester ici avec Jean Tibéri, tout ira bien. Mais il va me manquer, mon grand homme…

Déjà, je remarque un changement dans son attitude. Imperceptible pour qui ne le connaît pas bien, mais réel. Comme si la fonction qu'il va exercer d'ici quelques jours avait déjà investi la façon dont il se tient, les traits de son visage, sa gestuelle et sa démarche.

Dix jours plus tard, c'est la passation de pouvoirs entre François Mitterrand et Jacques Chirac. Nous nous sommes tous massés aux fenêtres qui donnent sur la cour intérieure de l'Hôtel de Ville, nous voulons lui dire au revoir. La voiture attend, entourée par les motards de l'escorte. Le voilà ! Il lève la tête et nous voit, penchés vers lui. Il tourne sur lui-même pour nous saluer tous. Beaucoup d'entre nous pleurent, et pas uniquement des femmes. Papy a beau sourire, je vois bien qu'il est très ému. Il quitte dix-huit ans de sa vie.

Nous restons là jusqu'à ce que la voiture ait franchi le porche, puis nous regagnons nos bureaux d'un pas traînant. C'est fini, il est parti.

CHAPITRE 66

Orphelins de maire

Claude et Mamy sont elles aussi aspirées par le tourbillon du pouvoir et ses multiples obligations. Je ne revois aucun membre de ma deuxième famille jusqu'à Noël 1995, où le président me fait appeler et donner rendez-vous à l'Élysée.

Il est visiblement à son aise dans ce nouveau décor. N'empêche, je trouve son ancien bureau de l'Hôtel de Ville plus beau que celui-ci. Mais je suis ravie de voir Papy heureux et je le complimente sur sa forme visiblement olympique.

— Oui, c'est vrai je suis très satisfait d'être assis dans ce fauteuil. Mais ce n'est pas de tout repos, crois-moi, il faut assurer !

Il me donne, avec son habituelle générosité, de quoi gâter les enfants et me faire plaisir. Au jour de l'an et à mon anniversaire, il pensera également à m'envoyer un mot écrit de sa main.

Depuis que Jean Tibéri a succédé à Jacques Chirac, j'ai l'impression que l'Hôtel de Ville a changé. Ce n'est pas la faute du nouveau maire qui fait de son mieux, mais le costume est trop grand pour lui. Indéniablement, et ce n'est pas lui faire injure que de le constater, il ne possède ni le charisme, ni la stature tant physique qu'intellectuelle de son prédécesseur, ni sa puissance de travail. Cela aurait été difficile pour n'importe qui d'autre, de toute façon, de succéder à l'homme qui est devenu le premier maire de Paris depuis Étienne Marcel. Jacques Chirac, en dix-huit ans de mandat, a eu tout le temps de marquer durablement l'Hôtel de Ville de son empreinte. Le personnel de la mairie qui a vu si longtemps Jean Tibéri dans le rôle de numéro deux n'arrive pas à le considérer comme le grand patron. L'ombre de Chirac rôde dans les couloirs et chaque fois que quelqu'un dit « monsieur le maire », c'est son visage qui apparaît à nos esprits. Son énergie nous manque, nous sommes moins motivés.

Jean Tibéri dirige selon son tempérament. Là où Chirac tranchait dans la seconde sans jamais revenir sur sa décision, le nouveau maire consulte, réfléchit, sollicite des avis. On pourrait le louer pour sa prudence et sa recherche du consensus, on le critique pour son indécision et sa lenteur.

La cellule internationale, à laquelle Jacques Chirac avait donné une ampleur formidable, voit son personnel réduit et un certain nombre de délégations de pays supprimées. Tibéri ne porte pas le même intérêt au sujet et ne possède pas les mêmes compétences. Ni les mêmes ambitions, il est vrai.

Mme Tibéri est très populaire dans le Ve arrondissement, dont son mari était maire et le redeviendra. Elle connaît tout le monde, a un petit mot pour chacun et s'implique dans les activités du quartier. Par exemple la braderie charitable qui se déroule chaque année à la mairie du Ve. Elle y tient un stand et en fin de journée n'hésite pas à rameuter le chaland à très haute voix : « Trois tee-shirts pour le prix de deux, trois tee-shirts pour le prix de deux, c'est une affaire, profitez-en ! » Impossible d'imaginer Mme Chirac se comportant ainsi...

Néanmoins je continue mon existence comme avant. Mais elle commence à me peser, sans que j'en sois clairement consciente. Je cours d'une tâche à l'autre, entre mon travail, ma famille et mes enfants, je n'ai guère de temps pour penser à moi et à ma vie. Après plus de quinze ans de mariage, c'est peu dire qu'une certaine lassitude s'est installée. J'ai l'impression de faire nettement plus que ma part et de ne pas en retirer beaucoup de gratifications. Le comportement de Michel m'agace. Avant je le trouvais attentionné, maintenant j'étouffe. Et puis je désespère de connaître un jour les sentiments que je n'ai pas pu ou pas su éprouver pour lui. Je souffle mes quarante bougies sans avoir connu le feu de la passion. Est-il trop tard ? Bref, quoique Vietnamienne, je bovaryse…

Ma mère, elle, a dépassé les soixante-dix ans. Son veuvage l'a indéniablement marquée, même si elle se dit très satisfaite de la vie qu'elle mène en France. Elle a tendance à faire de l'hypertension, je juge donc nécessaire de surveiller sa santé. Aussi j'ai demandé à un médecin généraliste de lui rendre visite chaque mois. De temps en temps, j'interroge le praticien sur le résultat de son contrôle. « Tout va bien, votre mère ne se plaint d'aucun symptôme et n'a même pas besoin de médicaments. Elle ne prend rien du tout, c'est rare à son âge. »

Franchement, ça m'inquiète qu'elle ne soit jamais malade, ça cache quelque chose. Je projette de l'emmener aux USA l'été prochain pour rendre visite à ma deuxième sœur, Bich Hoa, installée là-bas. Voilà un prétexte tout trouvé pour lui demander de faire un check-up. Quand, début 1999, je lui annonce mon projet, elle se décompose. Puis elle remonte son pull, me fait signe d'approcher et prend ma main qu'elle pose sur son sein en me disant :

— Tiens, tâte ça, ma fille.

Je manque de tomber par terre. Sous mes doigts j'ai senti une boule. Énorme. De la taille d'une balle de tennis. Je fais un effort pour me reprendre avant de répondre sur un ton aussi léger que possible :

— Eh bien, il va falloir voir ce que c'est, n'est-ce pas ? Demain je t'emmène chez ton docteur.

Le médecin a l'air stupéfait quand il palpe la poitrine de ma mère. Il tourne ses yeux arrondis par l'étonnement vers moi :

— Mais enfin, qu'est-ce que c'est que ça ? Expliquez-moi comment…

Je le coupe :

— Non, vous, expliquez-moi comment vous avez fait pour ne pas vous en apercevoir. À quoi ça sert que vous alliez la voir tous les mois depuis des années ?

— Je ne pensais pas… C'est elle qui refuse que je l'examine.

— Vous ne pouviez pas me le dire ? Je lui aurais fait la leçon, elle aurait accepté et on n'en serait pas là aujourd'hui. Et maintenant, qu'est-ce qu'on fait ?

— Le mieux, ce serait de l'emmener à Villejuif, à l'institut Gustave-Croussy, ils sont spécialisés dans le traitement du cancer.

— D'accord, mais pas dans une semaine, demain !

— Je vais les appeler tout de suite.

Le lendemain, ma mère est prise en charge par l'institut Gustave-Croussy. Mammographie, opération, biopsie et ablation du sein et des ganglions, le tout dans la foulée. Heureusement, la tumeur de huit centimètres de diamètre n'est pas trop méchante. Elle devra néanmoins suivre un traitement par radiothérapie pendant un an.

J'ai besoin de comprendre ce qui s'est passé, pourquoi ma mère n'a rien dit, ni à moi ni au médecin. Quand elle va mieux, je l'interroge. N'a-t-elle pas senti la tumeur grossir ? Ne savait-elle pas les risques qu'elle représente ? Si, pendant des années elle a surveillé l'évolution de la boule dans son sein, millimètre par millimètre. Et elle découpe tous les articles sur le cancer trouvés dans les journaux qu'elle lit quotidiennement. Alors, pourquoi ? « Parce que ce n'est pas facile de survivre à l'amour de sa vie et qu'elle ne veut pas ennuyer ses enfants qui font déjà tellement pour elle. » Je reste sans voix. Je peux la rassurer sur le second point et lui dire combien nous tenons à elle. Mais pour le premier, que puis-je répondre ?

Le traitement réussit et son état de santé s'améliore. Au mois d'août, nous partons aux USA comme prévu, avec elle, Michel, les enfants et mes frères Pascal et Jean-Paul, où nous retrouvons ma sœur Bich Hoa et d'autres parents du côté maternel.

CHAPITRE 67

Coup de foudre sur le sable

L'année suivante, au mois d'août 2000, Michel, les enfants et moi partons au Cap-d'Agde, dans un appartement en location. Le 21, nous passons l'après-midi à la plage, quand un remue-ménage inhabituel attire mon attention. L'un des sauveteurs du poste de secours chargé de la surveillance de la baignade court jusqu'au dinghy, le pousse à l'eau et saute dedans. Le moteur vrombit, le bateau s'éloigne vers le large. Je m'approche du rivage pour assister à la suite des événements.

Quelques minutes plus tard, le canot pneumatique revient. Le sauveteur tire l'embarcation au sec, puis en extrait une femme inconsciente qu'il étend sur le sable. Il demande aux badauds dont je fais partie de bien vouloir s'écarter et commence à pratiquer le bouche-à-bouche sur la baigneuse. Au bout de quelques minutes, elle revient à elle. On entend une sirène qui approche. Un fourgon rouge s'arrête au ras de la plage, deux pompiers en descendent, ils déploient une civière et emmènent la rescapée.

Pendant toute cette scène, je n'ai d'yeux que pour le sauveteur. Un garçon magnifique, qui n'a probablement guère plus de trente ans. Grand, à la fois longiligne et musclé, les yeux verts, les cheveux blond foncé. L'homme idéal... Je ne me lasse pas de l'admirer pendant qu'il se concentre sur le bouche-à-bouche, indifférent aux coupures qui saignent sur ses bras écorchés par les rochers entre lesquels il a récupéré la baigneuse. Quand je pense que cette femme est évanouie, quel dommage pour elle ! Je m'imagine à sa place, comme j'aimerais sentir les lèvres du beau CRS se poser sur les miennes...

Une fois que le fourgon s'est éloigné, je profite de ce que d'autres estivants engagent la conversation avec lui pour m'y joindre. Je reste la dernière avec Emmanuel, tel est son prénom, et je l'invite le lendemain après-midi, pendant sa pause, à venir à l'appartement partager mon gâteau d'anniversaire. Il accepte.

Le jour de mon anniversaire, Michel se montre très aimable avec mon invité. Il pousse même la convivialité jusqu'à proposer à Emmanuel de venir dîner chez nous à Paris après les vacances. Je trouve qu'il exagère un peu, mais je ne dis rien. Si ça l'amuse de jouer avec le feu...

Cependant, après le départ d'Emmanuel, mon mari se renfrogne. Il a remarqué que je contemple le sauveteur avec des yeux béats d'admiration. Je tente de le dérider en arguant que de toute façon, même si j'avais des vues sur lui, ce qui n'est pas le cas, il est trop jeune et trop beau pour moi, qu'en plus je suis mariée et mère de famille. Je ne mens pas. Emmanuel me semble à des années-lumière de ce que je peux espérer. Il doit avoir des hordes de filles superbes accrochées à ses basques, aucun espoir qu'il ne s'intéresse jamais à moi autrement que d'une façon amicale. Mon coup de foudre restera unilatéral, mieux vaut que je me fasse à cette idée.

Je ne revois Emmanuel que de loin jusqu'à notre départ fin août. Malgré ce que j'ai raconté à mon mari pour le tranquilliser, il m'a semblé que le regard que pose Emmanuel sur moi n'est pas totalement neutre. Je dois me faire des idées... Le jour de mon anniversaire, je lui ai donné mon numéro de téléphone au bureau, on verra bien s'il l'utilise. Moi je ne bouge pas, pas question de me mettre à courir après lui.

La saison se termine fin septembre au Cap-d'Agde. Emmanuel m'appelle une première fois, quelques jours avant de remonter. Nous parlons de la pluie et du beau temps, je le vouvoie et lui donne du « monsieur ». Notre conversation n'a rien de compromettant.

Dans les premiers jours d'octobre, un deuxième coup de fil m'apprend qu'il est revenu à Paris. Les battements de mon cœur s'accélèrent. Il voudrait me revoir. Je refuse en alléguant que je suis mariée et que j'ai trois enfants. Au troisième appel, mon héroïsme ayant des limites, je craque et j'accepte un rendez-vous début novembre, soit une quinzaine de jours plus tard.

J'ai besoin de ce délai pour annoncer à Michel que je veux que nous nous séparions. En fait, la rencontre avec Emmanuel a servi de catalyseur. Elle m'a obligée à regarder ma situation en face : cette séparation, j'y pense depuis plusieurs mois déjà. Je n'ai jamais aimé Michel d'amour, mais il y avait d'autres sentiments qui cimentaient notre union. Le temps, la routine et la lassitude les ont désagrégés peu à peu, et je viens de prendre brutalement conscience qu'il n'en reste qu'une poussière cendreuse. D'où émerge une flamme inconnue qui me consume, pour Emmanuel. Je sais que ma passion est sans espoir, mais il est trop tard pour l'étouffer. Elle me possède entièrement. Je ne quitte pas Michel pour Emmanuel, je quitte Michel parce que l'amour dévorant que j'éprouve pour Emmanuel me rend insupportable le contact d'un autre homme.

Michel est à la fois surpris et incrédule. J'insiste :

— De toute façon, tu savais très bien que ça ne durerait pas toujours.

— C'est pour Emmanuel que tu me quittes ?

— Non, je ne l'ai pas revu. Il est trop beau pour moi, mais je veux refaire ma vie. Je veux divorcer, Michel.

— Tu veux divorcer ? Eh bien, on va divorcer, s'il n'y a que ça pour te faire plaisir !

CHAPITRE 68

Libre d'aimer

Michel prend les choses à la légère, cependant son sourire se volatilise quand je sors la demande de divorce et lui demande de la signer. C'est sérieux. Il consent à m'accompagner chez un avocat pour engager la procédure. Le soir même du rendez-vous, je fais ma valise et je pars m'installer chez ma sœur Émilie, qui habite également dans le XIIIe arrondissement.

Michel a été un mari loyal et un bon père, je n'ai rien à lui reprocher. Il n'a pas voulu cette séparation, c'est moi qui la provoque. Je ne vois pas au nom de quoi je lui poserais ses valises sur le palier. Bernard et Laurence sont grands, respectivement dix-huit et quatorze ans, mais Jacquot n'a que neuf ans. J'ai retourné le problème dans tous les sens sans trouver d'autre solution. Je n'ai pas le droit de les séparer, ni de les priver de leur père, ni de les arracher à leur cadre de vie. C'est moi la fautive, celle qui casse tout. Il me semble donc logique que ce soit moi qui m'en aille.

Cela fait vingt ans que je me consacre à ma famille. La passion qui vient de me tomber dessus m'a fait l'effet d'un électrochoc. Je réalise que je n'ai plus toute la vie devant moi et qu'il me reste beaucoup de choses à découvrir. Maintenant, pas dans un avenir hypothétique et toujours repoussé.

La Française que je suis devenue depuis mon arrivée à Paris vit cette séparation comme une libération. La Vietnamienne que je suis demeurée de par mon éducation et mon atavisme vit l'abandon de ses enfants comme un arrachement sacrilège. Mes deux composantes s'affrontent mais c'est la Française qui a le dernier mot.

Oui, je suis libre. Libre de revoir Emmanuel sans tromper Michel ni tricher avec moi-même. Advienne que pourra...

Nous avons rendez-vous au métro Denfert-Rochereau. Depuis que j'ai quitté notre appartement, Michel me harcèle, téléphone à tout le monde pour savoir où je suis, ce que je fais, qui je vois. C'est pour cette raison que je demande à mon amie Nga de m'accompagner. Si je croise une connaissance, elle croira que je me promène avec elle. Il pleuviote, heureusement Emmanuel, au volant d'un cabriolet sport rouge feu, est ponctuel. Je quitte mon amie et monte dans la voiture. Emmanuel est aussi relax que je suis contractée. Il me trouve changée, en bien. Une nouvelle coiffure, quelques kilos superflus envolés, des vêtements plus mode, ça ne peut pas nuire. Le moteur vrombit, l'aiguille du compte-tours monte dans le rouge et mon cœur s'emballe.

Emmanuel m'emmène dîner dans un restaurant en banlieue, un endroit décontracté où je me sens tout de suite à mon aise et à l'abri d'une rencontre inopportune. Il me raconte sa vie, je l'écoute à moitié tellement je suis absorbée dans la contemplation de mon amour. Puis le sauveteur se mue en séducteur et me fait la cour avec des mots doux. Je ne peux même pas dire que je succombe, c'était déjà acquis.

La nuit est fort avancée quand il me dépose chez ma sœur. Je suis ivre de bonheur. Il m'a embrassée, nous avons fait l'amour et c'était indescriptible. Je n'ai jamais rien éprouvé d'aussi intense, c'était bien au-delà du plaisir physique, un ravissement, une extase du corps et de l'âme. Dire que j'ai bien failli ne jamais connaître cela...

Nous parlons encore un long moment dans la voiture arrêtée en bas de l'immeuble. Je lui révèle que j'ai décidé de partir vivre aux USA début 2001, c'est-à-dire dans trois mois, quatre au plus.

— Ah bon ? Mais tu viens de m'avouer que tu es follement amoureuse de moi ?

— Oui, mais je dois te quitter et partir.

— Tu as raison, ne te fais pas de mal avec moi, je t'aime bien mais je ne t'aime pas.

— Je sais, ce n'est pas grave. Sache simplement que je suis là pour encore quelques mois, que je t'aime et que même pour une heure avec toi je serai toujours disponible. Appelle-moi quand tu veux.

Après un dernier baiser, je rentre chez ma sœur. Tellement illuminée et embrasée par les heures que je viens de vivre que je ne peux pas fermer l'œil. J'ai l'impression d'être au sommet de la félicité, mon rêve a pris corps.

Au matin de cette nuit mémorable, la première chose que je fais, c'est un test HIV à la Salpêtrière. Je ne veux rien entre Emmanuel et moi, et surtout pas du caoutchouc, si fin soit-il.

La passion rime volontiers avec l'obsession. La mienne est suraiguë. Je téléphone à Emmanuel dix à quinze fois par jour. Il ne prend pas mes appels. Mais quand il a envie de me voir, là il se souvient de mon numéro et il me sonne. Je rapplique immédiatement. Je suis sa chose, son esclave, il peut faire de moi ce qu'il veut, je ne demande que ça.

Ce n'est plus de l'amour, c'est de la démence pure. Il faut que je fasse quelque chose. Je décide de consulter un psychothérapeute. Il me conseille de jeter mon portable. J'essaie de le laisser dans un tiroir, ça dure deux jours et puis je craque et je recommence.

Parfois je vois Emmanuel deux ou trois fois dans la semaine, c'est merveilleux. À d'autres moments, je reste trois semaines sans un signe de vie et je deviens folle. Nous faisons l'amour, un point c'est tout. Peu m'importe du moment que je suis avec lui. Je sais qu'il y a d'autres femmes dans sa vie, plus belles et plus jeunes que moi. Aucune ne l'aime autant que moi. C'est ma seule force.

CHAPITRE 69

Délit de fuite

Le jour de mon départ aux États-Unis approche. Je ne verrai plus Emmanuel. Cette pensée me tord le ventre. Pourtant je ne vois pas d'autre issue que la fuite.

Je ne fuis pas seulement un amour impossible. Je fuis mon ancienne vie. J'étouffe, j'ai besoin d'air, d'espace, de changement. Je veux tout recommencer.

Mon amie Kim, que j'ai connue au collège à Long An, s'est installée aux USA. Elle a épousé un architecte américain d'origine japonaise dont elle a divorcé, puis s'est lancée dans le commerce où elle réussit fort bien. Elle a monté un restaurant, un salon de manucure et une agence immobilière. Je suis partie quelques jours chez elle en novembre dernier, car j'avais besoin de m'éloigner pour réfléchir et me décider à quitter Michel. C'est à ce moment-là qu'a germé l'idée de m'expatrier une fois de plus.

Kim m'a vanté les possibilités offertes par son pays d'adoption ; elle m'a proposé de m'accueillir dans sa maison et de me mettre le pied à l'étrier. Le travail ne me fait pas peur, et j'espère gagner ma vie assez bien pour faire venir mes enfants. Il faudra aussi que je me trouve un mari américain. Le célibat, non merci, très peu pour moi.

Si je reste à Paris, au mieux je verrai mes enfants trente-six heures tous les quinze jours. Bernard accepte le divorce avec philosophie et tolérance. En revanche, Laurence m'en tient rigueur et Jacquot se détourne de moi pour faire bloc avec son père et sa sœur. J'ai le mauvais rôle, et je l'ai bien cherché. Je suis incapable de me justifier devant mes enfants, il y a des choses que j'estime ne pas avoir le droit de leur dire. Comment leur faire comprendre pourquoi et comment je suis tombée amoureuse d'Emmanuel ? Comment leur expliquer la lente dégradation des rapports entre leur père et moi ? Les dix premières années de notre mariage se sont très bien passées et j'ai été heureuse avec Michel. Mais les choses ont changé au fur et à mesure que nos familles respectives nous rejoignaient. Nous n'avions plus de temps pour notre vie de couple. Et surtout Michel, autrefois si gentil et attentionné envers moi, a voulu montrer à notre entourage qui était le patron à la maison. Ce que j'ai très mal supporté. Je voulais vivre à l'européenne, pas à la vietnamienne.

Bref, l'horizon français me paraît bien bouché aujourd'hui. Je vais aller tenter ma chance outre-Atlantique.

Avant de partir, je demande à Emmanuel de me donner des photos de lui. Il m'en dédicace une ainsi : « Je te souhaite bonne chance en Amérique, et qui sait, un jour à travers l'Atlantique je serai peut-être piégé dans tes filets ».

Dans l'avion, j'essaie de me conditionner pour une nouvelle vie. Emmanuel, il va falloir que je me l'arrache du cœur. Je dois me concentrer sur le travail et l'argent, afin de faire venir mes enfants.

J'atterris à Philadelphie, où je prends un vol de correspondance pour Chegrin Falls, la petite ville de l'Ohio où habite Kim. Nous sommes en février, il fait un froid de gueux sous un épais manteau neigeux. Je m'installe chez Kim, sa maison compte dix pièces, je n'ai que l'embarras du choix pour décider dans quelle chambre je vais dormir.

Le matin nous commençons la journée par un jogging ou une séance au club de gym, puis nous allons travailler au restaurant, six jours sur sept, de dix heures du matin à onze heures du soir. Je fais le service. Tout irait bien si je parlais anglais. Mais il ne me reste que de lointains souvenirs de ce que j'ai appris au Viêtnam, puis baragouiné à mes débuts en France.

Mes enfants me manquent énormément. Je pense constamment à eux. Je tente de chasser

Emmanuel de mon esprit, mais rien à faire, son visage y reste comme imprimé, et le souvenir de son corps a laissé une marque indélébile dans ma chair.

Je gagne bien ma vie, néanmoins je dépéris. Au bout de deux mois, je craque et j'annonce à Kim que je m'en vais. Je ne retourne pas en France, je pars à Los Angeles chez mon frère Viet Phuong, qui a quitté le Canada pour s'y installer. J'espère qu'il pourra m'aider soit à obtenir une carte verte, soit à trouver un mari, dans la mesure où mon visa de tourisme expire dans un mois.

Une fois là-bas, je décide de prendre des cours d'anglais. Je m'achète des cassettes et des livres de grammaire mais je ne dois pas être bien douée pour les langues, car mes progrès sont infimes. Je me défoule en faisant trois heures de sport par jour. Au cas où je reverrai Emmanuel, autant muscler et affiner mon corps... Je veux qu'il me trouve plus belle que jamais.

Non seulement je n'ai pas réussi à l'effacer de ma mémoire, mais il y fait un retour en force. Comme j'ai un impérieux besoin d'entendre sa voix, un jour je l'appelle. Il me répond sur le même ton que si j'étais une copine perdue de vue. Dieu, que ça m'agace ! Et il m'annonce son prochain mariage avec une certaine Nathalie dont il est, paraît-il, très amoureux et avec laquelle il vit. Eh bien, en voilà un qui n'a pas perdu de temps depuis mon départ ! Je savais bien qu'il y avait d'autres femmes dans sa vie et qu'il n'aurait aucun mal à me remplacer, mais là je trouve qu'il pousse un peu. Je ne me démonte pas et du tac au tac je lui rétorque :

— Ah, c'est super, ravie pour toi. Moi, tout va bien, je gagne plein d'argent. Tu sais la bonne nouvelle ? Je rentre en France.

Il y a un blanc qui dure quelques secondes, puis la réponse d'Emmanuel fuse :

— Mais tu ne peux pas faire ça ! Tu es partie, tu ne peux pas revenir.

Je vais me gêner ! Qu'est-ce que c'est que cette histoire de mariage ? Je n'y crois pas une seconde. Le Don Juan qui ne voulait pas d'attaches se laisse passer la bague au doigt en même pas trois mois ? Non, ça ne tient pas la route, il a dit ça pour m'énerver. Et ça marche drôlement bien…

Mon équipée américaine tourne donc court. Je prétexte mes difficultés linguistiques pour expliquer mon départ aussi prématuré que précipité à mon frère, et le 14 avril 2001 je rentre à Paris.

CHAPITRE 70

L'éternel retour

Certes, je dois bientôt signer les papiers du divorce, ce qui explique en partie que je doive rentrer. La vérité, c'est que je n'ai pas tenu le coup. Trop dur d'être privée à la fois de mes enfants et d'Emmanuel.

Mon retour n'a rien de glorieux. Tout le monde, famille et bientôt ex-mari, me tombe dessus sur l'air de « Comment, tu renonces à tes projets ? » Michel ajoute :

— C'est pour lui que tu es rentrée, hein, avoue ?

Mes dénégations ne le convainquent guère, et pour cause.

Ma mère est la première à s'amadouer. Elle se réjouit du réveil de mon instinct maternel. Je m'installe chez elle, j'aurai ainsi la place pour accueillir mes enfants et je pourrai les voir plus souvent.

Je préviens l'Élysée de mon retour. Papy, absorbé par les devoirs de sa charge, demande à son épouse de me recevoir. Michel lui a appris notre séparation et notre prochain divorce, une nouvelle qui est loin de la ravir. Elle commence notre entrevue, ainsi qu'il est d'usage, en s'enquérant de ma santé. Je lui avoue que j'ai senti une grosseur dans l'un de mes seins. Elle retrouve instantanément ses réflexes maternels, et l'inquiétude qui les accompagne. Comme autrefois, elle empoigne son téléphone et prend rendez-vous pour moi. Cette fois-ci, dans un centre radiologique du VIIIe arrondissement spécialisé dans les mammographies.

— C'est pour ma petite Anh Dao. Cela fait vingt-cinq ans que je m'occupe d'elle, maintenant elle est maman de trois enfants, et je m'en occupe encore, explique-t-elle à la secrétaire qui lui répond.

Mieux même, elle m'y accompagne et règle la facture avant que j'aie eu le temps de sortir mon chéquier. Fort heureusement, l'examen ne décèle aucune tumeur.

Ce qui me vaut, quelques jours plus tard, une nouvelle convocation au palais présidentiel. Maintenant qu'elle est rassurée sur ma santé, ma seconde mère souhaite me parler de ma situation matrimoniale.

— Je t'avais mise en garde, rappelle-toi, quand tu m'avais dit que tu voulais épouser Michel. Et voilà le résultat. Mais ma petite, on ne divorce pas, on supporte. En plus tu abandonnes tes enfants, je trouve ça inconcevable.

— Je sais, mais je suis rentrée, je vais m'occuper d'eux. Et puis vous savez, ce n'est pas facile pour moi non plus.

— Tu l'as voulu, maintenant à toi d'assumer.

À deux reprises, j'ai droit à des mercuriales cinglantes. Je les subis stoïquement, avec tout le respect que je dois à Mme Chirac, cependant rien n'y fait, je n'en démordrai pas. Je comprends très bien son attitude qui correspond à ses convictions, mais moi qui suis d'une autre génération, je ne me sens pas capable de renoncer à une certaine idée du bonheur. Surtout maintenant que je l'ai expérimentée ! En revanche, je souffre de la voir à la fois peinée et choquée par ma conduite. Une cassure s'est produite entre nous, je le sens bien et je m'en désole.

Le 22 mai 2001, notre jugement de divorce est prononcé. En sortant du Palais de justice, Michel a une jolie phrase :

— Tu étais comme une colombe dans une cage, voilà, la porte s'est ouverte et tu t'es envolée.

Il est malheureux, il m'aime et me hait à la fois. Que de dégâts je provoque…

La première chose que je fais après avoir quitté Michel sur les marches du palais est de téléphoner à Emmanuel pour lui annoncer mon divorce et lui demander de le revoir.

— Pour quoi faire ?

— Tu n'es pas encore marié, que je sache ? Je viens de divorcer, c'est quand même triste, tu ne veux pas me consoler ? Aurais-tu peur de me voir ?

— Peur de toi, moi ? Pff ! Je suis là dans une heure.

Je sors le grand jeu, j'utilise tous les artifices de la féminité, y compris les larmes. Je sais que sous ce torse musclé bat un cœur sensible et je m'emploie à l'émouvoir. Tous les coups sont bons, seul le résultat compte.

— Est-ce que tu sais que je t'aime toujours ? Et est-ce que tu sais à quel point je t'aime ?

— Non, Anh, je suis sérieux, il ne faut pas.

— Je sais que tu vas te marier, mais est-ce qu'on ne pourrait pas se voir juste un petit peu de temps en temps ? Je ne peux pas t'oublier, je t'ai dans la peau, ce n'est pas de ma faute.

— Non Anh, je vais me marier, je te l'ai dit, tout est fini entre nous.

Je redouble de larmes, il me prend dans ses bras pour me consoler. Pour éviter tout malentendu, il me dit :

— Pas l'amour, hein, juste un petit câlin.

Je me serre contre lui puis je commence à l'embrasser dans le cou, avant de poser ma bouche sur la sienne.

— Tu es sûr ?

Je connais mon homme et je fais tant et si bien que le câlin initial dégénère en étreinte passionnée...

Nous reprenons notre relation à éclipses, dont Emmanuel pose clairement les règles. C'est lui qui appelle et décide quand on se voit. J'acquiesce, trop heureuse. Tout ce que tu voudras, mon chéri !

Pendant ce temps-là, Nathalie ne joue pas très bien la partie. D'abord Emmanuel ne la trouve pas assez gentille avec sa fille – dont je n'apprendrai l'existence qu'un peu plus tard. Ensuite elle prétend l'empêcher de sortir avec ses copains. Colossale erreur ! Emmanuel n'est pas le genre d'homme à se laisser dicter sa conduite par une femme.

Excédé, il la quitte au bout de quelques mois, ainsi que l'appartement qu'ils occupaient, et réintègre la caserne où est cantonnée l'unité de CRS à laquelle il appartient.

La place est libre…

CHAPITRE 71

Aboutissement

Dans ma frénésie de table rase, j'ai pris ma retraite de l'Hôtel de Ville en février 2001 après vingt ans de bons et loyaux services, au moment de mon départ pour les USA. Quoi qu'il en soit, les élections municipales approchaient et il était prévisible que Jean Tibéri ne serait pas élu. En tant que troisième fille de Chirac, je ne me sentais pas de travailler sous l'autorité d'un maire socialiste.

Mon piteux retour me met dans l'obligation de chercher un emploi, car je ne peux pas revenir dans l'administration. À l'automne 2001, après avoir galéré tout l'été dans un restaurant vietnamien où je me suis fait exploiter par un compatriote, je réussis à trouver un job dans une agence de voyages. Ce qui me permet de prendre un petit appartement non loin de celui de ma mère, où je continue de voir mes enfants.

Emmanuel est redevenu célibataire, il a donc besoin qu'une femme s'occupe de lui. J'ai décidé que ce serait moi et je gagne du terrain insensiblement, en proposant de laver et repasser son linge, en mitonnant des petits dîners diététiques comme il les aime et en l'attendant jusqu'à pas d'heure sans broncher. Il prend l'habitude de venir chez moi et de se laisser choyer, mi-coq en pâte, mi-pacha.

J'ai remarqué un siège bébé à l'arrière de sa voiture. Il finit par m'avouer qu'il est destiné à sa petite fille, Cassandre, âgée de treize mois. Il s'est séparé de la mère, avec laquelle il n'était pas marié, peu de temps après la naissance du bébé. Il a reconnu sa fille et s'est battu pour obtenir un droit de visite tous les quinze jours, accordé par le juge en octobre 2001. C'est un père aimant mais pas toujours à son aise avec un enfant en bas âge, et il ne tarde pas à me demander une aide que je suis ravie d'apporter, à la fois pour lui et pour la petite, à laquelle je m'attache très vite. Emmanuel m'en est reconnaissant car je contribue à cimenter les liens entre sa fille et lui. La paternité le fait mûrir et l'ouvre à des sentiments nouveaux.

Il récupère l'appartement situé à Orsay où vivait la maman de Cassandre et y emménage.

Nous avons rendez-vous le 31 décembre 2001 à minuit. Emmanuel revient de Bretagne où il a passé les fêtes de Noël chez ses parents. Il a un cadeau pour moi : un trousseau de clés. Celles de son appartement. Je n'en crois pas mes yeux. Il me propose de vivre avec lui !

Au début, j'y vais par petites touches, je ne me sens pas encore chez moi. Je commence par réorganiser la cuisine. Puis je change les rideaux du salon, je range les placards, je classe les CD. Mon obsession : qu'Emmanuel se sente si bien ici avec moi qu'il n'ait pas envie d'aller voir ailleurs. Il apprécie, mais pour les mots d'amour il faudra encore que je patiente.

Pas très longtemps, jusqu'à l'été 2002.

Je suis la campagne présidentielle de loin. Cette fois-ci, je ne cours pas les meetings tellement le résultat me paraît garanti d'avance : Papy, président sortant, sera réélu. Certes, je ne m'attendais pas à un tel score. 82 % au second tour, face à Jean-Marie Le Pen qui a devancé Lionel Jospin au premier ! Forcément, je repense à la période 93/95, aux difficultés qu'il a dû surmonter, aux attaques dont il a été la cible. Cette victoire éclatante constitue la meilleure revanche sur les adversaires qui croyaient pouvoir lui ravir la faveur des Français. Jacques Chirac est un battant, spécialiste des retournements de situation, il vient une fois de plus de le prouver.

Le vrai déclic dans la tête d'Emmanuel se produit le 17 décembre 2003, quand je suis admise en urgence à la Salpêtrière pour une vilaine appendicite qui menace de tourner à la péritonite. Il faut opérer tout de suite. Avant de partir au bloc, je lui téléphone pour le prévenir, ainsi que ma mère.

J'émerge difficilement de l'anesthésie, j'ouvre une paupière et ma première vision est celle du visage de mon chéri, au bord des larmes.

— J'ai eu tellement peur de te perdre ! Que deviendrais-je sans toi ?

Ça valait le coup de se faire découper le ventre !

Il ne faut pas mésestimer le pouvoir de contagion de l'amour. Celui que j'ai donné sans retenue et sans espoir de retour à Emmanuel a fini par conquérir son cœur. Le Don Juan désinvolte n'était finalement qu'un costume de scène.

En juin 2003, Emmanuel a obtenu son diplôme de l'École supérieure d'officiers de police. Je lui ai déjà parlé mariage à plusieurs reprises, sans grand succès il faut bien l'avouer. Je patiente jusqu'au printemps 2004 avant de revenir à la charge. Enfin il se décide. À condition que je m'occupe de tout. Je ne demande que ça !

Le 4 septembre 2004, nous nous marions à la mairie d'Orsay. Un seul nuage dans le magnifique ciel bleu de ce jour ensoleillé : Papy et Mamy, en voyage officiel à l'étranger, ne peuvent y assister. Leur somptueux cadeau, un service à champagne en cristal de Saint-Louis, est accompagné d'un mot manuscrit extrêmement gentil. Mais rien ne remplace leur présence…

CHAPITRE 72

Merci la vie

Je suis restée en contact avec mon amie Kim qui vit toujours dans l'Ohio. Elle me fait part de son souhait de retourner au Viêtnam pour revoir les lieux de notre jeunesse et retrouver nos copains de classe. N'ayant pas envie d'y aller seule, elle insiste pour que je l'accompagne. C'est ainsi qu'au mois de mars 2002 je prends l'avion pour Hò Chí Minh-Ville, non sans une sourde appréhension au cœur.

Pendant le vol, des images se bousculent dans ma mémoire, des souvenirs que je croyais oubliés ressurgissent. Je suis très émue à la pensée de revenir dans mon pays, anxieuse aussi. Beaucoup de choses auront changé, je dois m'y préparer. Peut-être aurai-je même quelques difficultés à reconnaître, vingt-cinq ans après, les visages autrefois familiers.

L'omniprésence des uniformes de l'armée dans l'aéroport réveille mes pires réminiscences. Je ne peux pas leur pardonner ce qu'ils ont fait à mon père. J'ai les paumes des mains moites de sueur et le souffle court quand je tends mon passeport français au contrôle.

Une fois dans le centre d'Hò Chí Minh-Ville, mon angoisse s'apaise et je me laisse aller au plaisir de la découverte. Le pays s'est ouvert au tourisme depuis 1995, des buildings poussent un peu partout, effaçant l'ancienne et désuète Saigon à coup de béton et d'acier. Je ne reconnais plus rien. Une métropole moderne est en train d'éclore. Ainsi va le monde...

Long An, la ville où j'ai grandi, et My Tho, celle où je suis née et d'où j'ai fui le Viêtnam, ont également changé. Kim et moi y retrouvons certaines de nos anciennes connaissances. Pendant quelques jours, nous remettons nos pas dans ceux de nos quinze ans et c'est délicieux.

J'éprouve un sentiment bizarre tout au long de ce voyage. Me voici devenue une étrangère dans ce pays qui fut le mien. Il m'a fallu y revenir pour mesurer à quel point je suis profondément française. Ma façon de penser, mes réflexes, mes goûts, mes références ont été remodelés par ma nouvelle patrie. Ici je ne suis qu'une touriste, comme les nombreux Français que je croise.

Je reviens au Viêtnam un an après car j'ai envie de découvrir le Nord que je ne connais toujours pas. Je visite la fameuse baie d'Halong, dont la beauté m'émerveille. Je séjourne également à

Nha Trang, une station balnéaire située entre Da Nang et Hò Chí Minh-Ville, où je fais la connaissance d'Yves Duprêt, un professeur retraité. Il a créé l'association Soleil Francophonie, dans le but d'aider des élèves vietnamiens à étudier le français. Je me montre vivement intéressée par son action et il me propose de devenir vice-présidente de l'association. Très honorée, j'accepte volontiers.

Cette nouvelle responsabilité me vaut de retourner au Viêtnam en 2004 et 2005 pour distribuer des bourses à des collégiens. Le conseil général du Morbihan apporte une contribution qui va nous permettre d'expédier prochainement une bibliothèque de cinq mille livres français à Nha Trang, ainsi que des fournitures scolaires, des médicaments et deux camions de pompiers d'occasion, révisés et remis en état. L'association entretient d'excellents contacts avec l'ambassade du Viêtnam en France, où je suis invitée à l'occasion du nouvel an chinois.

En novembre 2004, après avoir quitté l'agence de voyages où je travaillais, je deviens agent d'accueil à la Maison de la France. C'est Anne Lhéritier, chef de cabinet du président, une femme que j'admire beaucoup, qui m'a conseillé de postuler auprès de cet organisme, qu'elle en soit remerciée ici.

À chacun de mes voyages au Viêtnam, je constate que la modernisation du pays s'accélère et que l'ouverture au tourisme stimule l'économie. Mes activités humanitaires me permettent de faire la paix avec mon passé. Je n'ai pas de problème d'identité : je suis une Française d'origine vietnamienne ; la vie m'a suffisamment gâtée pour que je puisse revenir dans mon ancienne patrie et y apporter un peu d'aide.

Je suis partie en week-end avec Emmanuel pour fêter notre premier anniversaire de mariage quand, au matin du samedi 3 septembre 2005, j'apprends que Papy a été admis à l'hôpital du Val-de-Grâce pour un accident vasculaire cérébral. La nouvelle n'est pas présentée de façon alarmante, néanmoins je ressens un peu d'inquiétude. Pourtant, je l'ai vu fin juillet et je l'ai trouvé dans une forme éblouissante. Non, ça ne peut pas être bien grave.

Le lundi 5 septembre, de retour à Paris, je profite de ma pause déjeuner pour me rendre au Val-de-Grâce. Quand je demande à voir le célèbre patient, on me répond qu'il a donné pour consigne qu'on ne le dérange sous aucun prétexte, car il tient une réunion de travail avec le secrétaire général de l'Élysée. Me voici rassurée : il a déjà repris le travail, ce qui signifie que l'attaque était bénigne. Et pas étonnée le moins du monde : il est solide comme un roc. En revanche, les commentaires et les manœuvres qui suivent son hospitalisation me paraissent aussi prématurés que présomptueux. Ceux qui veulent le pousser vers la retraite risquent une sévère déconvenue.

Grâce à mon mari, je m'engage dans une autre association, L'Étoile européenne du dévouement civil et militaire, dont je deviens présidente en 2004. Son objectif est de récompenser et d'honorer les auteurs d'actes de courage, ainsi que de soutenir les organismes à vocation caritative. Parmi ses membres d'honneur figurent Line Renaud, Geneviève de Fontenay, le général Bigeard, le général Combette et le professeur Lareng. Cette activité me donne l'occasion de faire de nombreux déplacements en province pour remettre les médailles d'or décernées par l'association. Nous nous efforçons également d'apporter de l'aide aux familles des sauveteurs tués en mission. Je n'oublie pas les personnes âgées, toujours chères à mon cœur, vers lesquelles je désire orienter une partie de nos actions.

À ma modeste façon, je m'efforce en fait de suivre, à travers ces deux associations, le chemin tracé par Mme Chirac. C'est le moins que je puisse faire pour l'honorer et pour remercier le destin qui m'a tant favorisée. J'ai réalisé mon rêve de petite fille : épouser un Prince Charmant français. Et réussi l'inespéré : m'en faire profondément aimer.

Merci la vie !

ÉPILOGUE

Que s'est-il réellement passé le jour de mon arrivée à Roissy ? Pourquoi moi ? M. Chirac et moi n'en avons pas reparlé jusqu'au mois de juillet 2005. Son explication a été limpide :

— Tu étais la seule à pleurer, alors je suis venu vers toi.

Ce 19 juillet 1979, il a vu une jeune fille de l'âge de ses propres filles (on me donnait en général quinze ou seize ans alors que j'allais en avoir vingt-deux) plongée dans une détresse qui émut son cœur de père.

Rien n'aurait été plus facile pour lui, dans la position qu'il occupait alors, que, par exemple, de demander à l'un des membres de son cabinet de veiller à ce qu'on m'envoie dans une famille d'accueil bien notée par les services sociaux et de suivre mon parcours de loin en loin. Cela aurait déjà été beaucoup. Mais pas assez pour cet homme de valeurs et de convictions. Alors il a pris, en dix secondes, la décision la plus généreuse possible :

accueillir l'inconnue, l'étrangère, dans sa famille, au milieu des siens.

La décision la plus courageuse aussi : j'aurais parfaitement pu ne pas être la bienvenue. Comment aurait réagi une épouse moins exceptionnelle que Bernadette Chirac ? Des jeunes filles plus égoïstes et moins intelligentes que Laurence et Claude ? La foi de Mme Chirac n'est un secret pour personne certes, néanmoins je connais pas mal d'excellents chrétiens qui n'ont jamais poussé la charité jusque-là... Et des jeunes filles de bonne famille auxquelles leur éducation interdit de donner leur affection à moins favorisé qu'elles.

Et qu'on ne vienne pas me parler de calcul politique et de bonté préméditée !

D'une part il y avait mille autres solutions qui ne risquaient pas de perturber sa vie familiale, d'autre part il ne s'est jamais servi de son geste pour se mettre en valeur. Quand son prédécesseur avait dû dissimuler, la discrétion lui a suffi.

Je n'ai jamais été instrumentalisée à des fins politiques, jamais donnée en pâture aux médias. La meilleure preuve en est que, jusqu'à une date récente où j'en ai pris l'initiative afin d'aider à la médiatisation des deux associations dont je m'occupe et de préparer la sortie de ce livre, très peu de personnes connaissaient mon existence et le rôle que M. et Mme Chirac y ont joué et y jouent toujours.

Aux esprits mal intentionnés qui ne manqueront pas de saluer la parution de ce livre en insinuant qu'il m'a été dicté depuis l'Élysée, je tiens immédiatement à couper l'herbe sous le pied.

Non, ni M. ni Mme Chirac, ni aucun membre de leur entourage ne m'en a soufflé l'idée. Elle gisait depuis longtemps dans un coin de ma tête et c'est grâce à mon mari, Emmanuel Traxel, qu'elle a pris corps.

Je voulais rendre hommage à la bonté dont Jacques et Bernadette Chirac m'ont entourée depuis ce jour de juillet 1979 où je sanglotais dans une salle de l'aéroport de Roissy en proie aux affres de l'exil, en donnant d'eux une autre image, plus proche, plus sentie, que celle véhiculée par les médias.

À chacun sa vérité, je laisse les historiens, les politiques, les politologues et les polémistes de tout poil tisser la leur à propos du président. La mienne, c'est celle du cœur et du vécu. Elle ne saurait mentir.

REMERCIEMENTS

Je tiens évidemment à remercier ici Bernadette, Jacques, Laurence et Claude Chirac, pour l'accueil incroyable qu'ils m'ont réservé et la générosité avec laquelle ils m'ont ouvert les portes de mon pays d'adoption, la France.

Je désire saluer ma mère Thi Lai Duong, mon ex-mari Michel Pham et nos trois beaux enfants, ainsi que mes beaux-parents, René et Monique Traxel.

Je souhaite aussi saluer Bernard Billaud, ancien directeur de cabinet de Jacques Chirac à la mairie de Paris, Jean-Paul Bolufer, son ancien directeur adjoint à la mairie de Paris, Henri Cucq, ex-chef de cabinet à la mairie de Paris, sans oublier Bernard Bled, pour m'avoir aidée tout au long de mes démarches administratives afin d'obtenir la nationalité française. Et tirer un coup de chapeau à tous ceux qui, comme Diagne Hoffman, et à différents niveaux, ont contribué à cette arrivée et se reconnaîtront.

Je désire encore exprimer ma gratitude au président fondateur Yves Le Gat, à messieurs les généraux de corps d'armée Marcel Bigeard et Jean Combette, au professeur Louis Lareng, à mesdames Line Renaud et Geneviève de Fontenay pour avoir accepté d'être membres d'honneur de mon association Étoile européenne de dévouement civil et militaire, et contribuer, par leur présence comme par leur soutien, au rayonnement de cette œuvre. Ainsi qu'au général de brigade Guy Robin, au colonel Jacques Bigot, à l'enseigne de vaisseau Cédric Brisquet, au commissaire Olivier Boisteaux, au commandant Charles Laurent, à Daniel Tomasset, au chancelier Daniel Cordier, à Jean-Baptiste Bechir, Philippe Curan, Henry Delaunay-Belleville, Pascal Désuert, Patrick Dias et son épouse Annie, Xavier de Fontenay, Gérard Frebault, Gérard Fritz, Damien Lebonnois, Philippe Mesnard, Jérôme Robin, Christian Solle, Marie-Claude Touati, Jean-Paul Téoli, Philippe Wurtz... et tous les autres que je n'ai pas la place de nommer ici mais dont le travail me touche.

Enfin, tous mes remerciements vont à Dominique Bouvard, qui a su raviver ma mémoire, ainsi qu'à Flammarion pour avoir eu envie de publier ces souvenirs.

TABLE

8085

Composition Nord Compo
Achevé d'imprimer en France (La Flèche)
par Brodard et Taupin
le 10 octobre 2006 - 37791
Dépôt légal octobre 2006. ISBN 2-290-35561-5

Éditions J'ai lu
87, quai Panhard-et-Levassor, 75013 Paris
Diffusion France et étranger : Flammarion